国家社会科学基金重大项目
"现代治理框架中的中国财税体制研究"（项目编号：16ZDA027）

央地关系

寓活力于秩序

吕冰洋 著

图书在版编目(CIP)数据

央地关系:寓活力于秩序/吕冰洋著.—北京:商务印书馆,2022(2024.2重印)
ISBN 978-7-100-20725-6

Ⅰ.①央… Ⅱ.①吕… Ⅲ.①中央与地方的关系-研究-中国 Ⅳ.①D63

中国版本图书馆 CIP 数据核字(2022)第 025889 号

权利保留,侵权必究。

央地关系
寓活力于秩序
吕冰洋 著

商 务 印 书 馆 出 版
(北京王府井大街36号 邮政编码100710)
商 务 印 书 馆 发 行
北京中科印刷有限公司印刷
ISBN 978-7-100-20725-6

2022年6月第1版 开本 710×1000 1/16
2024年2月北京第4次印刷 印张 25
定价:125.00元

前　　言

假如我们是历史的旁观者……

假如回到公元前1046年,那时,正是周武王带领诸侯推翻商朝统治之时。我们看到的不仅是一个远超原有周封地面积的国家,而且是一个充满山河阻隔、各地风情差异巨大的国家。面对各路同盟诸侯希望获得土地回报的眼神,面对大型国家超高的组织成本,西周除了分封诸侯、分级降低统治成本,还有更好的选择吗?

假如回到公元前221年,那时,秦始皇刚统一六国,"秦王扫六合,虎视何雄哉!"然而,面对前所未有的庞大帝国,面对蠢蠢欲动的六国势力,中央该采取什么样的制度来保持政权稳定呢?如果继续采用周朝的封建制,会不会再一次引发战国混战的局面呢?

假如回到公元1644年,那时,汉族正经历了天崩地裂般的大转变,异族入侵,河山破碎,华夏子民,剃发易服。我们会思考,偌大的明朝,为何抵御不住满清区区二十万人的冲击?已实行一千多年的郡县制,为何总出现基层社会僵化、地方活力不足、官员盘剥百姓、政府凝聚力下降等现象?郡县制需要大的变革吗?

假如回到1949年,中华人民共和国成立了,新时代开启了。然而,面对一穷二白的经济局面,为了实现国家迅速富强起来的目标,在苏联式计划经济体制背景下,我们是否认为,在央地关系上,除统收统支制度之外还有其他更好的选择呢?

假如回到改革开放伊始的1980年,我们面对的是高度集中的计划经济体制下经济激励不足、地方政府缺乏发展经济积极性、中央财政压力巨大的局面,此时该如何调整央地间行政权和财政权划分来调动地方发展经济积极性呢?

假如回到1994年,中国刚解决了经济姓"社"姓"资"之争论,并确定改革的总目标是建立社会主义市场经济体制。我们看到的是经过十多年的放权让利改革后,地方之间无序竞争加剧、中央对地方的控制力下降、中央财政和国家财政的收入锐减局面,此时,该采取什么方式来调整央地关系呢?

假如我们是现实的参与者……

假如我们是中央部门的决策者,一方面,希望地方政府能够积极回应当地居民的需要,发展经济,改善民生,促进社会发展,推进公共治理;另一方面,又希望地方政府能够服从中央政府的意志,不搞"上有政策,下有对策"。同时,中央又面对地方千差万别的经济社会状况,所掌握的信息又极不充分,那么,政策如何兼顾政令统一与因地制宜这两方面呢?

假如我们是地方官员,一方面想"为官一任,造福一方",另一方面,又想通过积极执行上级决策来讨上级的欢心,以达到尽早提拔的目的。那么,当这两个目标有所冲突之时,该如何平衡这两者之间的关系呢?

假如我们是财政干部,当获得一笔转移支付资金时,是将钱投入到发展生产还是改善民生上?假如我们是组织部干部,在考察下级官员的政绩时,最看重的官员政绩表现是哪一点?

假如我们是某个地区的居民,最期待的是地方政府能够改善教育水平,让孩子能够接受良好的教育;而地方政府却将财政的钱投在大型场馆建设上,那么,如何让地方政府考虑到你的要求呢?

……

这一切,均与央地间制度架构有着千丝万缕的联系。凡是太阳底下生长的事物,一定有它存在的逻辑,也一定有它的黑影存在。凡是历史上出现的制度,一定有符合它产生的历史条件,也一定会随着历史发展而不断被淘汰和转换。

往事越千年,制度变革去来今;百枝围一根,央地关系细与论。本书试图找出中国央地关系产生和演变的逻辑,解释它对中国经济的影响,剖析它存在的问题,给出指向未来的央地关系构建方案。笔者深恐学力未逮,研究未明,愿与关心该主题的同道一起,将中国央地关系持续研究和讨论下去。

目 录

第一章 导论:郡县治,天下安 …………………………………… 1
  一、千年难题:集权还是分权? …………………………………… 1
  二、本书的研究逻辑 ………………………………………………… 2

第二章 郡县制下央地关系治理的千年矛盾:
       事上与安下 ……………………………………………… 8
  一、郡县制:回避不了的历史传统 ………………………………… 8
  二、郡县制下官员的行为观察 ……………………………………… 17
  三、郡县制传统对央地关系的影响 ………………………………… 23
  四、郡县制后集权与分权的循环 …………………………………… 29
  五、总结 ……………………………………………………………… 34

第三章 国家能力视角下的央地关系理论:
       活力与秩序的平衡 ……………………………………… 36
  一、秩序目标与郡县制的形成逻辑 ………………………………… 36
  二、政府间分权内容 ………………………………………………… 46
  三、国家能力理论及对政府间关系的影响 ………………………… 54
  四、秩序目标下的分权命题 ………………………………………… 63
  五、活力目标下的分权命题 ………………………………………… 69

六、总结 ………………………………………………… 75

第四章 1980—1993年的"分灶吃饭"：活力激发下的失序 …… 77

一、计划经济时代的央地关系 ………………………… 77

二、改革前的财政压力与改革目标 …………………… 81

三、分灶吃饭体制变迁的过程 ………………………… 83

四、分灶吃饭体制的积极影响：地方活力激发 ……… 91

五、分灶吃饭体制的消极影响：央地失衡、竞争失序 … 95

六、总结 ………………………………………………… 102

第五章 1994年后的分税制：活力与秩序的相对统一 … 103

一、分税制改革的主要意图 …………………………… 103

二、1994年分税制的改革内容 ………………………… 107

三、分税制后政府间财政关系改革 …………………… 110

四、分税制后政府间行政关系改革 …………………… 125

五、分税制改革的历史意义：活力与秩序的相对统一 … 130

六、总结 ………………………………………………… 138

附录 1997—2012年中国税收高速增长之谜的解释 …… 139

第六章 中国经济增长之谜解释之一：财政激励制 …… 153

一、分税制为什么会推动经济增长：张五常之问 …… 153

二、各级政府税收分成测算：蛋糕怎么分 …………… 159

三、分税制的契约性质：税收弹性分成 ……………… 170

四、分税制对经济增长的影响机制 …………………… 177

五、总结 ………………………………………………… 185

第七章　中国经济增长之谜解释之二:目标动员制 ········ 187

一、目标动员的层次:战略、规划与计划 ············· 187
二、政府目标动员的规律 ·························· 196
三、干部考核制度对目标实现的保障作用 ············ 213
四、目标动员制:中国经济增长之谜的第二种解释 ····· 220
五、关于官员晋升锦标赛假说的迷思 ················ 225
六、总结 ······································· 231
附录　河南省市县经济社会发展目标考核评价工作办法 ··· 232

第八章　国家组织动员能力与中国特色转移支付:
　　　　人财齐用 ································ 235

一、一般性转移支付:平衡中的激励 ················· 235
二、专项转移支付:偏好错位下的积极均衡策略 ······· 242
三、以人为主的中国特色转移支付:干部派遣 ········ 246
四、转移支付在缩小地区差距中的作用 ·············· 252
五、总结 ······································· 256
附录　干部派遣的实践例证:干部援藏 ················ 257

第九章　分税制的消极影响:为政杂利杂害 ········· 263

一、跛脚的分税制改革 ···························· 263
二、地方政府职能行使与分税制角色 ················ 265
三、经济增长方式转变与分税制角色 ················ 271
四、总结 ······································· 275

第十章　顾炎武方案与政府间行政关系改革:
　　　　寓分权于集权 ···························· 276

一、顾炎武对央地关系构建的思考 ·················· 276

二、央地关系改革的原则 284
三、政府间行政关系改革思路 287
四、"寓分权于集权"框架下的政府权力约束 293
五、总结 296
附录　顾炎武所著的《郡县论》 298

第十一章　政府间财政关系改革：有效激励 308

一、政府间事权分配改革 308
二、政府间税收分配改革 322
三、政府间转移支付改革 327
四、总结 338

第十二章　地方税系建设方案：受益性原则 340

一、地方税建设的方向 340
二、税种性质与对应政府层级分析 343
三、县级政府主体税：零售税或增值税分成 351
四、省级政府主体税种：个人所得税 360
五、各级政府分税设计 363
六、总结 366

第十三章　结论：发挥两个积极性 368

参考文献 376

后记 388

第一章　导论：郡县治，天下安

> 总之中国是一个广土众民的大国家，必需得统一，而实不宜于过分的中央集权。这在中国的政治课题上，是一道值得谨慎应付的大题目。
>
> ——钱穆

一、千年难题：集权还是分权？

中国！一个大一统的中国，一个具有悠久中央集权历史的中国！

这个国度，北有连绵的蒙古高原，西有巍峨的昆仑山脉和青藏高原，东部是宽阔的海洋，在高原、山脉和海洋的环抱之中，这本应是一片安详静谧的土地。然而，自古以来，这片土地常常是烽烟迭起，动乱不断。造成动乱的原因，往往就在于中央与地方关系处理不当。

如果将中国比喻成一棵古树，那么在中央与地方关系上，经常出现两种情形：一种情形是弱干强枝，地方政府权力大过中央政府，此时地方轻则不服从中央命令，重则颠覆整个政权，如汉末和晚唐那样，强藩割据金瓯碎，西风残照汉家陵阙；另一种情形是强干弱枝，中央政府从地方收走大部分权力，此时地方积极性下降，轻则经济和社会发展缓慢，重则不能有效抵御外敌侵略，如宋代和明代那样，一旦渔阳鼙鼓动地来，顷刻踏破山河万里。

中华民族就在中央和地方紧张博弈中，走过了几千年岁月。

集权，还是分权？这是萦绕在历代统治者眉头的千年之问，也是摆在历代学者案头的一个重大问题。从秦朝李斯、汉朝贾谊、唐代柳宗元、明代顾炎武等古代思想家的研究，一直到当代国内外学者关于"国家能力""财政联邦制"等研究，无不对央地关系合理架构殚精竭虑，穷尽心智。而从中国实践看，自秦始皇一统六合之后，就实行了以自上而下行政控制为主要特点的"郡县制"，之后王朝更迭如潮起潮落，但历代制度基本没有脱离此框架。虽然郡县制整体上强调中央集权，但是在历史上多个时期出现过度分权局面，集权与分权成为历史二重奏。

当中国推翻帝制，走向共和时代之后，我们发现在处理央地关系时，仍要解决集权与分权的矛盾。央地关系包括政府间行政关系和政府间财政关系，前者以人事权为主，后者包括政府间事权、财权和转移支付三部分。

本书试图穿透历史的迷雾，回答如下三个重要问题：

第一，在中国特殊国情下，央地关系构建的理论基础是什么？

第二，自改革开放以来，央地关系的演变逻辑是什么？它对发展的影响是什么？

第三，为了中国长治久安，央地关系的合理架构应该是什么？

二、本书的研究逻辑

央地关系是一个国家内基础性制度安排，针对它的研究，必须嵌入在"国家治理"这个范畴内进行分析，"国家治理"又与"国家能力"密切相关，没有强大的国家能力，国家治理很难达到良好的效果。本书从国家能力这一核心概念出发，研究央地关系的理论与实践问题。

本书的研究逻辑如下图所示：

本书认为，央地关系建设的目标是提升国家能力。国家能力分为两大部分，一是市场增进能力，如果政府能够增进市场的功能，那么一

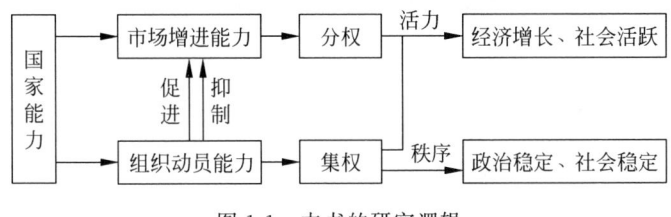

图 1-1　本书的研究逻辑

个经济体必定是充满活力的,市场天然强调自由,市场经济发展又会带动社会发展;二是组织动员能力,中国自古以来,要不断应对来自内部和外部的各种挑战,中央政府必须实施有效的社会资源控制以应对挑战。

组织动员能力的提升对市场增进能力有着正反两方面影响。一方面,当中央政府对地方实现有效控制后,对经济社会的动员能力会大大加强,能够从全局角度提供大型公共产品,以及应对外部冲击、消除市场分割等;另一方面,中央控制地方程度加强,会抑制地方积极性,地方政府参加地方经济和社会建设的意愿会下降。

为提高市场增进能力,中央政府在央地关系处理上会强调分权,由此会激发经济社会的活力,带来经济增长和社会活跃;为提高组织动员能力,中央政府在央地关系处理上会强调集权,它有助于增进经济社会秩序,同时,合理的集权也会在一定程度上有助于经济社会活力的激发,例如,中央政府消除市场分割措施、建立统一市场的努力等。秩序的实现有助于政治稳定和社会稳定。

国家治理关注两大核心目标:激发经济与社会活力,维护一定的公共秩序。中央与地方关系的集权与分权因素,分别影响着活力与秩序这两大目标的实现。

集权对活力的有利影响是,它有助于中央政府通过统一政策、提供大型公共产品等手段,消除地方市场分割,推动统一市场建设;其不利影响是会抑制地方政府积极性。分权对活力的影响是,它有助于发挥地方积极性。地方积极性的发挥方向有三种:推动经济增长、提供公共服务、完善公共治理。分权形式对地方积极性发挥方向有着重要影响。

集权对秩序的有利影响是,有助于增加中央政府宏观调控能力,进而达到抑制地方政府竞争的负外部性、缩小地区差距等效果;其不利影响是有可能让秩序变得僵化。分权对秩序的不利影响在于,加剧地方政府间无序竞争和不平衡,对中央权威造成挑战。

集权与分权对活力与秩序的影响见表1-1。

表 1-1 集权与分权的效果

	活力	秩序
集权	利:推动统一市场建设 弊:抑制地方政府积极性	利:增强中央政府宏观调控能力 　　增加中央权威 弊:容易形成僵化秩序
分权	利:发挥地方政府积极性	弊:加剧地方政府间无序竞争和不平衡 　　对中央权威造成挑战

从中国几千年历史进程看,建立在小农经济基础上的国家,不太强调经济社会活力的激发,统治者最担心的是外敌入侵和内部各种力量平衡的打破,因而更重视秩序的实现。因此自秦开始,国家整体上采取以"郡县制"为特点的制度安排。

然而,在郡县制的制度背景下,各级官员会经常面临"事上"与"安下"的矛盾。这种矛盾的影响深远,它会影响到各级官员的行为模式、机构设置和资金配置等,进而会传导到当地市场和社会,对经济社会产生重要影响。我国现阶段政府间关系的一系列问题,其根源就在于这个矛盾不好协调。

这个矛盾早就为中国古代思想家所注意。他们一方面肯定郡县制的合理之处,另一方面又试图修正这个制度的缺陷。在这些思考中,明末思想家顾炎武提出了一个非常独特的解决央地关系的方案:"寓封建于郡县"。该方案的核心是将激发地方活力与增进整体秩序的目标结合在一起,可称为"寓分权于集权"的天才设计。

集权与分权站在中央与地方权力跷跷板的两头,那么是不是两者只能是此起彼落,此落彼起呢?从中国几千年历程,甚至中国建国以来历史看,央地关系的确是有循环往复的特征,而每次反复,均伴随着巨大的制度变革,对国家安全稳定造成剧烈影响。

为解决央地关系关于集权与分权这一对矛盾,本书利用现代政治经济学知识,通过理论透视和现实分析,解释"寓分权于集权"的顾炎武方案的合理性,根据现实国情,提出一个符合中国特点、有助于国家长治久安的方案。它包括:政府间行政架构设计、政府间事权分配设计、转移支付制度设计和地方税建设等一系列重要制度设计。

本书的结构安排如下。

第一章,导论:郡县治,天下安。此章旨在说明本书研究的基本逻辑。

第二章,郡县制下央地关系治理的千年矛盾:事上与安下。本章从历史谈起,说明秦朝所实行的郡县制是如何奠定了中国数千年央地关系的制度基础;郡县制下官员为何存在"事上"与"安下"这一对深刻矛盾;郡县制传统是如何影响着政府层级和架构、地方政府行为、财政管理制度的。

第三章,国家能力视角下的央地关系理论:活力与秩序的平衡。本章试图建立分析央地关系的理论框架,本章认为国家治理的两大目标是活力与秩序,实现这两大目标离不开市场增进能力和组织动员能力这两大国家能力的支撑。在央地关系处理中,中央政府如果重视秩序目标,就比较强调组织动员能力的建设;中央政府如果重视活力目标,就比较强调市场增进能力的建设。

第四章，1980—1993年的"分灶吃饭"：活力激发下的失序。本章研究了1980—1993年政府间关系，该时期政府间关系以"分灶吃饭"财政体制为代表，它有效地激发了地方政府发展经济的积极性，但是也产生了中央权威下降、国家财政汲取能力下降及竞争失序等问题。

第五章，1994年后的分税制：活力与秩序的相对统一。本章对中国1994年分税制改革的原因、演变、对经济和政治秩序的影响进行了分析。

第六章，中国经济增长之谜解释之一：财政激励制。本章详细剖析了分税制的契约结构，说明中国分税制整体上属于"弹性分成"契约系统，它通过影响地方政府财政收入来调动发展经济的积极性，同时，事权分配的不规范使得地方政府有丰富的工具让积极性得以发挥。财政激励与政策工具结合，有效地推动中国地方经济的增长。

第七章，中国经济增长之谜解释之二：目标动员制。本章剖析中国自上而下的目标动员的层次、规律、对经济增长的影响，说明目标动员制体现的是资源配置的组织方式，它与资源配置的市场方式是一种协同关系，它们背后分别反映着组织动员能力与市场增进能力，两大能力的并行提高推动了中国经济增长。

第八章，国家组织动员能力与中国特色转移支付：人财齐用。本章研究中国为解决地区发展不平衡问题，在转移支付制度上做出的创造性发挥，它体现在一般性转移支付、专项转移支付和干部派遣上。

第九章，分税制的消极影响：为政杂利杂害。本章分析分税制改革的不彻底性，以及它对经济增长方式、地方政府职能行使的消极影响。

第十章，顾炎武方案与政府间行政关系改革：寓分权于集权。历代思想家对中国央地关系有过很多深入思考，其中明末顾炎武提出的"寓封建于郡县"方案有着非常夺目的思想光辉，本章分析该方案的深刻内涵，并借鉴该方案提出"寓分权于集权"的中国央地关系改革框架。

第十一章,政府间财政关系改革:有效激励。本章分析政府间财政关系存在的问题及改革方案:事权分配和转移支付问题都在于官员偏好错位及信息不对称,事权的改革方向是分权基础上制衡,转移支付的改革方向是扩大分类拨款比重;税权分配问题在于按生产地原则的税收分享制度,改革应坚持效率、受益和激励原则。

第十二章,地方税系建设方案:受益性原则。地方税系对地方政府的执政行为影响很大,本章研究认为地方税系建设应坚持受益性原则,促使地方政府从发展经济向提供公共服务转变,并详细构建了地方税系改革方案。

第十三章,结论:发挥两个积极性。总结全书,归纳出十个理论要点。

西汉初期,由于诸侯国坐大,导致央地关系上出现弱干强枝局面,由此引发出严重的国家治理危机。为此,政论家、文学家贾谊写下著名的《治安策》,它涉及央地关系调整的大思路。中国几千年风风雨雨的历史,显示出在央地关系架构上仍有不少隐忧存在。本书力图写出现代版《治安策》,为中国这样一个大国寻求活力与秩序的平衡之道。

第二章　郡县制下央地关系治理的千年矛盾：事上与安下

封建之失，其专在下；郡县之失，其专在上。

——顾炎武

历史是一座立在现实背后的沉默的大山，历史积淀越多，它投射到现实的影子会越长。通过梳理历史发展脉络可以发现，秦朝所建立的郡县制具有强大的制度惯性，影响至今不绝。正因为此，研究中国央地关系要从历史起点开始分析。

一、郡县制：回避不了的历史传统

（一）郡县制的由来及沿革

中国央地关系的制度构建关系到国家长治久安，历来受到统治者的高度重视，历朝历代也探索了很多种处理央地关系的办法。总体来讲，古代中国央地关系治理分为两大时期，秦汉之前，周以封建制为主，秦汉之后以郡县制为主。

夏商处于国家建设早期阶段，中央与地方关系尚未成形。在夏朝时，由于地广人稀，中国广大国土处于未开发状态，夏王朝与诸侯方伯之间关系还有大量部落联盟因素，它们之间的关系为早期共主制政体，呈现出相对的松散性和原始性,但夏王朝凭借相对强大的政治、经济和军事力量,逐渐巩固它与诸侯间的等级从属关系。到了商代,王权逐步走向相对集中和强化,但是中央政权与四土诸侯间的关系仍带有松散性、不平衡性和不稳定性特点。

西周王朝的建立,在各方面进行了重大的制度变革与创新,它在疆域内广泛通过封建制来建立中央与地方关系,所谓"封建亲戚,以藩屏周"。封建制的基本内容是天子将土地分封给诸侯,内政由诸侯自理,诸侯按规定履行天子纳贡、朝觐、出兵等义务。诸侯依次可分封土地给子孙和属臣,形成诸侯、卿、大夫等各级相对独立的封国或封邑。封建制的特点是将血缘关系融入到政治关系中,地方具有比较强的独立地位。

但是,建立在血缘关系基础上的封建制,不可避免地会出现秦丞相李斯所说的"后属疏远,相攻击如仇雠"的问题,即随着时间推移,血缘关系越来越淡化,利害较量会超越血缘纽带,典型例子是春秋战国时期各诸侯间激烈的兼并战争。因此,封建制在秦之后为郡县制所取代。

郡县制是一种自上而下的管理制度,人事任免权和决策权集中在中央政府手中,行政执行权根据情况下放到各级地方政府手中,中间辅以监察和考核机制来保证中央对地方的控制。郡县制最早出现在春秋时期,那时各路诸侯已意识到加强对地方控制的重要性,将新征服或新开发的土地,不再分封给子弟或贵族,而是安置直接听命于中央的守宰,这是郡县制的前身(韩连琪,1986)。故而王夫之在《读通鉴论》里说道"郡县之法,已在秦先"。从春秋到战国,大部分诸侯国都走上了通过郡县制实行中央集权的道路,周振鹤(2014)认为,中央集权的产生与农业生产方式之间存在着密切关系,因为恰恰是以工商经济为重要支柱的齐国未曾建立郡县制。是不是中国乃至东亚特别的经济生产方式造就了郡县制,而由于经济生产方式不同西方采取了其他制度,进而影响东西方制度分野？这是值得进一步探讨的话题,但不在本书研究范围之内。

秦统一中国后,面临继续实行封建制还是实行郡县制的重大制度选择。《史记·秦始皇本纪》记载,秦始皇召集丞相王绾、廷尉李斯等诸大臣,对该采取哪种制度进行辩论。王绾认为应该继续实行封建制,理由是"诸侯初破,燕、齐、荆地远,不为置王,毋以填(同镇)之"。而李斯则认为,建立在血缘关系上的封建制是不牢靠的,它将再次导致战国时天下大乱的局面,"周文、武所封子弟同姓甚众,然后属疏远,相攻击如仇雠。诸侯更相诛伐,周天子弗能禁止"。在这历史分岔口,秦始皇做出了正确选择,他采纳了李斯的意见,不置诸侯,分全国为三十六郡,郡置守、尉、监,郡下设县,从此开启了全国范围内的中央与地方关系。这是一次决定历史方向的重要讨论,史称"李斯廷议"。

自秦始皇后,有过几次关于封建制与郡县制的优劣之争。汉朝初立时,刘邦同时实行封建制与郡县制,但不久各诸侯王纷纷造反。在削平各异姓诸侯王后,刘邦大量分封刘姓子弟,并与众臣订立"白马之盟",称"非刘氏而王,天下共击之"。到汉景帝时,各诸侯王势力坐大,开始挑战中央权威,最后酿成"七国之乱"。于是,汉武帝开始采用"推恩令",允许诸侯王将自己的封地分给子弟,这样使得诸侯国越分越小,并要求"诸侯惟得衣食税租,不与政事"。之后历朝历代的央地关系架构虽然也时有分封举措,但是一般对分封诸侯的权力予以严格限制,从全国总体上看以郡县制为主。

后世对郡县制与封建制的利弊多有论述。特别是在王朝面临生存危机而又解决不力时,如隋末唐初、唐朝安史之乱后、明末清初,一些学者就开始反思郡县制的问题,甚至提出返回封建制的"法古"措施。在诸家所述中,柳宗元的《封建论》分析得比较透彻,他认为封建制实质上是"私天下",且不能防止后世地方威胁中央问题,而郡县制才是真正的

"公天下",秦朝灭亡的原因不在于制度问题,而在于政治操作问题,所谓"失在于政,不在于制"。苏东坡高度赞扬了柳宗元的论述:"柳宗元之论出,而诸子之论废矣,虽圣人复起,不能易也。"

到明末清初时,一些汉族思想家如黄宗羲、王夫之、顾炎武在痛惜明朝灭亡之余,反思偌大的明朝为何会灭于区区满族,他们不约而同指向郡县制,进而提出了一些改革意见。但是清朝建立后,并没有采纳他们的建议,在核心统治区域仍是采用郡县制,并且,随着清朝的征服与扩张,郡县制通过"改土归流"等措施推向边远地区。所谓"改土归流",就是废除边疆或少数民族地区的土司世袭统治权,将其领地重新划分,设置新的府、州、县,由中央政府任命流官管理。雍正时期,清政府在云南、贵州、广西、四川、湖广等省开展大规模的"改土归流"。在清朝中期,郡县制不论是从管理范围还是管理手段上看,都达到了历史高峰。

因此,从历史上看,我国自秦代开始,郡县制实际上是国家治理的一个基本框架。也正因为此,1973年,毛泽东才在诗中一针见血地指出:"百代都行秦政法。""戊戌变法六君子"之一谭嗣同也有类似的话,他说:

> 二千年之政,秦政也。

郡县制传统是如此强大,即使是中国现在的央地关系制度架构,我们也不难看出它有浓厚的传统郡县制的影子,这点在后面各章分析中将逐一得以体现。

比较封建制和郡县制,两者最大的不同是:封建制强调地方分权,郡县制强调中央集权。不过,虽然郡县制强调集权,在现实的政治运行中,由于信息传递链条太长,中央政府无法对县级实行完全控制,不得不委托次高级政府来实施间接管理。次高级政府长官或为刺史、或为节度使、或为总督,俗称"封疆大吏",他们位高权重,往往具有统辖数州或数省的权力,当中央政府权威下降时,他们就可能形成挑战中央权威的重要力量,甚至导致王朝覆灭,西汉初期的七国之乱、东汉后期的军阀混战、西晋的八王之乱、唐朝后期的藩镇之祸、清朝后期的东南五省互保,均说明即使是在高度集权的郡县制下,仍可能出现地方权力过大导致的弱干强枝情况。

(二) 郡县制的制度构成

自秦朝确立郡县制大致框架以来,历代王朝对其不断进行增删修改,但郡县制的核心构件基本不变,那就是官员选拔制度、官员考核制度、官员监察制度。郡县制的本质,就是通过一套有效的官员治理体系来保证中央对地方的控制,以期达到法家代表人物韩非子所说的"事在四方,要在中央"的效果。

1. 官员选用制度

从封建制到郡县制,官僚队伍从贵族控制转向从社会中选拔人才,实际上就是政权从封闭走向开放的过程。在封建制下实行的是"世卿"制度,贵族有世袭的特权,为国王或诸侯服务的官员,大多是家内奴隶的头目,地位较低,不具有世袭特权。显然,这是一种封闭性的人事制度,官员只忠于贵族,对朝廷的忠诚度较低。

秦汉以来,为了吸引更多优秀人才进入到官僚体系,历代建立了多种形式的官员选拔制度。历史上主要的官员选拔制度有:察举制,它由朝廷指定举荐的科目,各级官员按科目要求考察和荐举人才,该制度盛行于两汉,衰于南北朝;九品中正制,它按照九个品级来评定人才等级,然后层层核查上报,由中正官决定人才选用与否,官员选拔权不再属于地方长官,该制度是魏晋南北朝时的取士制度;科举制度,它通过公开统一的集中考试,择优选拔人才,考试科目可根据需要而设(例如唐代设为秀才、进士、明经、明法、明书、明算六科),该制度是隋以后我国主要的取士制度,直至1905年清朝举行最后一科进士考试为止,前后经历一千三百余年,成为世界上延续时间最长的选拔人才的办法。除了这三种形式外,其他还有辟署、征召、军功、自荐等选拔人才方式。

人才选拔出来后,并不一定马上得到任用,人才的使用还有一些严格的规定。历代长期存在的官员任用方式主要有候补、试用、拜授、兼领、参知等。在任用过程中也有一些严格限制,如籍贯和亲属回避制度、师生回避制度、任期限制等。

2. 官员考核制度

郡县制下,除了皇帝,所有官员都要接受考核(也称考课),以决定官员升降或去留。历代官员考核标准变化很大,但总体上分为两大类。

一是"政绩"标准。包括对一般性行政官员的考核和业务官吏的考核:对一般性行政官员如部门首长和地方行政首长,则考核所属部门或地区的户口增减、垦田多少、钱谷收入、盗贼狱讼、教育水利等,也就是说,是综合指标的考核;对担任专门业务的官吏,其考核依据不同的职事制定不同的标准。

二是"道德"标准。我国传统是礼治治国,比较重视官员的道德水准,于是官员的道德水平也是考核重心。在隋以前是清正、治行、勤谨、廉能等;在唐宋是德义有闻、清慎明著、公平可称、恪勤不懈;在明清是清、慎、勤等。这些被认为是所有官吏必应具备的品德,也是考核的基本内容。

以清朝为例,清政府将除总督、巡抚、布政使和按察使以外的地方官员考核称为"大计",实行三年一考察。考察分为"操守""政事""才具"三个部分,每个部分分为上中下三等,三年考绩的标准形式如下表:

表 2-1　三年考绩的标准格式

项目	操守	政事	才具
上	清	勤	长
中	平	平	平
下	浊	怠	短

各省由巡抚负责地方官员的考绩登记,登记册交给吏部官员、都察院官员和满汉大学士各一名组成的审查委员会,审查委员会对登记册进行审查,以决定官员的升迁或去留。

3. 官员监察制度

我国广土众民,中央与地方相隔遥远,为使得庞大的官僚机器得以有效运转,必须建立有效的监察地方官员的制度,以便于中央政府能够及时掌握地方讯息,促使各级官吏恪尽职守,保证政令通达。

从秦汉开始,我国就建立了复杂的层层监督的监察系统。皇帝亲察三公九卿,三公九卿督查郡县,每一层级别的行政首长都有监察下属的职责。郡县制下,地方政府是作为中央派出机关而存在的,必须保证对中央政府唯命是听,绝对服从,中央政府要保证对各级官员能够实施有效的控制、防范和监督,于是监察机制唯恐不严密。到了清朝发展成"密折"制度,有密折上奏权的官员可以随时告发上级或同僚的不轨行为。

监察制度是保证郡县制度有效运转的非常关键的制度安排,历朝历代总是在强化监察制度上大做文章,但是也往往是监察制度的失效导致统治危机的出现。例如汉初的刺史和唐初的巡察使,开始时均是以监察功能为主,但是随着监察功能的扩大,它们分别演变成汉末的州牧和唐朝中晚期的观察节度使,最后变为次高级政府,成为挑战中央权威的重要力量,最终演变成军阀割据局面。

(三) 郡县制与其他政体结构的区别

1. 郡县制与罗马行省制、西欧封建制的区别

在古代,西方政体有两个典型,一是罗马行省制,二是西欧封建制,这里将它们与郡县制进行比较。

罗马行省制是古罗马为统治征服地区而建立的一种管理制度,每当罗马新征服一个地区,罗马元老院就派遣一个总督,制定行省法规以及相应行政、司法、税收等方面的准则。郡县制和行省制都是国家扩张的产物,都为君主专制政体的建立提供了重要条件。但两者也有很大的差异,郡县制远比行省制管理机构庞大,管理层次更加严明。罗马行省之下为城市,而城市具有自治或半自治的性质,由此罗马行省管理也相对简单,行省主要负责税收、司法和治安等方面事务。郡县制管理范围涉及民政、财政、司法、教育、选举、监督等诸多方面,郡辖县、县辖乡里等基层组织,郡县内部还建立了严密的监察和考核制度,这是行省制所不能比的。随着罗马帝国的发展,中央政府对行省控制不断加强,对城市事务的干预也越来越多,城市自治的性质逐渐消失,但罗马行省始终没有形成层次分明的管理机构,"罗马国家的管理体制可以说是拼凑起来的"(易宁,2007)。

西欧封建制是处于古代希腊罗马社会与近代资本主义社会之间的一种基本制度,也称西欧采邑制。它是一种政治、经济合一的制度,封建领主在其封土内拥有土地所有权和世袭权,也拥有行政、司法、税收、铸币等权力。封建领主权力虽然大,但是各级封建主只效忠于直接上级,隔级之间无效忠关系。它有点类似于中国周朝实行的封建制。但是由于西欧封建主之间互相联姻,并且继承权又比较分散,导致西欧各个封建国家缺乏稳定的统治区域,国家之间的领土界线极为模糊,对外也不能以主权者身份进行平等交往,这点又与中国封建制有

很大的不同。封建制在组织严密程度和组织效率上,远远不如中国的郡县制。

2. 郡县制与联邦制、单一制的区别

现代政治学关于国家政体结构的区分,一般分为联邦制和单一制两种。所谓联邦制,是指国家由两个或两个以上的政治实体结合而成;所谓单一制,是指国家由若干行政区域单位组成单一主权国家的结构形式。联邦制与单一制的最大区别,是看主权权力是由全国性政府独占还是由其与区域性政府分享,由全国性政府独占主权权力的是单一制,由全国性政府同区域性政府分享主权权力的是联邦制。典型的联邦制国家有美国、德国等,典型的单一制国家有法国、日本、英国等,世界上大多数国家为单一制国家。

国家政体形式对中央与地方关系有着重要影响。在联邦制国家,联邦各成员国有自己的立法和行政、司法机关,通过自己制定的宪法和法律来管理本国内的财政、税收、文化、教育等公共行政事务。因此,一般而言,联邦制国家的地方分权程度较高。在单一制国家,全国只有一个中央政权,一部宪法和一种法律体系,地方的权力来自中央的授权。单一制国家地方分权程度有高有低,如果是强调地方自治传统的,那么地方分权程度较高;反之,地方分权程度较低,或者说,中央集权程度较高。

联邦制和单一制之分是在现代西方政治学框架下的一种分法,中国郡县制比较接近单一制,但是,中国郡县制传统实际上是中国在漫长历史进程中探索出来的一种国家治理形式,它很难生硬地对应于现代政治学分类框架。例如,判断单一制是否集权或分权,关键是看地方是否自治,但是郡县制很难用"集权"与"分权"二分法概括。举例来说,在郡县制下,既有传统认为的中央高度集权因素,也有"皇权不下县,县下皆自治"因素;既有宋朝时垂直职能部门较多、央地间行政部门机构存在叠床架屋的形式,也有汉朝皇帝"与二千石共天下"、地方政府采取一个扁平化治理的形式;既有明代一省内三司鼎足而立,分别由朝廷垂直领导的形式,也有清代总督"掌厘治军民,综制文武,察举官吏"得到大部分朝廷授权的形式。

因此,中国在漫长历史过程中所形成的郡县制治理结构,它的内容是非常丰富的。它通过选拔、任命、流动、考核、监察等一系列机制和指令,来形成一个等级有序的官僚体系,从而服从国家治理要求。这套体系具有较强的历史延续性,对当前央地关系产生着重要的影响。

二、郡县制下官员的行为观察

(一) 官员目标:职位晋升与价值实现

官员(也称官僚)行为是社会科学普遍关注的一个重要问题。按照公共选择理论的观点,官员是指负责执行通过政治制度做出的集体选择的代理人集团(Hyman,1990)。社会科学研究注重发现人的行为动机,从经济学分类看,人主要分为居民、企业家和官员三类,目前文献已有大量关于这三类主体的行为研究。政府运转由官员推动,因此了解官员的行为,是破解政府行为密码的关键。

比较早地注意到官员行为现象的是德国社会学家韦伯(Weber,2009),在他看来,官员组织呈现的特征是"分部－分层、集权－统一、指挥－服从",官员(特别是高级决策者)一般是能力很强的理性决策者,他们能够遵循管理制度并贯彻执行一系列任务,从而保证政府的运转。韦伯之后,有大量文献研究官员组织和行为,政治学和社会学比较注重对官员组织的研究,对官员行为的研究集中体现在公共选择理论中。公共选择理论一般是将官员看作"自利的理性人",所追求的是个人效用最大化。其中最具代表性的是尼斯坎南的"官员预算最大化"理论(Niskanen,1971,1973),他认为官员的效用来自权力,权力与官员支配的预算规模成正比,因此官员倾向于做出预算最大化决策,从而降低资源配置效率。

要理解官员的行为,首先要理解官员关注的目标是什么。我认为,官员关注的目标有两个:职位晋升和价值实现。

一是职位晋升。官员职位晋升能够带来掌握资源的范围扩大、声名的传播和收入的增长,毫无疑问这是一般从政者所追求的目标,这较符合公共选择理论的"自利的理性人"假设。

二是价值实现。一些具有某种信念的官员,会比较追求理想的实现。尤其是受传统文化熏陶出来的知识分子,修身齐家治国平天下是他们的人生理想,他们希望通过从政来拥有较大的资源配置能力,进而运用这种能力提高人民生活水平,或者解决社会某种问题。这种情怀如在清代郑板桥的诗中所体现的:

> 衙斋卧听萧萧竹,疑是民间疾苦声。些小吾曹州县吏,一枝一叶总关情。

诗中所呈现的官员职位并不高,仅是州县吏而已,但是他时刻把民间疾苦放在心头,这是一个典型的中国士大夫形象。

现实中地方主政官员是否真的关注这两大目标呢?《县委书记们的主政谋略》(李克军,2015)一书给了很好的佐证材料。该书作者曾任过十年县委书记,退休后采访了一百多位县级干部,之后作者根据切身经验和调查访谈获取的第一手资料撰写了此书。作者生动地刻画了县委书记的心态,其中将县委书记们的执政业绩和收益分为七大方面:(1)贯彻落实上级工作部署的绩效;(2)本地经济社会的发展;(3)民众收入的提高和物质文化生活的改善;(4)上级领导的赏识;(5)在本地干部群众中的口碑、威望;(6)媒体的肯定与褒扬;(7)个人及亲友利益的获取。可以看出,除了第 7 条外,其他 6 条可归为"职位晋升"和"价值实现"两方面,并且这两方面有交集。

晋升与实现自我价值都会给官员带来声誉,但是两者有很大的不同。晋升会让声誉扩大,而政绩会让声誉更加良好。不同价值取向的官员对这两者的侧重点有所不同:重视声誉扩大的官员,往往需要通过晋升带来公众影响的扩大;重视声誉良好的官员,往往更在乎人民的评价,有时甚至在乎历史的评价,所谓"政声人去后,民意闲谈中"。中国作为深受儒家文化影响的国度,自古以来讲求积极入世,自觉承担社会责任,"君子之仕也,行其义也",官员通过从政来实践他们的人生理想,对信念的坚守可能超过对一时一地名声的追求,他们所追求的可称得上是"历史声誉"。追求历史声誉的官员是比较少的,然而却是民族精神的担当者。

职位晋升与价值实现这两个目标,有时是兼容的,但有时是互斥的。之所以说是兼容的,是因为官员实现的政绩会有利于他的晋升。之所以说是存在互斥之处,是因为晋升所需要的政绩标准与居民或自身信念所认定的政绩标准不一致,当矛盾不可解决时,官员可能就会采取"当官不为民做主,不如回家卖红薯"的行为。

经济学家强调对人的行为进行研究,所关注的主要是居民和企业家的行为。居民的追求目标是效用最大化,控制手段是消费和闲暇,企业家追求的目标是企业利润最大化,控制手段是投资和创新。表 2-2 比较了官员与居民、企业家这三类行为主体的差别,可以看到,官员与居民、企业家是不同类型的个体,它们在行为动机、实现手段、评价标准各方面均不相同。

表 2-2　官员与居民、企业家的差异

所属部门	行为主体	动机	控制变量	评价标准
私人部门	居民	效用	消费、闲暇	效用提高
	企业家	利润	投资、创新	利润增长、规模扩大
公共部门	官员	政绩（职位晋升＋价值实现）	财政收入、支出、人事权	经济发展、公共治理、公众评价

（二）郡县制下官员的行为冲突：事上与安下的矛盾

官员依附于政治组织，不同政治制度展现的组织形态也不一样，由此导致的官员行为也不一样。如果承认中国政治制度和组织形态有其独特性，那么也应该承认，官员的行为也有其独特性。因此周雪光（2017）指出，"将韦伯理论应用于分析中国官僚体制也极易引起误读。这是因为韦伯意义上的官僚组织体制与中国土壤生长起来的官僚体制迥然不同，有着质的区别"。他详细比较了韦伯式官僚体制与中国国家支配形式下的官僚体制的差异，并指出中国体制的核心是"向上负责制"。

王亚南是中国官员行为研究的开拓者，他在 1948 年著的《中国官僚政治研究》一书中进行了深入研究。他认为，中国官僚政治具有三种"性格"。"（一）延续性——那是指着中国官僚政治延续期间的悠久。它几乎悠久到同中国文化史相始终。（二）包容性——那是指着中国官僚政治所包摄范围的广阔，即官僚政治的活动，同中国各种社会文化现象如伦理、宗教、法律、财产、艺术……等等方面，发生了异常密切而协调的关系。（三）贯彻性——那是指着中国官僚政治的支配的深入的影响；中国人的思想活动乃至他们的整个人生观，都拘囚锢蔽在官僚政治所设定的樊笼中。"简单概括就是，中国官僚政治这三种"性格"是：历史悠久、影响广泛、思想支配性强。

王亚南还特别指出:"由秦以后,中国的政治形态并没有了不起的变更,换言之,即一直是受着专制政体——官僚政治的支配。"实际上,这种政治形态就是郡县制。郡县制对官员行为的影响是根本性的,不能否认韦伯和其他理论对官员行为的刻画有独到之处,但应更注重的是,在郡县制下,地方官员行为的突出问题是什么?我认为,它就是"偏好错位"问题:

地方官员存在满足上级政府偏好与满足当地居民偏好的错位。

正像个人追求个人利益最大化一样,政府也要追求他的利益。政府由一系列政府官员组成,官员行动要有权力支撑,而要得到权力首先要满足授予他权力者的目标。一般来讲,官员的权力来源有两种:一是上级政府授予,譬如说由上级政府任命,二是当地居民授予,譬如说官员由当地居民选举产生。如果官员权力来自上级政府授予,那么他要优先满足上级政府的目标。如果是他的权力来自于当地居民的授予,那么他就要优先满足当地居民的目标。

当地居民与上级政府的目标有同有异。相同之处是他们都会关注经济增长、公共服务和社会稳定。不同之处,当不同的目标之间产生冲突的时候,上级政府与当地居民选择的偏好次序会有差异。

清朝康熙年间,有一个叫黄六鸿的知县,把他在两任知县任上的事迹写成《福惠全书》,这本书在当时比较受地方官的欢迎,不但成为清朝很多官员的施政参考,而且流传到日本,成为江户时代幕府行政的参考,并称之为"万事龟鉴之书"。在《福惠全书》里,黄六鸿开门见山,将地方官员施政原则概括为下面四个字:

事上安下!

这四个字可以说是抓住了地方官员执政目标的精髓:事上,就是要满足上级政府的偏好,实现上级政府确定的目标;安下,就是要满足当地居民的偏好,实现当地居民期待的目标。然而,不幸的是,这两个目

标往往存在冲突,地方官员常在事上与安下间徘徊选择,黄六鸿也不讳言这一点,他说:

> 顺于下邪?则民蒙其利而上不之予;顺于上邪?则上予之而民不蒙其利。

就是说,地方官员是顺从民意还是顺从上级?如果顺从民意,那么百姓会得到好处,但是得不到上级的肯定;如果顺从上级,那么会得到上级的肯定,却可能让百姓得不到好处。柏桦(2015)在《父母官:明清州县官群像》中,详细描述了明清州县级地方政府官员的执政目标的两难之处:"父母官之责十之九在理财,财政问题既关系到父母官的考成,也关系到民生疾苦。事关上司考成,父母官一般不敢拖欠钱粮;而事关民生疾苦,父母官在自己的权限范围内是可以减轻县民的一些负担的。"可以说,地方官员主政一日,这两难之处就存在一天。难怪明朝海瑞在做过县令后,发出这样的感叹:

> 官之至难者,令也。

如何解决这一对矛盾?黄六鸿并没有拿出什么好办法,只是提出"敬""勤"这样的道德要求,但是,用道德要求来解决制度问题,只能是制度无法突破的无奈之举,其效果必定是很有限的。

如果是一个务实、自利的官员,他会更加看重升迁。当上级政府决定着他们的升退时,大多数地方官员很自然地会率先揣摩上司的意图,以"事上"为第一目标,"安下"为第二目标。这时他们的执政行为就会体现出不顾实际、唯上不唯下的现象。要么墨守成规、不逾分寸,要么追求政绩、胆大妄为。其结果,轻则无法有效满足当地居民的真实需求,重则导致国家与社会的严重对立,危及政治稳定。

事上与安下的两难,可以说是自秦始皇奠定郡县制框架后,横贯在中华大地上的千年矛盾。

三、郡县制传统对央地关系的影响

郡县制是一种处理央地关系的行政体制，它既会影响地方政府的行为，也会影响中央政府的行为，中央与地方政府行为的综合体现为政府治理水平。郡县制传统历时数千年，它对历史与现实的央地关系产生着根本性的影响。

（一）对政府层级和架构的影响

郡县制运转良好的关键在于官僚队伍的服从，这对我国这样大的国家而言，显然是一个不容易实现的目标。为此，历朝历代在地方政权结构上，有意设置交错监管和制约关系，这从根本上塑造了政府层级和结构。

第一，"条条影响"：垂直管理部门增加。上下级职能部门之间关系即通常所说的"条条"关系。每一个地方政府都有各自的职能部门，例如负责教育、司法的各部门，从提高行政效率角度看，最好各职能部门归当地方政府管辖。但是，地方政府管辖的职能部门过多会增加地方政府权力，进而增强地方政府违背中央政府意图，甚至挑战中央权威的能力，为此，需要将更多的职能部门实行垂直管理。

例如，宋代吸取唐朝后期藩镇割据的教训，一开始就实行更多的垂直管理，刻意打散地方政府的权力。宋代地方最高行政机关为"路"，路以"安抚使"为长官，主军政；又设"转运使"，主财赋、治安、监察；设"提点刑狱"，掌司法；设"提举常平使"，主赈灾和盐铁专卖。这四个官都是中央派到地方来监督与指挥地方军、政、财、刑的，他们互不统属，互相监督，直接对朝廷负责。就这样还不放心，宋代又于各州府设置了"事得专达"皇帝的"通判官"，以监督知州、府尹。其目的是为了防范地方集权,形成割据势力。

第二,"块块影响":政府层级会增加。地方行政机构总体称为"块",不同层级政府整体关系称为"块块"的关系。郡县制的原始意思是地方分为郡和县两级,但是历代出于防范和控制地方的目的,朝廷会不断派出官员控制地方政府,最终改变地方政府层级。钱穆(2005)对唐代地方行政演变的刻画可说明这一点:

> 唐代监察使,论其本源,是一御史官,而属于监察之职者。但逐渐演变成了地方长官之最高一级,把州、县地方官压抑在下面。如是则地方行政本来只有二级,而后来却变成三级。于其最高一级则名不正,言不顺,遂形成一种中央集权,对地方行政极有流弊。假使此项监察使巡视边疆,在边防重地停住下来,中央要他对地方事务随宜应付,临时得以全权支配;这即成了'节度使'……(节度使)回头来反抗中央,最后终至把唐朝消灭了。这与后来清代的情形也相仿佛。

因此,对中央政府来说,在决定地方"块块"大小时也面临着一个矛盾:块块过大,会挑战中央权威;块块太小,又降低行政效率。历史经验是,在各王朝成立之初,总是想将块块切小,但是后来形格势禁,不得不设立次高级政府来提高行政效率,但往往又是这个次高级政府给中央政府造成极大的威胁。

表 2-3 是我国历代地方政府(行政)级次演变过程表,可以看出,我国历代县级政权基本没什么变化,在县以上政府层级变化较大,不少时期存在三级甚至四级政府。

地方政府层次和结构会影响政府间的事权分配关系:当垂直管理部门增加时,地方政府的事权会减少;当政府层级较多时,县以上政府的关于监督的事权会增加。

表 2-3　中国历代地方政府(行政)级次演变过程表

时期	高层政府、区	统县政区			县级政区
秦		郡			县、道
汉		郡、王国			县、道、邑、侯国
魏晋南北朝	州	郡、王国			县、国
隋、唐前期		州(郡)			县
唐后期、五代	道(方镇)	州、府			县
辽	道	府		州	县
宋、金	路	府、州、军、监			县
元	省	路	府	州	县
明	布政使司(省)	府、直隶州、直隶厅		州	县
清	省	府、直隶州、直隶厅			县、州、厅
民国初年	省	道			县

注:(1)表中括弧内外的名称为互称或等称,如隋唐时期,大部分时间统县政区叫作州,其中两度短期内改为郡,因此当时州、郡性质一样,可以互称或等称。(2)表中辽、元、明三栏的统县政区有几种类型,中间用短线隔开,表示除统县的共同特点外,相互之间还可以存在统属关系,如明代的府可直接统县,也可以经过属州再统县。

资料来源:周振鹤,《中国地方行政制度史》,上海人民出版社,2014 年。

(二) 对财政收支行为的影响

财政收入和支出往往反映着政府的施政意图,央地关系自然会影响财政收支行为。

1. 对财政收入行为的影响

财政收入有两面性,一方面它为财政支出提供资金,有利于政府活动的开展;另一方面它会干扰经济运行,并增加人民负担。地方政府官员如果重视前者,会倾向多征税;如果重视后者,会倾向少征税。

现实中,中央政府事先会测算出地方所能征缴的财政收入,地方政府所征财政收入的范围和数量要按规定执行。如果地方完成不了赋税征缴任务,地方官就要受到惩罚;如果地方超额完成征缴任务,那么要将盈余部分上缴中央,地方官员还可能会因此得到朝廷奖励。大多数地方官不愿冒遭到上级贬斥的风险,会以完成甚至超额完成赋税征缴任务为目标,而不顾加重当地人民的负担。其结果就可能出现地方官"连年水旱,州县不以实闻"的行为,最后酿成社会危机。

2. 对财政支出行为的影响

财政支出行为体现着政府的施政方向,地方官员"事上"与"安下"的目标何者为先,对地方政府财政支出行为影响不同。我们举一个例子来说明地方官员行为的取舍。

假如,有一个地区,既需要投资于基础设施以带动经济增长,也需要投资于中小学教育上以带动教育水平提高。恰好此时上级政府给了一笔转移支付资金,并且这笔钱属于无条件转移支付,也就是说,地方政府可以将这笔钱用于任何用途上。那么地方政府是把这笔钱用于基础设施投资还是教育投资呢?

从当地居民角度看,他们可能希望把这笔钱用于教育支出上,这样会让他们的孩子能够得到较好的教育水平。但是从地方政府的角度看,提高中小学教育水平不会马上给他们带来好处。因为中小学生受到好教育的成果,只有在他们毕业后才能逐步显现出来,并且他们也不一定在当地就业。就是说,教育回报周期长、外部性强。既然如此,地方官员会觉得不如将资金用于短期看得见成果的支出上,例如,用于搞开发区建设,或者用于市政投资。此时,当地居民需求与政府施政方向就产生了冲突。

吴思(2011)写过《县官的隐身份》一文,文章生动地刻画了县官的两难处境:

明朝清官海瑞任淳安县县令时,当时都御史总理盐政(近似中纪委书记兼财政部副部长)鄢懋卿南巡,走之前他发了个通知,说自己"素性简朴,不喜承迎。凡饮食供账,俱宜俭朴为尚"。并说"方今民穷财尽,宽一分则民受一分之赐,务宜体谅"。说得冠冕堂皇,但是实际上他没按照说的做,一路上各地方大摆宴席,每席都价值三四百两银子左右。路过淳安时,海瑞写信给他,说您指示很好,但是为什么不照那么做,结果鄢懋卿不敢过淳安了。海瑞的上司气得把海瑞召来大骂:"不大点的官,好大胆子!"以致后来海瑞在面临提拔关口,本可以从正七品升职到正六品,却只闹了个平调。海瑞不禁感叹道:"县官真做了一个驿丞(招待所所长)。"

财政的钱花在哪里?这是一个涉及人民的需要能否得到政府回应的问题,不容回避。

(三) 对财政管理的影响

中国自汉唐以后,统治者吸取汉唐后期地方势力坐大而导致地方割据的教训,加强了对地方财政的控制,财政控制的加强会深刻影响到财政管理体制和财政管理能力。

一是对财政管理体制的影响。财政管理体制指中央与地方财权与事权的划分,郡县制下,中央对地方的财政控制主要体现在财政收入控制上。地方政府财政收入主要来源是税收收入和转移支付,历史上大多数时期,中央规定地方一切财政收入都要作为国家财政收入,地方的财政收入除了扣除中央规定的截留数目外,都要上缴中央。地方财政收不抵支的缺口,由中央对地方的转移支付来完成。当地方政府财政收入水平较低,或者比较依赖转移支付时,中央对地方的控制力自然就会加强,也就达到了郡县制的一个目的:中央控制地方。

二是对财政管理能力的影响。财政控制影响财政管理能力的有两个因素:一个因素是中央政府制订的出于防范地方的财政体制,会导致政府财政行为向财政收入端倾斜,另一个因素是财权向上集中又会抑制地方理财的积极性,二者一起降低地方政府的财政管理能力。黄仁

宇(2015)在考察明代财政赋税体制时,指出政府对稳定的关切限制了财政管理能力:

> 明朝制度另一个特点是其管理能力有限,这是开国者有意的设计。洪武皇帝生性多疑,他将财政职权集中于中央,但只是泛泛地集中,缺乏深度。他无意改善财政运作,他所关注的问题是如何在大而不变的结构中阻止任何次一级的体系的形成。因此,从一开始,财政管理就显示出简单、生硬的特点。

刘晓路(2011)注意到郡县制传统与政府间财政关系之间有着密切的联系。政府间财政关系是央地关系的一个关键环节,也称政府分级预算管理体制。当今世界处理政府间财政关系普遍遵循财政联邦制原则,它强调各级政府在财政职能和收支上的独立性和自主性。我国政府间财政关系中保留有大量的传统要素,但改革开放后具有财政联邦制性质的改革与这些传统要素发生了冲突,并在现实中引发了许多问题。

例如,按照财政联邦制原则,各级财政必须自求财政平衡,上级政府即使在下级政府出现赤字的情况下也不能援助,否则不能对下级政府实现真正的预算硬约束,财政联邦制的效率优势就不能体现出来。但是当地方债规模真的超过财政承受能力,上级政府救不救助呢?不救助会坐视地方政府财政破产,公共事业所需的财政支出会面临无米下锅窘境,甚至会影响社会稳定;如果救助,那么地方政府预期债务风险最终会转嫁到上级政府,地方政府会进一步扩大举债规模。从现实看,郡县制传统下地方官员的选拔、任用与考核均以上级政府为主,这里面暗含的一个逻辑是"人是你选的,出了问题你得负责",当地方政府出现债务问题时,上级政府很难置之不理,财政预算软约束问题由之发生。

四、郡县制后集权与分权的循环

分权有利于增强地方活力,集权有利于增强中央政府的组织动员能力,过度分权与过度集权都有问题。中国历史上,央地间集权与分权之间的矛盾一直存在,王朝的治乱循环,往往是在央地关系处理上出现了较大问题。这里以汉唐宋明清五个代表性朝代来说明这一点。

(一) 汉代:削藩为郡县

西汉初年,汉高祖刘邦封了七个异姓诸侯王国,其余的分为24个郡,由皇帝直接统治。这并不是刘邦故意要恢复封建制,而是楚汉相争时,刘邦依靠韩信、英布等人取得天下,不得不通过分封来酬赏有功之臣。之后刘邦逐个铲除异姓诸王,并把他们的土地分封给自己的子孙。各诸侯王拥有的财政权限比较大,不单有租税和盐铁收入,而且还可以铸钱。如《汉书·食货志》记载,汉景帝时,"吴以诸侯即山铸钱,富埒天子"。这直接导致地方诸侯王势力坐大,对中央构成严重威胁,中央和地方之间的矛盾开始激化。为此,贾谊提出"众建诸侯而少其力"的削藩政策,不过当时汉文帝没有采纳。等到汉景帝试图削藩的时候,却引发了七国之乱。后来汉武帝采用主父偃提出的"推恩令"政策,才逐步削弱诸侯王的势力。

为加强中央力量,汉武帝致力于建立中央集权型财政体制。主要措施有两点:一是铸币权归中央所有,所有旧币一律销毁;二是中央在各郡国设立仓库,加强对地方财政的控制。这样一直到西汉结束,再没出现地方反叛中央的局面。

在东汉开始的时候,东汉延续西汉的监察制度,在郡县之上将全国分为十三个州,以州为单位设监察区,每州设刺史一名。当时的刺史由中央委派,级别不高,权力仅限于监察权,而没有行政权、财权和军权。汉灵帝时为镇压黄巾起义,汉灵帝将刺史改为州牧并下放权力,州牧集行政、军事、财政大权于一身,权力急剧扩大,形成军阀割据势力,最后导致东汉末期军阀混战。

(二)唐代:中央权威下降后的藩镇割据

在初唐时期,地方分州县两级,全国有州 358 个,县 1511 个,州县官均由中央委派,州县的权力和地位下降,割据反叛的可能性也被消除了。州县政府只有征收财税的权力,而无自主支用的权力。唐朝加强对地方管理的一个重要举措是对地方进行分等治理。在秦汉时期,县有大小县之分,区别并不明显。唐朝将县分为赤、畿、望、紧、上、中、下,京都所治之县为赤县,京之旁邑为畿县,望县指繁华之县,紧县指重要之县,上、中、下是按户口多少进行区分。将州分为辅、雄、望、紧、上、中、下,其中京都所置郡为辅,旁郡为雄,望、紧分别按繁华和重要程度进行区分,上、中、下仍按户口多少划分。对地方进行分等治理的举措被唐之后王朝所采用并有所损益,一直延续到清末。

在州县之上,以"道"为单位派出巡察使对地方官员进行监察,当时的道不是行政单位。然而,监察官的权力从来就有膨胀的趋向,监察官逐渐常驻地方,慢慢演变成凌驾于州县之上的一级行政机构,阻隔了中央权力下透到州县。这样,本来是为了加强中央集权的措施,结果削弱了中央控制地方的能力。

唐睿宗后,中央为了加强边防,在边防设置节度使,节度使总管数州的军、政、人、财、监察权力,这使得节度使有了对抗中央的资本,最终酿成安史之乱。安史之乱后,全国各地的道均设节度使,掌握一道的全权,成为强大的次高级政府,时称为"藩镇"。藩镇把持辖区内重要财源,尽管规定"分天下之赋以为三,一曰上供,二曰送使,三曰留州",但是不少藩镇不遵守上缴中央赋税的规定,并且把持部分赋税的征收权,如盐税和酒税的征收。藩镇割据局面不断削弱国力,让唐朝逐渐走向衰亡。

(三) 宋代:严密的地方控制与低下的行政效率

唐末大乱给宋朝开国者留下深刻印象,因此在立国之初就设置了一系列制度来削弱地方权力,主要做法有三种,即"稍夺其权,制其钱谷,收其精兵"。一是文臣知州制,削夺地方政权。路、州、郡等地方官员均由中央任免,用文官署理州府。为牵制地方长官,同时在各府州置通判,规定一切政令须经通判副署,通判可随时向朝廷奏报府州情况。二是制其钱谷,实行转运使制度,削夺地方财权。于各路设转运使,转运使掌管一路或数路财赋,并兼有考察地方官吏、维持治安、清点刑狱、举贤荐能等职责。三是收其精兵,削夺地方军权。解除了开国功臣的兵权,组建了大量由皇帝直接控制的禁军,削弱了地方军事力量。即使是这样,朝廷还是不放心,宋真宗时陆续设立了提点刑狱司、安抚司等机构来分割转运使的权力。

由于防范严密,直到宋代灭亡,再未形成汉唐地方割据局面。但是,这种着眼于牵制地方的做法,却导致了两个结果:一是地方军、财、法、人事等互不相属,地方做事积极性和主动性不足;二是政府机构叠床架屋,人浮于事,冗官冗吏冗兵充塞,政府行政效率大幅下降。在与北方游牧民族多次对抗中,宋朝基本处于下风地位,这不能不说与这种低效的行政体制有着密切关系。

(四) 明代:纵横交错的地方建制

明代学习宋代的做法,将地方事权分散于"三司":都指挥使司负责军事,布政使司负责民政、财政,按察使司负责司法。三司互不统属,各自直属中央，三司分立使得它们互相间形成牵制，每个部门权力都受到压缩，从而防止地方权力过大。在财政体制上，中央对各地布政使司进行垂直管理，对全国的土地和户口进行详细统计和严格控制，地方赋税收入在中央控制之下，全国实行各级政府逐级编制、逐级汇总、逐级上报的预决算制度。

明代实行的条条管理方式，自然使得行政效率下降。当出现边地危机时，各省三司互不统属，无法协调处理危机，为此，明朝自永乐皇帝开始，向边地派遣镇守总兵和镇守中官（太监），永乐之后又开始加派文臣巡抚各地。久而久之，总兵和中官的地位下降，巡抚地位上升，成为了真正意义上的省级负责人，三司成了业务部门。明朝后期危机不断，为协调各省行动，朝廷又派出统辖数省的总督。

不论是巡抚还是总督，都是由中央临时性派出机构演变而来，它们实际上并无正式编制，也不能开设衙门，名义上仍是中央的派出官员，关于地方治理的法定规章上仍以三司分治为主。

（五）清代：危机后无可奈何的地方分权

清代中前期，在明朝对地方严格控制的制度基础上，作了进一步发挥，达到了封建王朝中央集权程度的顶峰。

除了少数地区外，清代将全国政区层级分为三层，省是高层政区，省以下是府州一级，为统县政区，府州以下则为县级政区。但在地方职官的设置方面，却形成五层管理形态，即总督—巡抚—道员—知府（知州）—知县。清代中期后制度趋于稳定，省一级长官为巡抚或总督。督抚虽然是封疆大吏，但是却没有职能机构；藩臬虽然是督抚下属，但是有"上密折言事"之权，可以向皇帝密报督抚的言行；在省以下管理中，上官负有督察下属之责，道、府、州、县凡事必须逐条呈报。《清史稿·志九十六》记载："如酌留各布政司银两，督抚公同封储，有急需，题奏动支,擅用论斩是也。此制定于雍正五年。"这些措施可以说带有很强的政治"黑箱操作"意味,是清代统治者有意为之的结果。

清代在财政管理上,借助于赋役全书、黄册、丈量册等统计,严格控制与监督地方赋税征收情况,并实行统收统支制度,地方政府对财政收入使用必须上报中央才可以支用。通过这些措施,清朝中前期实行了对地方的严密控制。

但是在清朝中后期,随着外国帝国主义的入侵和太平天国的起义,朝廷不得不倚仗地方处理各种危机,中央对地方的严密控制不得不放松。太平天国之后,一大群以军功起家的汉族督抚权力大幅度增长,他们在兵、财和人事等方面都拥有极大的话语权,各省截留税收,开征厘金的现象普遍,形成督抚控制地方财政的局面,如直隶、山西、河南自行创设烟税和酒税在省内征收。中央再也无法维持高度集权的制度。在1900年,当朝廷向世界列强颁布宣战诏书,并下令各省督抚跟随时,李鸿章等督抚居然扣押谕旨,与各国商定了"东南五省互保条约",公然违抗中央的命令。在这场危机中,中央政府对地方权力坐大的无奈得到充分体现。

周振鹤(2018)总结中国历代中央地方关系变迁规律时认为,对统治者来说,维持国家的统一和安定是最高的政治目的,因此对地方的安定重视程度超过对激发地方活力的关心,历史上中央地方关系也逐渐趋向集权的一面,地方当局只拥有最低限度的必要权力。统治者非不明白内重外轻之病,但与外重内轻相较,则宁愿两害相权取其轻,倾向于采取内重外轻的制度安排,为后人所称羡的汉代地方吏治,也不过是达到"政平讼理,百姓无愁怨"的程度而已。自宋代以后,普遍做法是由中央官员分掌地方大权,朝廷尽收地方之财,地方政府不仅无力进行修水利、办学、恤灾等公益事业,而且有时连官俸也不能自给。虽然再未出现因地方割据而产生的分裂局面,但是也阻滞了地方的正常发展,造成国家的积贫积弱。

历史经验告诉我们，面对中国这个超大型国家，不实行中央集权就不足以保证国家政令统一，而不实行地方分权就不足以激发地方的积极性。如果把集权与分权的好处比作鱼与熊掌的话，两者可以兼得吗？我认为结论是应该兼得而且也能兼得。在后面各章中，我会详细阐述央地关系理论逻辑、现实影响、问题根源与解决之道。

五、总结

中国央地关系具有很强的历史延续性，说明有一种很强的历史逻辑的存在，本章试图总结这种历史逻辑。结论有如下几点。

第一，自秦之后，郡县制是中国国家治理的根本性制度，形成"百代都行秦政法"的漫长历史走向。郡县制是一种自上而下的管理制度，人事任免权和决策权集中在中央政府手中，行政执行权根据情况下放到各级地方政府手中，中间辅以监察和考核机制来保证中央对地方的控制。郡县制的核心是官员选拔制度、官员考核制度、官员监察制度，它的本质，就是通过一套有序的官员治理体系来实现国家治理的要求，达到"事在四方，要在中央"的效果。

第二，郡县制下，官员行为存在"事上"与"安下"的一对深刻矛盾。官员目标体现为职位晋升和价值实现两方面，并以前者为主。当官员追求职位晋升时，官员行为会存在着"偏好错位"问题：满足上级政府偏好与满足当地居民偏好的错位。由此影响到地方政府行为，它更注重短期的、政绩显示性强的目标实现。

第三，郡县制传统对央地关系产生根本性影响。一是它影响政府层级和架构，中央政府有意在地方政权结构上，设置交错监管和制约关系，导致垂直管理部门（"条条"）和政府层级（"块块"）会增加。二是它影响地方政府行为,地方政府需要在满足上级政府目标和当地居民目标中寻找平衡。三是它影响财政管理,中央为加强对地方的控制,会减少地方政府可以自由支配的财政收入规模,并导致政府财政行为向财政收入端倾斜。

第四,郡县制仍免不了分权与集权的循环。分权有利于增强地方活力,集权有利于增强中央政府的组织动员能力。中国历史上,央地间集权与分权之间的矛盾一直存在,王朝的治乱循环,往往是在央地关系处理上出现了较大问题。

第三章　国家能力视角下的央地关系理论：活力与秩序的平衡

> 我没有什么经验，就是中央集权多了，我就下放一点；地方分权多了，我就收上来一点。
>
> ——毛泽东

在处理央地关系上，是集权好，还是分权好？分析这个问题需要找一个理论支点：国家能力。本章从"国家能力"这一核心概念出发，说明大国发展尤其需要国家能力的支撑。国家能力的两大支柱是市场增进能力和组织动员能力，它们对应的国家治理的目标分别是活力与秩序。央地关系的构建，要同时兼顾这两大目标。

一、秩序目标与郡县制的形成逻辑

近代以来，人们形成了这样的普遍共识：只有激发社会活力才能推动社会进步和经济发展。因此，激发社会活力是国家治理的一个基本目标，这几乎是不言自明的道理。然而，从中国郡县制的发展轨迹看，几乎可以说，它肯定不是因为活力目标而产生和发展，而是另一个关键目标：秩序！

（一）秩序在国家治理中的重要性

大量的历史经验以及政治学和社会学著作告诉我们,"秩序"是政府所追求的重要目标。制度经济学家认为,所谓秩序,"是指符合可识别模式的重复事件或行为"(柯武刚、史漫飞,2000)。秩序具有系统性、非随机性、可理解性的特点,它的基本内涵包括三个方面:1.政治和社会结构的相对稳定;2.各种社会规范的正常实施;3.把无序和冲突控制在一定范围。(《中国大百科全书·社会学卷》,2009年)

秩序有助于维持社会成员之间信赖和合作。诺思等(2013)在《暴力与社会秩序》一书中指出:"当秩序占据主导地位时,人们就可以预见未来,从而能更好地和他人合作,也能对自己冒险从事创新性试验感到自信。"当国家失去秩序时,信赖和合作就会被瓦解,交易成本将迅速上升,劳动分工将难以为继,经济效率就会下降。

制度经济学家认为,制度的关键功能是增进秩序。据诺思(2006)、柯武刚和史漫飞(2000)等制度经济学家的分析,制度可简单定义为规则,而秩序则是一套关于行为和事件的模式。在制度经济学家柯武刚和史漫飞(2000)撰写的《制度经济学》一书中,开宗明义就说:"公共政策的中心功能应当是支持和增强社会秩序和经济秩序",他们将所有的公共政策称为秩序政策。

秩序演化遵循两个路径:一是自发秩序,二是人为秩序。强调自发秩序优越性的人认为,秩序像市场经济一样,应由"无形之手"指引来协调并实现最优,例如,哈耶克(1967)认为:"人类智识远不足以领会复杂人类社会的所有细节,我们没有充分的理由来细致入微地安排这样一种迫使我们满足于抽象规则的秩序。"强调人为秩序优越性的人认为,秩序是人的理性和自身自发性共同作用的结果,但是仅靠个体的理性和自发无法保证公共秩序的稳定。例如,以波兰尼(2007)为代表的强调政府干预的思想家认为,市场自发的秩序将最终导向社会瓦解并引发灾难。按波兰尼(2007)的理解,经济领域的适用规则是等价交换,社会领域的适用规则是互惠,政府不加阻止的话,经济规则就会侵入到社会领域并形成"市场社会"。例如,教育产业化就会破坏教育公平,此时社会信任就会瓦解,社会合作也无法得到开展。

马克思主义者认为,"国家与社会的关系实际上包括两个方面:一是国家脱离社会而相对独立;二是国家作为相对独立的力量,驾驭着阶级社会。国家与社会这两方面的关系,是国家相对自主性的全部基础"(王沪宁等,2016)。从这个意义看,马克思主义者是承认国家自主性的,国家能够深刻影响社会秩序的形成与走向。

(二)"秩序观"与"风险论"的区别

与"秩序"有密切关联的词语是"风险",一些学者从风险控制角度,阐述国家治理的逻辑。

曹正汉(2017)认为,统治者面临两类统治风险:一是社会风险,它是源于民众的统治风险,指集权统治有可能遇到民众抵制,比如,民众有可能发起抗议,爆发骚乱,甚至发生大规模叛乱,威胁到政权稳定;二是代理风险,是源于地方官的统治风险,指地方官可能偏离中央政府控制,甚至反叛中央或谋求割据独立。"风险论"认为,中央政府为了确保政权稳定,在财政、行政成本、军事技术、政治竞争等约束之下,需要同时考虑社会风险与代理风险,使这两种风险综合起来对政权稳定的威胁最小化。

沿着风险控制的思路,曹正汉(2017)从中央政府需要降低统治风险的角度,解释集权与分权的原因。他认为,中央政府在处理集权与分权的问题时,虽然受财政和行政成本等约束,但在财政可以承受的范围内,主要考虑的因素是社会风险与代理风险的相对严重程度。具体而言,如果社会风险变得相对更严重,中央政府将加大地方分权来控制社会风险;反之,如果代理风险变得相对更严重,中央政府将加大中央集权,削弱地方分权。

财政行为体现着政府的意图,作为财政学者,刘尚希(2003,2018)对风险与财政的关系进行了大量研究。他认为风险是"经济、社会的稳定与发展受到损害的一种可能性",世界本质是不确定性,这种不确定性必然带来风险。国家治理的作用在于向风险社会注入确定性,从而消除社会风险。历史上的财政变革,所要直接解决的问题是当时的政府财政危机,但财政危机背后是经济、政治制度无法与当时社会相匹配,而非单纯的财政问题。因此财政改革应是社会制度变迁的起点,逐渐向其他引发财政问题的根源领域延伸,与社会其他方面的改革配合,实现整体改善。

控制和化解风险的确是国家治理的应有之义,有关政府间关系的制度设计也必有这一层面作用的考量。但是,"风险"一词重在强调防范与化解,是被动性的,而秩序的含义与风险的含义相比,多了一层主动性,即国家为了实现某种目标,需要建立严密的组织、实施井然的秩序,以达到层层发动的效果。当国家试图有所作为而不是防御为主时,例如汉唐时期的开边,新中国成立后实行重工业优先发展战略,那么政府间关系设计又是另一番风景。或者说,"风险论"强调对社会力量的控制一面,而"秩序观"同时有对社会力量的动员、控制、合作等多方面含义。

(三) 秩序受到冲击的内外原因

1. 古代社会秩序受冲击的原因

破坏秩序的力量来自各种内外冲击。外在冲击的典型代表是外敌入侵,特别是与广阔草原、沙漠和海洋相连的国家在其漫长的生存史上,要经常面临着草原蛮族和海外强国的入侵威胁。内在冲击秩序的重要原因是内部力量平衡的打破,它包括:一是经济平衡的打破,例如传统农业平衡建立在脆弱的生态基础上,当出现天灾时往往会导致农民流离失所;二是政治平衡的打破,例如地方政治力量超过中央时,就可能对中央权威造成挑战;三是社会平衡的打破,当社会各阶级或阶层相对力量发生较大变化时,将导致社会结构的剧烈变革。因此,国家对秩序依赖程度取决于内部和外部挑战程度。

为避免秩序遭到破坏,政府必须组织资源以抵御各种潜在的风险,为此需要强调组织效率。为了提高组织效率,政府不得不对经济甚至社会施加一系列约束。那么,是什么样的目标会催生这样的结果呢?

我们先把视野移向历史。从中国古代史的研究中,人们可总结出历史上农业立国的超大国家存在三种重要依赖——安全依赖、水利依赖、救灾依赖(吴稼祥,2013)。安全依赖的产生是由于外敌入侵的压力存在,政府要组织社会实行军事优先发展战略,特别是与广阔草原、沙漠和海洋相连的国家。水利依赖涉及大河流域的国家,为避免河流上下游地区之间的水资源争夺战乱,政府要统一治理大河流域,并由此派生出统治阶层所需要的许多非水利工程,如大运河和陵墓等。我们看到,华夏民族生存发展的漫漫历程,每每与抗洪抗旱和修建宏伟水利工程的历史交织在一起。救灾依赖涉及农业立国的国家,旱涝丰歉往往此起彼伏,为克服灾害的负面影响(如流民增加影响社会稳定),政府要抑制商人的囤积居奇、买低卖高行为,实行对农业生产的统一管理。邓云特(2011)有一部著作名为《中国救荒史》,详细统计了中国历史上的灾荒现象,以唐朝为例,统计结果为唐代共计受灾 493 次,其中旱灾 125 次、水灾 115 次、风灾 63 次、地震 52 次、雹灾 37 次、蝗灾 34 次、霜雪灾 27 次、歉饥 24 次、疫灾 16 次,年平均受灾 1.7 次。令人触目惊心!

由于这三种依赖的存在，政府就需要牺牲一定的经济效率，换取组织效率的提高。例如，汉武帝为筹集军费对抗匈奴，采取了摧抑豪强、节制资本的措施，其对资产所得者征收的财产税（算缗）令大量有产者破产。

冯维江（2009）用历史数据告诉我们，秩序是国家治理的重要目标。他检索了二十四史加上《清史稿》中五个重要关键词：富国、变法、无偏、均田、安危。富国和变法代表治理者的效率目标，无偏和均田代表治理者的平等目标，安危代表治理者的安全目标。平等和安全有利于维持社会秩序，政府对平等和安全的追求也可视为对秩序的追求。统计结果显示，效率、平等、安危的出现频次分别是 160、78 和 359 次，这说明政府对秩序的关注度大大超过了对效率的关注度，见图 3-1。

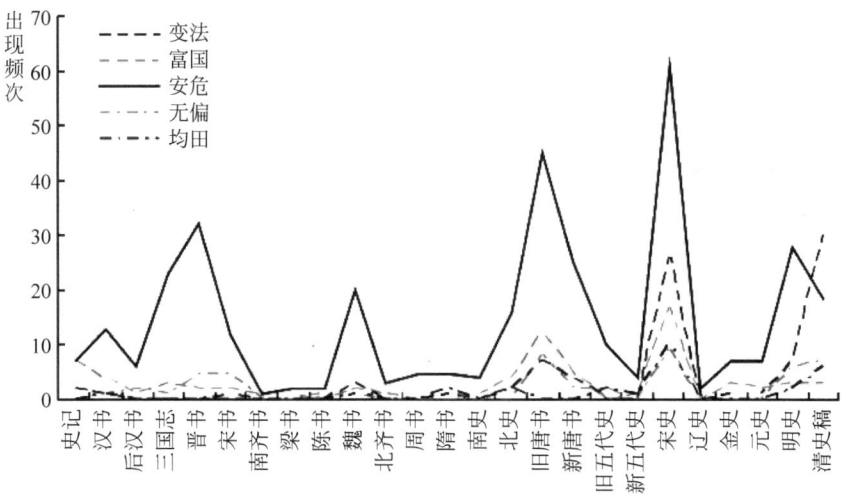

图 3-1　关键词在二十五史中出现的频次
资料来源：冯维江：《侠以武犯禁——中国古代治理形态变迁背后的经济逻辑》，《经济学（季刊）》2009 年第 8 卷第 2 期。

作者进一步度量出政府目标的强度值和实现值，见图 3-2 和图 3-3。可以看到，安全是政府第一位目标，但是在安全、效率和平等三个目标中,最不容易实现的是安全目标。效率和平等目标的强度和实现程度交替变化。从中也可见,中华民族在五千年发展历程中,长期所面对的内外冲击的严峻形势。

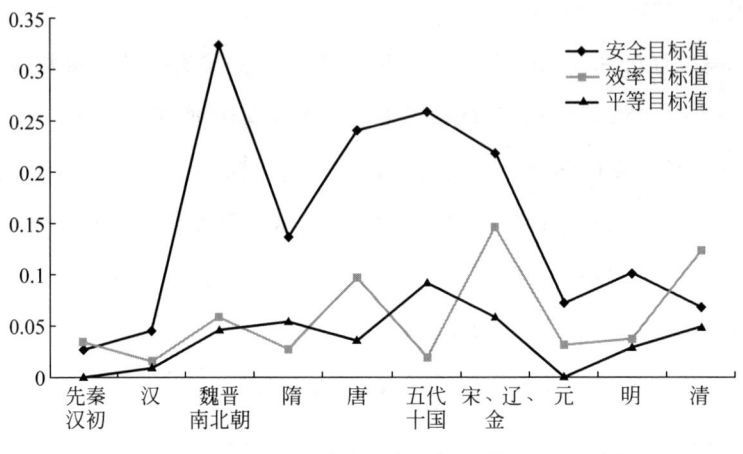

图 3-2 政府目标的强度值

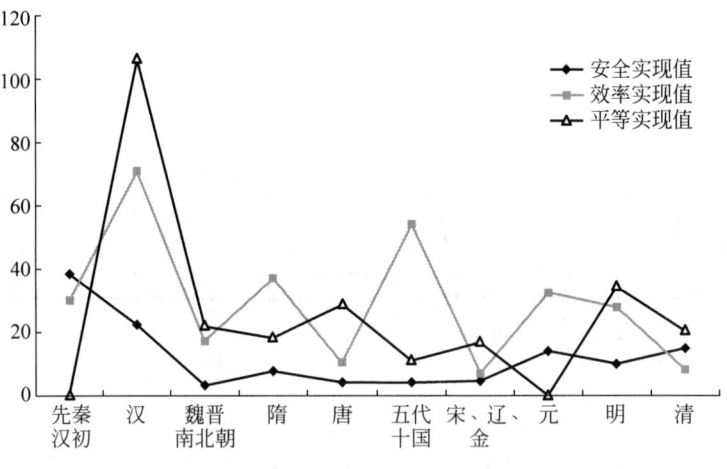

图 3-3 政府目标的实现值

2. 现代社会秩序受冲击的原因

从历史发展进程看,人类社会进入市场经济阶段后,伴随着经济发展,维护和建立秩序的需求更加强烈。吕冰洋(2018)系统分析了市场经济发展对社会秩序的冲击。以自由竞争为特征的市场经济发展,一方面极大地释放生产力,另一方面也对原有社会秩序和政治制度造成严重冲击。现代人在获得自由和解放的同时,也要付出沉重代价,这个代价突出表现为社会失序。

自由市场经济发展会破坏社会秩序的原因主要有三种:

第一,人和自然的商品化导致经济从社会中脱嵌。波兰尼(2007)指出,市场经济发展分为两步:先是商品自由流动,然后是生产要素自由流动。商品自由流动可以增加人们选择的自由,并促使生产扩大,但是生产要素自由流动将产生一系列负面结果:要增加劳动力的流动性就需要增加工资的弹性、增加就业的波动;要增加土地的流动性就需要将人们驱离世代居住的家园,到城市里寻找工作;要增加资本的流动性,就要通过货币供给的涨落来改变收益预期,这样不可避免会对一些组织造成严重破坏。因此波兰尼总结道:"一般而言,经济进步总是以社会混乱为代价的。"

第二,多元化利益格局形成导致的集体行动的加强。市场经济本质上是一种自由的力量,在这种自由力量的冲击下,国家对社会的政治与经济控制势必要逐步放松,社会领域会出现多元化的利益诉求,由此会涌现大量的社会组织。面对如此众多的社会组织,原有的国家支配社会的模式会逐渐瓦解。在政府权威退出的地方,不能简单地认为由社会自我组织会自动建立良好社会秩序,相反,它会使得社会控制碎片化。在国家失去一部分对社会的控制时,社会会自发组织起来,形成强有力的集体行动载体,对政府权威可能造成挑战。在政治学者米格代尔(2009)《强社会与弱国家》一书中,作者通过对非洲社会发展事例的分析发现,大部分非洲国家的权力建制没有彻底渗透到村社管理层面,形成碎片化的社会控制局面,而这种社会控制主要掌握在各部落手里。

如果出现这种局面,那么社会极易出现涣散且无序的状态。民国时期,在上海、天津等市场经济相对活跃地区,在政府权力频繁更迭的背景下,青帮、洪帮等黑社会势力迅速膨胀,这正说明如果政府不能有效控制社会,社会自然会涌现出有力量的组织来替代政府。

第三,"创造性破坏"冲击现有秩序。经济增长和技术变革通常伴随着经济学家熊彼特所说的"创造性破坏"。当一个经济体经济发展水平还比较低的时候,推动经济增长的主要动力可能来自资本积累、劳动投入和技术模仿,这时经济增长的收益往往可以为大多数人分享,也就是说,增长会导致共赢的结果。可是,当经济发展到较高水平时,要素投入的边际收益会递减到较低水平,此时持续的经济增长要求创新,而创新必然伴随创造性破坏进程。它在经济领域内的体现就是新技术替代旧技术、新产业替代旧产业,它必然同时产生受益者和受损者,传导到社会领域就是破坏已有的社会结构,在政治领域内就是破坏已经建立起来的权力关系。这是一个打破稳定与重建秩序的过程。

市场交易范围的扩大、市场分工的深入、社会组织的活跃、政府间竞争的激烈,会使得各市场参与主体信息不对称性提高,而不对称信息容易激发机会主义行为,为此,建立一个保证承诺有约束性并能强制执行的规则是非常有必要的。这需要政府对经济社会进行一系列控制,包括:控制市场自由竞争带来的无序行为,控制市场领域对社会领域的侵入,控制地方政府间的无序竞争行为。

改革开放40多年来,我国逐渐由计划经济走向市场经济,国家治理的目标也发生重大变化。在改革之初,国家治理以推动经济增长、实现四个现代化为主。但是随着改革的深入,我国社会发生了深刻的结构性变化,社会冲突层出不穷,社会秩序失范的现象屡见不鲜。如果说,改革开放后40多年时间,国家治理的重心是经济治理,以满足人们不断增加的物质需要的话,那么,当前中国国家治理的很大一部分精力要集中在社会治理,以满足人们建立和谐有序的社会秩序的需要。

实际上,"稳定压倒一切"和"建设和谐社会"这两个重要官方话语,生动地体现了国家治理中对秩序的重视。

(四)秩序依赖下的郡县制形成逻辑

每个国家的制度形成,都必定有它的历史逻辑,中国郡县制形成的历史逻辑是什么呢?我认为就在于中国自古以来国家治理对秩序的根本追求。

前文指出,破坏秩序来源有内外两种冲击,内部冲击是各种平衡的打破,外部冲击主要来自战争威胁。为避免政权在冲击下崩塌,政府需要组织动员社会力量来应对这些挑战,在当时的历史条件下,控制动员社会力量的最好方式就是郡县制。

这里以军事挑战来说明这一点。中华民族经常受到外部入侵力量的压迫,来自战争上的威胁一直是历代政权所面临的最严重威胁。为了在军事竞争中胜出,政府必须建立良好的组织,必须限制地方的割据势力,为此,需要建立一个能够听从中央政府、组织严密的官僚体系。以春秋战国为例,在春秋时期,各诸侯国广泛采用封建制,在封建制下,政府能够动用的资源是有限的,因此在春秋时期,战争的规模一般都比较小,往往是几千人的规模。但是到了战国时代,不少诸侯国采用了郡县制,他们所能够动员的人力物力可以说是指数级增加。因此在战国时代,能够看到的战争规模往往是几十万人,像长平之战,赵国参战士兵有40万人。秦国进攻楚国的时候,动员了60万士兵。这是封建制下不可想象的。

福山(2015)指出中国传统制度的特点、优势和形成原因:

> 现代国家的发展需要具体的策略,促使基于亲友的政治组织

演化成非人格化的。中国是世界上第一个建立非家族制的现代国家的文明社会,比类似的政治单元出现于欧洲整整早了十八个世纪。中国国家建设的动力与近代早期的欧洲集权国家如出一辙:即普遍且持久的军事竞争。军事斗争激励统治者向人口征税,建立行政等级制度来管理军需,以功绩和能力而不是私人关系为前提指导录用和晋升。借用社会学家查尔斯·蒂利(Charles Tilly)的话,"战争创造国家,国家发动战争"。

郡县制的实行,一方面使得政府组织动员能力大大增加,另一方面,实际上也使得政府治理水平大大提高。在古代社会,不论是中国的封建制还是西欧的领主制,政府组织是建立在人身依附关系上的,官员可称为"家臣",政府自然避免不了广泛存在的人身依附主义。而郡县制让中国较早地建立了非人格化的、组织良好的国家治理形式,横向历史比较,它实际上是较高层次的国家治理形态。借用明末思想家王夫之的一句话,那就是:

> 郡县之制,垂二千年而弗能改矣,合古今上下皆安之,势之所趋,岂非理而能然哉?

二、政府间分权内容

(一) 央地关系的权力结构

央地关系分为政府间行政关系和政府间财政关系,它们各自体现着政府间政治关系和经济关系,这两大关系存在着紧密联系。每一个关系、每一个关系中的一部分,都会存在权力是该集中在上级政府还是下放到下级政府的争论,即"集权"与"分权"之争。

一般来讲,如果上级政府特别是中央政府拥有较多权力,则称之"集权";如果下级政府拥有较多权力,则称之为"分权"。在市场经济条件下,中央政府无法独立处理所有公共事务,需要激励地方政府发挥靠近当地市场的优势,中央政府须给予地方政府更大的自主权才能激发地方政府的积极性。但是分权过度又会导致地方政府间过度竞争、妨碍统一市场形成、削弱中央政府权威等一系列问题。因而集权与分权各有利弊,其利弊分析引发了学界的大量研究。

笼统研究集权与分权的利弊是不够的,在研究集权与分权问题之前,我们必须对政府间权力进行分割和梳理。图 3-4 中呈现的是政府间关系中的核心权力。

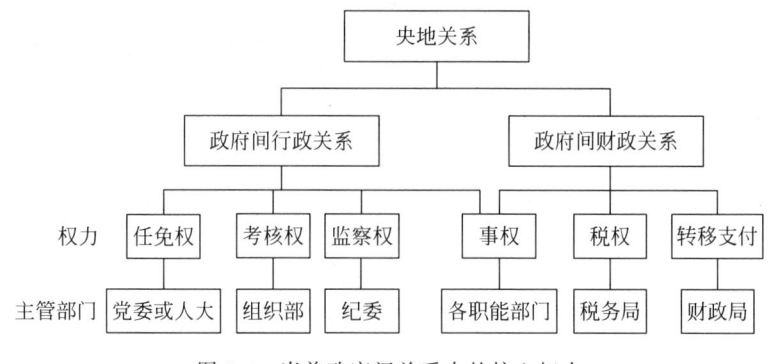

图 3-4 当前政府间关系中的核心权力

(二)政府间行政关系权力分配

在政府规模、政府级次和行政架构确定后,上级政府对下级政府可拥有的权力主要体现在三种:一是任免权,焦点是官员权力来自哪里?是上级政府任命、是辖区居民选举?还是党内选举,或者其他?二是考核权,焦点是谁来考核官员?考核标准如何确定?三是监察权,焦点是各级政府行政是由谁来监督和处罚?

1. 官员任免权

任免官员可采取自上而下或自下而上两种形式。如果由上级政府来任免下级政府官员，那么下级政府官员为得到任用或晋升，他的行为就要以上级政府的目标为导向。如果上级政府将官员任免权更多地赋予当地居民，譬如地方官员严格按选举产生，那么下级政府官员的行为就要以当地居民的目标为导向。

我国自秦朝以后，郡县制取代了封建制，官员队伍由贵族转为从地主或平民中选举产生，对此，历代采用的方式不同，秦汉时有荐举和征召，魏晋采用九品中正制，隋唐之后采用科举制。但是，即使是在专制程度比较强的历史时期，上级政府拥有官员任免权也不意味着当地居民的偏好得不到有效表达。大多数朝代在选拔官员时，既重视官员是否符合上级考核标准，也重视当地居民、平级或下级官员的意见，即考察"政声"或"民意"。

官员选拔权有集权和分权两种模式：当官员由上级政府进行选拔时，它就比较体现集权特点；当官员由当地政府或人民选拔时，它就比较体现分权的特点。对于后者，地方官员既可能由地方首长任命，也可能来自当地居民选举。因此，自然就可以得出一个结论：

官员由谁来选拔和任免，谁就能决定官员的偏好和行动方向。

这个结论正如孟德斯鸠所说："权力只对权力的来源负责。"

2. 官员考核权

与市场行为相比，官员的行为更加多样，也更加隐蔽，官员的行为必须经过考核才能确认他的成绩，以决定是升迁、留用还是罢免。上级政府与下级政府之间存在着大量信息不对称，上级政府为了最大限度地掌握地方官员的信息，往往会设置很多考核指标。考核指标决定着地方政府官员的行动方向，如果考核指标不合理，那么官员的行为就会出现较大的扭曲。

我国历朝历代官员考核制度都是官僚政治的一个重要组成部分，中央政府不断改革考核办法以适应不断变化的现实。举例来说，在明朝开始时，制度规定，京官每六年"京察"一次，地方官每三年一次"大计"（均指考察）。但明代后期吏治腐败，这些制度流于形式。首辅张居正眼见制度变质后，对考核制度进行了一次重大改革，执行"考成法"，即在对各级官吏进行定期考察基础上，对其所办各事均要求在规定期限内办妥，即所谓"立限考事""以事责人"。

官员考核权有集权与分权之分。当由上级政府考核下级政府的行政绩效时，它就比较体现集权特点；当由地方政府人大、政府、群众等考核当地政府行政绩效时，它就比较体现出分权特点。

3. 官员监察权

为避免官员出现渎职、腐败、不服从等行为，政府需要对官员的行为进行监察。

监察权也有分权与集权之分。当由上级政府对下级政府官员进行监察时，就比较体现出集权特点；当由地方政府内部进行自我监察时，例如由同级纪委监察同级各部门官员，就比较体现出分权特点。

我国在长期实践中，不断探索如何完善监察机制。目前对官员的行为监察主要通过纪委部门完成，它一方面进行党的纪律检查，另一方面进行行政监察，其内容包括执法监察、廉政监察和效能监察工作。

选免权、考核权和监察权，这三种权力分割状况对官员的行为产生着重要影响。任免权决定着官员的整体行动方向，考核标准决定着官员的具体行动方向，两者不一定保持一致。举例来说，上级政府拥有对官员的任免权和考核权，上级政府希望地方政府更多关注当地民生发展，例如在考核指标里将教育水平放进去，但是教育水平提高是一个难以度量和难以观察的标准，地方政府会将更多资源用于能够对任免产生重要影响的指标上，而这样的指标常常是显性的、短期能实现的指标,譬如说 GDP 和投资。如果拥有官员任免权的上级政府更多地体现个人意志,而个人意志又过多地夹带私利,如下级官员的忠诚或贿赂,那么任免权与考核权的集中就会出现更多的问题。

监察权是用于纠正上级政府期待的地方政府执政目标与实际执政行为的不一致之处。监察权集权的好处是有利于通过行政手段迅速纠正地方官员的不轨行为,并使地方能够服从上级政府,但是不利之处是,监察权行使过多,会使得地方政府疲于应付各种上级检查,行政效率会下降。

4. 事权

事权就是政府职能(楼继伟,2013),事权包括决策权、支出权(执行权)、监督权三部分:决策权是关于做出公共事务决策的权力;支出权是关于负责财政支出的权力,也可说是财政支出责任,因为财政资金支出会伴随着行动,因此它也可称为执行权;监督权是关于监督财政资金使用和管理的权力。事权通过各个政府职能部门与财政部门一起来实现,但是资金运转要通过财政部门。因此,事权既体现为政府间行政关系,又体现为政府间财政关系。

事权的三部分权力是可以在不同层级政府、政府不同部门间划分的。举例来说,上级政府让下级政府负责基础教育,但下级政府财力不足,实施基础教育的资金需要上级政府转移支付来解决。上级政府与下级政府的事权分配为:在决策权方面,上级政府决定教育标准或支出规模,如教师工资水平,地方政府也可能拥有部分决策权,如学生餐饮标准;在支出权方面,主要由下级政府负责支出;在监督权方面,上级政府或审计部门负责监督执行部门资金使用、责任落实、执行效果等。

(三) 政府间财政权力分配

政府间财政关系的架构由三部分组成:一是政府间事权分配,政府间事权分配决定各级政府的行动边界;二是政府间财权分配,财权包括税权、收费权和债权等,以税权为主,政府间财权分配决定着各级政府所能获得的收益多寡;三是政府间转移支付分配,当地方政府财政收入不能满足财政支出需要时,就需要上级政府通过转移支付来解决。大量文献所研究的财政分权问题,就是关系到这三方面的内容的权力分配及所产生的问题。

图 3-5 呈现了政府间财政关系的架构。

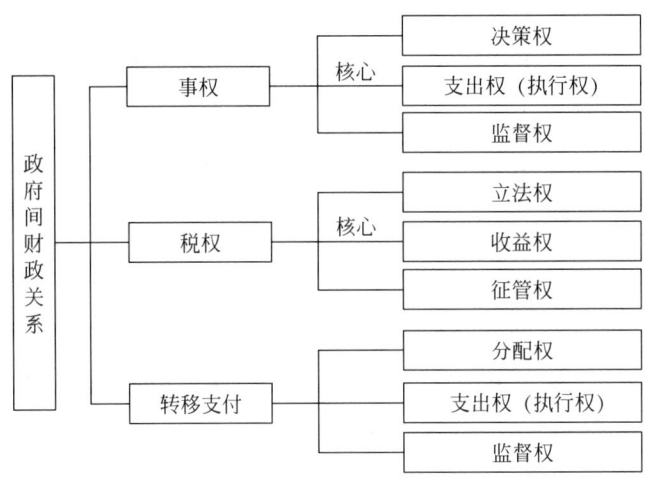

图 3-5 政府间财政关系的架构

1. 事权分配

事权中的监督权属于上级政府,不存在分配问题。决策权归属于哪一级政府要依公共事务的外部性来确定,属于全国性公共事务应由中央政府来决策,属于地方性公共事务应由地方政府来决策。如果属于跨区域的公共事务应由中央政府来决策,如跨区域的河流治理就属此类。地方政府拥有决策权时就应承担相应的财政支出责任,其资金来源于税收、转移支付、收费、债务等。中央政府拥有决策权时可以根据实际情况落实支出责任,如中央政府承担支出责任有效时应由中央政府来承担，地方政府承担支出责任有效时应由地方政府来承担。

在三种事权分配中，支出权的分配是核心，它的分配代表着由哪一级政府负责财政支出，也即意味着政府履行相关政府职能。

2. 税权分配

税权是国家机关行使的涉及税收的权力的总称，它包括税收立法权、征管权、收益权。

第一，税收立法权。根据税法范围不同，税收立法权有狭义和广义之分。狭义的税法仅指经最高国家权力机关正式立法的税收法律，因此狭义的税收立法权仅指与制定税收法律有关的各种立法权限；广义的税法指各种有法律效力的规范性税收文件，包括税收法律、法规、规章等，因此广义的税收立法权包括了各种具有法律效力的税收法律、法规、规章的立法权。

税收立法权一般由民选的代议机关拥有。例如，在美国，税收立法权专属于国会，总统在税收立法权上只享有有限的否决权。国会两院通过的税法议案必须送总统签署，总统不同意，可以行使否决权，被否决的税法议案送回国会两院重新审议，如果国会两院再次以三分之二以上多数票通过法案，则该法案不需要再经总统签署就会自动生效。日本、澳大利亚的税收立法权专属于议会。近代民主法治国家一般将国家权力分为立法、行政、司法三个方面，并由不同的机关行使，行政机关和司法机关必须遵守立法机关制定的法律，不得代行立法职能。但是，随着经济的发展和社会的进步，社会经济关系日益复杂，民选代议机关很难胜任全部的立法任务，不得不将某些立法事项委托给行政机关完成，因此，委托立法成为西方国家立法的重要组成部分。但是，由于税收关系到国民财富的分配，对公民财产权利和经济生活有重大影响，因而各国大都在税收立法权的委任方面采取非常审慎的态度，一般不将税收立法权轻易授出，行政机关、司法机关不能参与税收立法或只能对公民权益影响较小的具体税收问题行使立法权。

第二,税收征管权。税收征管权是指税收管理权力,也称税收行政权、税收执法权。税收征管权力由多项权力组合而成,包括:税款征收权、税收检查权、税收处罚权、税收减免权、税务行政复议裁决权等。税收征管权在税收工作中居于中心位置,它是税收行政工作或者税收行政活动最直接、最显著的表现,对于有效地保障税款的筹集、保障资源从私人部门向公共部门的转移有着重要作用。

第三,税收收益权。税收收益权是指拥有税收收益的权力。税收收益权的划分直接关系到各级政府的财政收入规模及一系列政府行为能否得到财力保障,由此对一系列经济行为产生影响,例如地方政府为保护地方税源实行地方经济保护主义、为扩大税源而调整相关产业政策等。

在三种税权分配中,税收收益权划分是核心,因为各级政府最关注的是真正可以支配的税收多寡。

3. 转移支付

当地方政府财政收入与支出责任不匹配时,就需要政府间转移支付来弥补地方政府的财力缺口。转移支付是指政府间的财政资金转移,转移支付决定着中央政府协调地区发展差距的程度,在均衡区域发展、促进公共服务均等化方面发挥着重要作用。它的权力结构由分配权、执行权、监督权组成:分配权是指中央政府拥有的对地方转移支付资金分配的权力;执行权是指地方政府对收到的转移支付(特别是专项转移支付)资金进行支配,对中央的相关规定落实执行的权力;监督权是指中央政府对各级地方政府转移支付资金的使用情况进行监督的权力。

央地关系,本质上就是关于政府间行政和财政的各种权力的分配关系。

值得注意的是,有大量文献研究"财政分权"问题,它们一定程度上替代了政府间财政关系的研究。我认为,从古到今,在中国自上而下的治理结构中,中央与地方关系更像是"委托—代理"关系,很难说存在严格意义上的"财政分权"。政府间存在多种权力划分问题,并且不可避免地存在大量权力交叉部分,用"财政共权"一词更合适。"财政分权"是方便说,"财政共权"为本质说。

三、国家能力理论及对政府间关系的影响

(一) 国家能力的核心:市场增进能力与组织动员能力

中国共产党十八届三中全会指出,全国深化改革的总目标是"完善和发展中国特色社会主义,推进国家治理体系和治理能力现代化"。要实现该总目标需要国家能力的支持,国家能力是国内外社会科学普遍关注的一个核心概念,它对国家治理水平有着至关重要的影响。那么,什么才是国家能力的核心呢?

国家能力的概念最早出现在社会学家和政治学家的著作中,随着在 20 世纪末期制度经济学的蓬勃发展,国家在经济中的作用得到了广泛的重视。但对国家能力一词的精确含义,不同学者却有着不同的见解。如斯考克波(1984)认为,国家能力是国家实现一些并非仅仅是反映社会团体或阶级利益的能力。米格代尔(2009)将领导人的意志作为国家意志的代表,认为"国家能力是国家领导人运用国家机构让人民去做领导人希望他们做的事情的能力",并且将国家能力详细分为"渗入社会的能力、调节社会关系、提取资源以及以特定方式配置或运用资源四大能力"。巴斯利和皮尔逊(2009)将政府提供法律能力和财政能力代表国家能力,并称这两者是"繁荣的支柱"。亨廷顿(2015)把"容纳变

迁的能力"作为国家能力,Acemoglu(2016)把政府的基础设施提供能力作为国家能力。

本书认为,国家能力的核心有两个:市场增进能力和组织动员能力。

1. 市场增进能力

市场经济是配置资源最有效的方式,如果政府能够增进市场的功能,那么一个经济体必定是充满活力的。市场虽然是偏经济的概念,但是自工业革命以来,人类波澜壮阔的历史说明了,只要是市场经济发展了,那么在市场经济驱动下,人们的自由会随着市场经济的发展而不断扩大,社会的流动性也会大大增强。市场经济的发展,必定会冲击原有僵化的社会管理体制,最终会不断增加社会的活力。正因为如此,即使是作为主流的新古典主义经济学,在为市场自由而辩护时,虽然也求助于效率,但最根本的论据还在于这样一种观点:"市场保证了个人自由本身"(弗里德曼,1986)。中国改革开放以来的社会变迁进程就说明了这一点。

为提升市场增进能力,政府该做些什么?对此,制度经济学奥尔森(2014)创造出一个"市场增进式政府"(market-augmenting government)的概念。他认为,经济成功有两个条件,一是要求可靠而清晰界定的权利,二是不存在任何形式的巧取豪夺。政府如果能够满足这两个条件,那么这种政府就是"市场增进式政府"。"一个政府如果有足够的权力去创造和保护个人的财产权利,并且能够强制执行各种契约,与此同时,它还受到约束而无法剥夺侵犯私人权利,那么这个政府便是一个市场增进式政府"。

2. 组织动员能力

不论古今中外,任何国家都会面临着内外危机的冲击,为应对这些危机,就需要提高国家的组织动员能力。同时,当国家试图有所作为时,例如拓展领土、完成国家经济发展计划,组织动员能力仍是必不可少的。对中国这样的一个国家而言,提高组织动员能力对国家建设尤其重要。

翻开中国二十五史,可以说每一页都记载着各类危机的发生与应对的例子,这些危机处理不好,就会影响社会稳定,甚至政权生存。历代王朝无不为应对这些危机而绞尽脑汁,往往是政府的组织动员能力发挥得好,就有助于克服这些危机,发挥得不好,危机就会扩大甚至最终王朝覆灭。在汉唐王朝这样具有较强主动性的时期,政府对社会力量的组织和动员往往比较成功,国家呈现出蓬勃旺盛的生机。在宋明之后,中华民族逐渐趋于保守和内敛,国家更强调控制能力而较忽视动员能力了。而到了现代,中国共产党通过坚定的信念、严密的组织,在保持对社会的强大控制能力的同时,也极大增强了社会动员能力,正如毛泽东词中所写"唤起工农千百万,同心干",这种能力产生了改天换地的磅礴之力。

王国斌(2008)在研究中国历史上国家的治理目标时,指出:

> 中国的国内秩序依赖有效的社会控制——这种认识,是中国政治古训以及而后历代政治实践的一大特色。对中国国家的主要威胁不是外力入侵,而是内部瓦解。因此,维持与重建国内秩序,既是国家的主要考虑,又是其行政力量投付最多的方面。

重视国内秩序,重视社会控制,这是历代王朝在国家治理中的普遍性做法。

如果说,在封建社会,政府发展经济的愿望并不那么强烈,政府控制社会的目标是重视社会稳定,以及便于动员力量应对危机的话,那么,在面临激烈经济竞争的现代社会,政府还会重视组织动员能力吗?

前文指出,中国封建社会存在安全依赖、水利依赖和救灾依赖,由此强调国家的组织效率。在现代社会中,虽然国家的水利依赖和救灾依赖相对减弱,但是政府仍有可能为经济赶超或为实现社会公平等目标,或为应对像2020年全球新冠肺炎疫情的冲击而重视组织动员能力的建设。中国从新中国成立开始,就长期以经济赶超为目标,为此要组织和动员社会各种资源投放在政府认为应优先发展的重化工业、国防工业等。政府为了提高组织效率,对农业生产体制、工业生产体制、价格体制、金融体制、外贸体制的措施产生一系列市场扭曲在所难免,而且由于制度惯性的作用,政府干预带来的市场扭曲对现行经济运行仍有重要影响,这在金融垄断、户籍管制、城乡社会保障制度分割等现象上都有明显体现。

在改革开放后,中国逐步迈入市场经济,但是市场经济的发展对原有社会秩序造成了冲击,从中国近四十年狂飙突进的经济发展中,我们不难看到这一点,例如国有企业职工下岗、农民进入城市打工、耕地遭到城市扩张的侵吞,等等。为应对这些冲击,仍需要政府有强大的组织动员能力,以防护经济对社会的剧烈冲击,例如,建立大范围的社会保障制度、划定耕地保护红线和谨慎推进土地制度改革等。

实际上,市场力量越是被充分动员起来,就越是需要政府有良好的组织以维持社会的稳定与市场的运转。2020年新冠肺炎疫情蔓延全球,以美英为代表的发达国家的表现令人大跌眼镜,就连英国首相、美国总统也是感染者。之所以如此,以国家能力的观点看,这些国家过于重视通过鼓励个人自由来增强市场功能,而对国家组织动员能力的建设不足。中国却在疫情中经受住了考验。按理来说,与其他国家相比,中国面临的防疫形势最为严峻,表现为:信息有限,人口最多,暴发时正逢春运。然而中国在经历武汉紧张的抗疫战后,政府越来越娴熟地利用现代信息技术和网状社会治理结构,将疫情牢牢地控制住,社会秩序和市场力量也均逐渐恢复。这是国家能力的两面互相促进的绝好例证。

周庆智(2014)用了大量的历史材料证明,中国现代国家建构是一个不断加强权力对经济社会生活的全面渗透过程,地方政府政权建设着重于两大能力建设,一是大规模汲取财税能力,二是对社会的全面主导和控制权力。这实际上是强化国家组织动员能力的一种体现。

(二)提升市场增进能力的路径

为提高国家的市场增进能力,政府应做到三点:

一是公共产品提供。在一些领域,市场存在失灵已是经济学界的共识,对此,政府应提供公共产品弥补市场失灵。例如,像高铁、通信卫星等基础设施,由于存在较强的外部性,由私人部门提供的话无法实现收益与成本的平衡,政府提供后会降低私人部门交易成本、加快市场融合,从而增进市场的功能。

二是产权保护。市场经济是自由的经济,包括商品流动的自由和生产要素流动的自由,在自由经济中,政府要保证交易活动能够正常进行,市场活动不会被偷窃、抢劫、违约等中断,需要政府对正常的市场活动予以法律保护。在制度经济学那里,国家相当于在市场交易活动背后的"第三方",因为没有产权的法律保护,交易双方无法产生稳定的预期,交易活动就会中止。并且,随着市场交易范围的扩大和纵向一体化程度加深,国家的法律保护能力要随之加强(巴泽尔,2006)。

三是权利开放。市场经济是一个弥散着复杂信息、广泛分工的经济,在这样的经济中,必须激发各个经济主体的活力才能增进市场功能,也就是说,要进行权利开放。诺思(2013)将社会秩序分为两种,一是权利限制秩序(the limited access order)和权利开放秩序(open access orders),在前者秩序中,人际关系是重要的,在后者秩序中,人际关系仍然是重要的,但没有人际联系的各色人等——通常称之为公民(citizens)——在广阔的社会行为领域里互动,而无须确切地知道各自的身份。要建立权利开放的社会秩序,政府要做到两方面:一是中央政府向地方政府权利开放,激发地方政府积极参与地方事务治理的积极性;二是政府向社会权利开放,允许企业、个人和社会组织参与更多的经济和社会事务。

(三) 提升组织动员能力的路径

要提高国家的组织动员能力,政府应做到三点:

一是社会控制。罗斯(1989)较早地分析社会控制与社会秩序的关系,认为在现代社会,为避免"人与人的战争"状态,需要进行一定的社会控制。在社会控制中,国家层面的社会控制不可缺少,"只有在社会控制高度集中时,一个强而有力的国家才能出现"(米格代尔,2012)。实现社会控制的意义有三:避免市场经济原则侵入到社会,形成资本支配下的"市场社会";避免社会组织发展成为一种挑战政府权威的力量;能够及时应对国家层面的危机。

二是宏观调控。市场经济运行不可避免出现经济波动,这种可能的经济波动来源有:供需失衡、外部冲击、创造性破坏、产业结构的转换等。为避免经济波动对经济和社会造成剧烈冲击,政府需要进行宏观调控。在宏观调控中,既需要动员力量,也需要控制力量,两者是辩证统一的,没有控制就谈不上动员,在动员力量后更需有效地控制力量,它包括经济力量和政治力量。

三是政治集权。要提升国家的组织和控制能力,势必要求实行一定的政治集权,这实际上是近些年来一些著名学者所强调的主题。如阿西莫格鲁和罗宾逊(2015)指出,"包容性政治制度"体现在足够集权和多元化两点上,韩国和美国成功的关键不仅在于具有多元化的政治制度,而且还在于它们是足够集权和强有力的国家。福山(2015)指出,构成政治秩序的三个重要因素之一,是国家是中央集权且等级分明的组织。

四是财政汲取。财政收入是政府施政的保障,也是在国与国竞争中让国家能够胜出的关键。但是提高财政汲取能力并不意味着一味地提高税率,而是要让财政收入能够支撑国家目标实现的同时,并不增加社会对政府征税的抵触。理查德·邦尼主编的《欧洲财政国家的兴起:1200—1815》一书指出,英国之所以能够在激烈的国际竞争中胜出,关键是英国国家税收逐渐由依赖间接税转变为越来越频繁地征收直接税,税收收入不断增长并能支撑巨大的军事开支。

图 3-6 呈现了国家能力的支柱及实施手段。

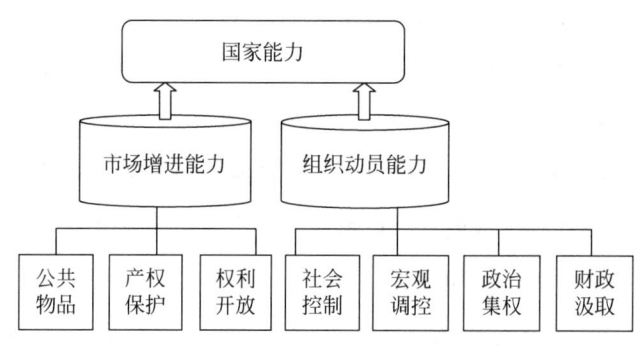

图 3-6 国家能力支柱及实施手段

(四)央地关系对国家能力建设的影响

央地关系连接着两头关系:一头连接着中央政府与地方政府之间的关系;一头连接着地方政府与基层社会之间的关系。政府间关系的形式会对国家能力产生根本性影响。

1. 央地关系对市场增进能力的影响

提升市场增进能力,要通过公共产品提供、法律保护和权利开放三个途径来完成,央地关系会影响到这三个途径。

第一,央地关系对公共产品提供的影响。表现在两方面:一是政府间事权的划分会影响到不同层级政府的公共产品提供范围,一般来讲,外部性越强的公共产品,越应该由上级政府来提供;二是政府间财政关系的安排会影响到公共产品的提供效率,如果安排不当,比如说让地方政府提供不具有信息优势的公共产品,那么公共产品提供的效率就会降低。

第二,央地关系对法律保护的影响。要发展市场经济,就要对私人产权进行有效保护。但是,如果政府不受约束,政府总是倾向扩大自己的财政收入,就会向市场伸出攫取之手。政府间关系就是约束地方政府行为的一个重要制度性安排。如果政府间收入划分安排不合理,那么地方政府就很有可能运用它的权力,向市场攫取资源,对市场经济的法律保护程度就会降低。举例来说,我国分税制改革后很长一段时间,县乡财政出现较大的困难,在正常财政收入不能满足财政需要的情况下,地方大面积出现了"乱收费、乱罚款、乱摊派"的"三乱"情况。

第三,央地关系对权利开放的影响。有效的市场经济,一定是权利开放的市场经济。前文指出,权利开放包括中央向地方开放权利,以及政府向社会开放权利两个方面,政府间事权安排会同时影响两者。举例来说,如果教育事权全部上收到中央政府,那么地方政府就没有积极性搞好当地教育。而教育是属于介入私人产品和公共产品之间的混合产品,需要政府与社会联合提供。如果地方政府没有积极性搞好当地教育,那么也就无法激发社会的积极性参与教育事业建设。我们常说的,要"发挥中央和地方两个积极性",如何发挥地方的积极性?那就是要让更多的权利向地方开放。

2. 央地关系对组织动员能力的影响

国家的组织动员能力体现在财政汲取、社会控制、经济宏观调控、政治集权四点上,政府间关系对它们都有影响。

第一,央地关系对财政收入汲取的影响。汲取财政收入需要调动各级政府的积极性才能完成,以税收为例,如果税收征管成本很高,或者地方政府从税收中得到的收入很少,那么地方政府征税的积极性就会降低,国家财政收入就会受到影响。

第二,央地关系对社会控制的影响。作为一个大国,社会控制更多地体现在对基层社会的控制,而完成对基层社会的控制不可避免地需要地方政府积极参与,央地关系形式会影响到地方政府对基层社会的控制意愿与控制能力。社会控制包括强制、参与、合法性三个层级:初级是服从,国家的强度取决于公众遵守其要求的程度;中级是参与,通过组织公众在国家机构制度范围内完成特定任务来增强实力;最高等级是合法性,合法性是指认同国家的游戏规则和社会控制是真实且正确的,认同国家理念下的象征秩序是民众自己的价值体系(米格代尔,2013)。地方政府的行为对这三个层级都有影响。举例来说,如果将房地产税与个人所得税作为地方税,那么地方政府就会掌握辖区内当地居民的财产与收入信息,进而也就掌握当地居民的行为信息。对自然人征收的直接税,实际上是政府与社会互动的一个良好媒介,在政府与社会的互动过程中,会促进地方政府治理水平的提高。

第三,央地关系对经济宏观调控的影响。宏观调控是中央政府的职能,但是地方政府的行为会对宏观调控的效果产生重要影响。当央地关系的一些制度设置不合理的时候,地方政府就有可能在宏观调控问题上与中央政府"拧两股劲"。举例来说,我国1994年分税制后很长一段时间,房地产市场的发展对地方政府财政收入至关重要。我国中央政府几次在全国性房地产市场比较过热、房地产投机比较旺盛的时候,采取种种措施进行房地产调控,但是这与一些地方政府的利益相悖,不少地方政府出台各种形式与中央调控政策对冲的措施,以鼓励当地房地产投资。

第四,央地关系对政治集权的影响。这几乎是无须证明的命题,中央政府集中更多的人事权、税权和事权，无疑会增强中央政府的权威。这是在中国漫长的历史中反复被证明的事实。我国改革开放以来的政府间财政关系调整更清楚地显示这一点：在分税制改革之前，我国的财税体制采用分灶吃饭的办法，地方拥有的财政自主权比较大，中央财政收入占全国财政收入的比重一路下滑，最低年份仅为22%，中央政府的权威也就随着下降。分税制改革之后，中央政府拥有主体税种的征管权和收益权，中央财政收入占全国财政收入的比重迅速上升到55%，中央的权威也就随之树立起来。

通过以上分析，可以看出央地关系对国家能力的影响是多个渠道的。并不是说，集权就一定会降低市场增进能力，例如通过中央集权来推动统一市场建设就有助于激发市场活力；并不是说，分权一定会降低组织动员能力，例如税权下放就有助于地方政府控制基层社会。因此也并不是说，当国家考虑活力目标时，就需要分权；当国家考虑秩序目标时，就需要集权。如果坚持这样的笼统的固有思维，那么央地关系构建就会陷入无解状态，本书的写作也就失去任何意义。

为详细阐明央地关系的内在逻辑，下面从国家治理的秩序与活力两大目标角度，论述央地关系的相关理论命题。

四、秩序目标下的分权命题

（一）实现秩序的手段

为实现社会的安全与稳定，政府就需要增加组织动员能力以提高组织效率。需要动员社会力量的原因很好理解：一盘散沙的社会无法应付外敌入侵、突发灾情等。需要控制社会力量的原因是随着经济社会的发展，各种社会力量的对比会发生变动，进而威胁整个社会秩序。

至于明确民众权利以及与国家的权力关系,则不为传统和现实所支持,也相对不那么要紧。由此可归纳出秩序命题一。

秩序命题一:秩序的实现需要动员和控制社会力量。

(二) 秩序目标对政府行为扭曲的影响

在幅员辽阔的国家,中央政府要实现对社会力量的动员和控制,不可避免地要通过地方政府完成,因而中央政府必须赋予地方政府一些权力。赋予地方权力随之会产生两个问题:一是地方政府在权力行使过程中偏离中央政府目标,二是地方政府权力过大可能会对中央政府权威造成挑战。为此,中央政府需要有力地控制地方政府,其重点会放在人事、财力、军事等的控制上。

以中国为例,历史上曾探索过多种处理中央与地方关系的制度。在秦汉之前,以周朝为代表采取以血缘为纽带、分封诸侯的方式来治理地方事务,但是这种治理方式不可避免地存在"后属疏远"问题,中央对地方的控制力会逐渐下降,最终引发春秋战国长达549年的大分裂和大动荡。因此秦始皇灭六国后首推废封建制而行郡县制,如柳宗元在《封建论》中所说"秦有天下,裂都会而为之郡邑,废侯卫而为之守宰",郡、县长官均由朝廷任免,不得世袭。郡县制的实行达到两方面效果,一方面,中央政府加强了对地方政府控制,典型表现在地方对中央权威的挑战大大降低,如柳宗元在《封建论》中赞叹道:汉朝时"有叛国而无叛郡",唐朝时"有叛将而无叛州"。另一方面,国家的动员能力大大增强,修长城、挖运河、出击匈奴等行动,动辄可以组织百万人以上的规模,这在封建制下是不可想象的。

中央对地方的人事和财力控制的加强的一个自然后果是,上级政府的偏好比辖区居民的偏好更能影响地方政府的行为。官员追求的重要目标是升迁和预算权力最大化,这两方面分别对应着人事权和财权,当辖区居民对官员罢免和财政收支规模无法形成有效制约的话,那么地方官员对上级政府会形成高度依赖。地方官员为保持禄位,会专伺上级政府意图办事而不顾实际治理效果。

地方政府权力的行使方向会影响辖区的社会活力。历史学家杜赞奇(Prasenjit Duare,2010)在研究1900—1942年中国华北农村的文化、权力与国家关系时指出,国家权力渗透到基层应该建立在各种文化(如宗族、信仰等)的网络基础上,为此提出了一个重要的概念:"权力的文化网络"。当地方政府官员权力来源较少受辖区居民制约时,这意味着当地文化网络对官员权力影响较小,官员权力行使方向容易偏离辖区居民的偏好,也不会注重或经营权力行使的文化基础,也就不会积极采取措施激发当地社会活力。由此可归纳出秩序命题二。

秩序命题二:中央政府对地方政府的控制有助于提高组织动员能力,但会导致地方政府行为偏离辖区居民偏好,并且不利于激发社会活力。

(三) 信息传递对活力与秩序的影响

中央政府赋予地方政府权力就涉及政府间事权的分配,只有清晰地界定各级政府职能,才能避免政府间大量讨价还价行为,各项公共事务才能得以有效开展。

在事权分配中,信息是一个重要考虑因素。"在相互作用决策中,信息是一个至关重要的组成部分。交易行为和攫取行为都需要知道各方拥有什么,然后才知道交易什么和攫取什么"(巴泽尔,2003)。当由上级政府来决定事权分配时,上级要清楚地知道各项公共事务所需处理的信息,例如社会养老保险需要知道人们的年龄、生死、就业状况等信息。但是,信息获取和处理是需要付出成本的,巴泽尔(2003)指出:

> 由于信息成本,任何一项权利都不是完全界定了的。没有界定的权利把一部分有价值的资源留在了"公共领域"里,公共领域里全部资源的价值也叫做"租"。

对地方性公共事务来说,地方政府显然比上级政府更具有信息比较优势。当由上级政府来决定信息比较复杂的事权分配时,事权就很难界定清楚,同时,地方政府有可能利用信息优势来提取"信息租金"。例如,向上级政府谎称公共事务的收益与成本,以取得来自上级政府的更多的转移支付资金支持。

现代社会中,公共事务的复杂性大大增强,对公共事务的政府职能归属判别难度也随之增加。举例来说,中小学教育由于外部性强,提供中小学教育一般认为是中央政府的职能。但是在中小学教育事务中,又分为教师工资、校舍改造、学生食宿等事务,教师工资涉及的信息无非是人员、年龄、职称等简单信息,完全可以由中央政府来管理,但是校舍改造和学生食宿等要处理的信息比较复杂,由中央政府决定所有事权分配时易造成资源配置扭曲。由此我们可得出秩序命题三:

秩序命题三:当由信息劣势一方决定政府间事权分配时,事权永远无法被清晰界定。

政府事权包括决策权、执行权、监督权三部分,地方性的公共事务一般由地方政府来执行,中央政府为了加强组织效率,可以将决策权和监督权集中在手中。决策、执行和监督均需要付出信息搜寻和处理成本,当地方公共事务信息复杂性较高,和中央与地方信息不对称程度比较高时,中央政府就很难避免地方政府利用信息优势提取租金,也就很难避免决策扭曲和监督失效,组织效率会随之降低。

为了阻止组织效率下降,中央政府会采取三种典型措施:一是加强对地方的人事和财政控制;二是扩大对地方的监督范围和提高监督力度;三是缩小地方官员的任期。加强对地方的监督会带来官僚机构的扩张。仅以唐朝为例,中央派员督察地方的官员名称有巡按使、按察使、按察采访处置使、安抚使、存抚使、黜陟使、宣抚使、营田使、户口使、租庸使等众多名目,发展下去,就会出现顾炎武在《日知录》所说的"大官多小官少"、制度越来越复杂的局面。如顾炎武所说:

> 行一事焉,则虑其可欺,而又设一事以防其欺。……故其法不得不密,法愈密而天下之乱生于法之中。所谓非法之法也。

对此,制度经济学家巴泽尔(2006)将之类比于企业"纵向一体化"问题,他指出:

> 地方自治权的增加,与前面所讨论企业纵向一体化程度的降低相似,而且理由也相似。……当地方当局和中央政府之间的功能划分变得更加困难,那么,更多的权力都会从前者转移到后者手中。这种变化与纵向一体化水平的增加是相似的,这时,冲突的利益就可以协调了,然而,这是以官僚机构的扩张为代价的。

巴泽尔(2006)同时指出,减少在位者任期,会降低他的权力控制程度,并降低彼此建立联盟的机会。这会使得地方官员的行为更加采取对上负责形式,对地方性公共事务处理能力和意愿下降,为履行职责不得不采取"经纪人"方式。典型如中国的胥吏制度,胥吏是从唐代的"役法"中演变而来的,胥吏的收入不是来自国家,而是来自办事获得的"好处费"。胥吏们精熟行政细节和运作程序,在地方上有盘根错节的势力范围,使其职位实际成为自家的"封建"领地,形成史家所痛恨的"官无封建而吏有封建"现象。正如瞿同祖(2011)所说:"节制官员的结果,反而是造成胥吏和豪绅掌握了地方上的一切。"胥吏常常利用办事程序繁琐、官员不熟悉政务之机,把持地方事务,蒙蔽、妨碍、误导甚至胁迫上级,导致地方经济和社会活力下降。

由此我们得到秩序命题四:

秩序命题四:中央政府的组织动员能力会随着信息复杂性和不对称性程度提高而下降,而中央政府为提高组织动员能力的努力会抑制地方活力,并使制度变得复杂和带来官僚机构扩张。

(四) 政府相对规模对组织效率的影响

上下级政府的相对规模也是影响活力与秩序的关键因素。下级政府数量增多,意味着上级政府对单个下级政府相对力量(包括政治力量与经济力量)增强,下级政府对现行秩序的挑战力度变小,下级政府违背上级政府意图的可能性变小,组织效率得以提高。但是,下级政府数量相对上级政府数量过多,上级政府信息处理难度加大,有可能带来组织效率的下降。

我们还是以中国历史为例来说明这一点。秦汉之际是中国由封建制向郡县制转型的关键时期,在西汉初年仍采取大量的封建制形式,诸侯王拥有较大的权力,阻众抗命,从而对中央造成挑战。为此,汉朝思想家贾谊提出"众建诸侯而少其力"的办法,即在诸侯王死后,将他的封地平均分给他所有的儿子,这样就可以把那些强大的诸侯国越分越小。七国之乱后,汉武帝实行"推恩令",析王国为侯国,诸侯王对中央的威胁才基本得以解决。

中国基层政府单位是县,从秦建立县级行政组织至清代的2000多年间,一直没有发生大的变化,其数目也总在1500个左右。由于县所控制的区域和辖户较小,难以形成独立势力,因此在本级政权结构上相对稳定。但是中央政府不可能直接对县级政府施令,需要有中间层政府来收集和简化信息,而中间层级政府增多反过来使得信息传递链条加长,中央政府信息处理成本加大,也就难以避免信息扭曲和决策失误。中国历史上大多数王朝在初建时设为三级政府,基层为县,中间一层或为郡、或为州、或为省,但是过了不多长时间,三级政府就会演变成为四级、五级甚至六级政府。中国历史上举凡刺史、总督、巡抚、节度使、按察使一类名词,开始都作为中央的临时特派官员,其对应的衙门为流动机构,可是官员与机构自古以来均是易立而难去,流动机构也就慢慢变成常设机构,大大增加了行政运转成本。我国地市政府和乡镇政府在开始时也是作为流动机构存在,如地市级政府叫作行署,首长叫作行署专员,就是取其流动而非固定之意,之后慢慢演变成常设机构。

由此我们得到秩序命题五:

秩序命题五:地方政府层级增加、数量增多对组织效率存在正反两方面影响:正向影响是有利于维持现行秩序结构,反向影响是中央政府信息处理成本加大。

命题一至五说明了,如果大国存在较强的秩序依赖,那么中央政府在确定央地关系时,就不可避免地在经济效率之外考虑组织效率,在各个制度与政策设计中就需要处理活力与秩序的一对矛盾。决定矛盾方向转化的重要原因在于信息复杂性与信息不对称性。

五、活力目标下的分权命题

(一) 激发地方政府积极性的杠杆

国家治理的成功与否,一个重要标准是看它能够有效地激发社会和经济的活力,这可称之为实现国家治理的活力目标。而中国作为一个大国,不可能不存在大量的各级地方政府,各项事业发展必须激发地方政府的积极性才行。激发地方政府的积极性,其本质是激发地方官员的积极性,对此,在制度上需要设计出有效的激励机制。

激励地方政府的核心是激励地方官员。官员的政绩需要评价，以此决定官员的升降或留任与否。那么，如何评价官员的政绩好坏呢？这涉及官员政绩由谁评价的问题，如果由当地居民来评价官员政绩，那么官员行动的最大政绩就是让当地人民满意；如果由上级政府来评价官员政绩，那么官员行动的最大政绩就是实现上级政府的意图。前者是自下而上的评价，后者是自上而下的评价。在本书第二章指出，"事上"与"安下"两种评价模式在很多时候会发生冲突。

中国自确立郡县制传统时起，就试图解决两种评价标准的冲突。现阶段对各级政府官员考核中，也是试图在自上而下评价与自下而上评价上寻找平衡。总结历史经验，并结合中国目前各级政府针对官员的考核办法，可以认为，评价官员执政好坏的标准主要有三个。

一是经济发展。经济发展毫无疑问是考核官员执政效果的重要指标，在过去，是户口增减、垦田多少等具体指标，在现代，是GDP、财政收入、投资等具体指标。

二是公共治理。政府的重要作用在于提供公共服务和完善公共治理，它包括公共安全、计划生育、社会保障、环境保护、教育水平、水利建设等一系列具体指标。

三是社会评价。经济发展和公共治理考核一般会体现为具体的考核标准，但是再具体的考核标准，也无法捕捉官员行为的全貌，因此，有时上级对下级官员的考核，要听取当地人民对官员的评价，这可称得上是"社会评价"指标。

这三个评价指标中，经济发展和公共治理是自上而下的考核，社会评价是上级主导的自下而上考核。有的比较容易考核，如GDP、财政收入、投资等；有的比较难以考核，如教育水平、卫生水平等。不难想象，上级政府重视哪项目标的考核，地方政府官员就会重视哪项目标的实现。

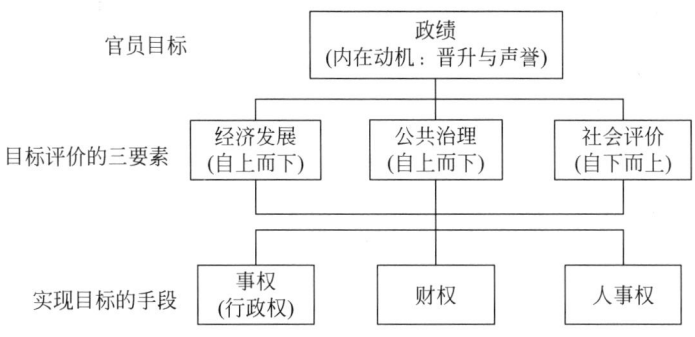

图 3-7 官员目标、目标评价和实现手段

由此我们得到政府间分权的活力命题一。

活力命题一：调动地方政府积极性的核心是调动官员的积极性，官员行为的逻辑是通过政绩表现来实现晋升或扩大声誉，考核官员政绩的标准有经济增长、公共治理和社会评价，考核标准决定着地方政府官员发挥积极性的方向。

地方政府官员要出政绩，就要有能够让政绩实现的杠杆。其杠杆不外乎以下三种。

一是事权。事权代表着政府职能范围，地方政府职能范围越广，政府的权力就越大，其实现目标的能力就越强。有时，地方政府实现目标不是表现为积极运用这种权力，反而是搁置这种权力。举例来说，将食品监管的权力赋予地方政府，地方政府既可能通过食品监管来改善市场消费环境，也可能出于经济角度考虑，对产品有食品安全问题的企业睁一只眼闭一只眼。因此，事权分配不当的话，会导致政府在市场中的缺位现象。

二是财权。财权直接决定着地方政府财政收入多寡，地方政府财政收入越多，越有利于保障各项政府支出的顺利进行。缺少财政收入，地方政府各项事业发展都会受到限制。

三是人事权。地方政府由一系列部门组成，地方主政领导对这些部门的控制程度,与他拥有多大程度的人事选拔、考核、任免权力有关。当地方主政领导对各部门控制力强时,各部门行动会更加服从地方主政领导的意志,并展开有效合作,那么无疑会有助于地方主政领导的目标实现。反之,当更多部门的人事权掌握在上级政府手里时,例如,实行部门垂直管理,那么地方政府行动就会受到更多掣肘,地方政府积极性发挥就会有限。

由此我们得到政府间分权的活力命题二。

活力命题二:地方政府的积极性会随着事权、财权和人事权的扩大而增加。

(二) 财权分配的契约及激励

在事权、财权和人事权中,政府间财权分配的重要性又具有突出位置。政府财政收入由税收、收费和债务组成,其中主体是税收收入。每一项政府收入都存在立法权、征管权和收益权的划分问题,其中又以收益权为核心,毕竟,每一级政府均十分关注能够取得财政收入的多寡。财政收入的重要性体现在三个方面:保障地方政府基本运转;改善公务员福利水平;保障各种政府发展目标的实现。如果政府财力困窘,那么不但是地区经济发展和公共治理受到很大限制,而且由于政府无钱应对居民需求,社会对政府的评价水平也低,也就是俗话说的:"手里没把米,叫鸡都不来。"

由于财政收入是如此的重要,财政收入分配机制就会深刻地影响地方政府行为,也就难怪从新中国成立以来,中国政府间财政关系历次调整的核心内容是财政收入分配。那么中央政府怎样设计财政收入分配机制来调动地方政府积极性呢?这需要借助契约经济学理论进行分析。

地方政府财政收入主要来自税收,下面我们以税收为例来说明政府间财政收入分配可采取的契约形式。

1. 定额契约

所谓定额契约,是指中央政府要求地方政府每年上交固定的税收收入,其余的全部留存地方支配使用。

定额契约的特点是地方政府在上交给中央政府税收定额后,可以完全拥有税收的"剩余索取权",但是地方政府需要独自承担税收风险(如经济不景气时税源不足,使得税收满足不了政府支出需要)。由于税收潜力随时间不断变化,定额契约要么使得中央政府丧失经济增长带来的税收收益,要么使得中央政府需要经常逐个与地方政府就税收定额额度进行讨价还价,这可能会使得订约成本很高。

2. 分成契约

所谓分成契约,是指中央政府将税收收入的一定比例留给地方政府,剩下的留给中央政府。分成契约的典型事例就是我国增值税和企业所得税共享,这在世界范围内也比比皆是。

分成契约使得地方政府拥有部分税收"剩余索取权",也承担部分税收风险。与定额契约相比较,它可能给地方政府带来税收"偷懒"(shirking)激励。对中央政府而言,它也拥有部分税收"剩余索取权",承担部分税收风险,同时,为防止地方政府税收努力不够,中央政府也需要付出监督税收努力的成本。

3. 分税契约

所谓分税契约,是指中央政府和地方政府各自完全拥有某些税种的收益权,中央既无须向地方返还税款,地方也无须向中央上解税款。

由于分税契约使得中央政府和地方政府都拥有部分税种的完全征管权和收益权,因而避免了中央政府对地方政府的税收激励和监督。这种契约形式的最大不足之处就是由于中央政府和地方政府分别需要设立税收征收机关,例如国家税务局和地方税务局,有的国家还分别有州税务局和县税务局,税收管理成本一般较高。并且,一旦需要中央政府和地方政府相互配合税收管理,信息交换和协调的效率就明显不如上面两种形式。

4. 工资契约

所谓工资契约,是指中央政府委托地方政府征税,征管权归地方政府所有,所征税款完全上解中央财政,税收收益权完全归中央政府所有。这种契约形式的典型事例是英国营业税,它由地方政府征收,税收收入全部上交中央政府统一分配。

工资契约最大不足之处在于,地方政府的税收边际收入与税收边际努力完全无关,因而税收激励程度在这四种契约形式中最低。事实上,这种契约现在已经很少见了,变相的形式是政府为借重税务部门强大的征收力量,让税务部门为其他部门代征部分规费,如我国地方税务局曾代征的文化事业建设费、水利基金等。

表 3-1 将税收分配契约的四种形式进行了比较,从表中可看到,税收分配契约差别主要在税收分成比例和上解税额的变化,因而一定意义上说,定额契约、分税契约和代征契约都可看作是分成契约的特殊形式。

表 3-1 税收分配契约的四种形式比较

契约形式	征管权归属	收益权归属
定额契约	地方政府	定额部分归中央,剩余归地方
分成契约	地方政府或中央政府	按分成比例划归中央政府和地方政府
分税契约	中央政府和地方政府	按税种划归中央政府和地方政府
工资契约	地方政府	中央政府

根据前文分析的结果,为便于比较,将四种税收分配的契约形式的效率优劣简述如下:

对地方政府的激励：分税契约＞定额契约＞分成契约＞工资契约

监督地方政府税收努力成本：工资契约＞分成契约＞定额契约＞分税契约

与地方政府讨价还价成本：定额契约需随时间调整，其他契约一旦制订，可以维持相当长的一段时间。

由此我们可以得到政府间分权的活力命题三。

活力命题三：政府间财政收入分配方式对地方政府积极性有着最直接的影响，财政收入分配采用的定额契约和分税契约对调动地方政府积极性的作用优于分成契约，但定额契约的契约稳定性弱。

六、总结

本章基于"国家能力"这一核心概念，建立分析央地关系的理论框架。理论要点有：

第一，国家治理的两大目标活力和秩序。中国国家治理思想中，"改革、发展和稳定"三者同等重要，秩序来自于安全和稳定，为防止国家被外敌入侵或内部平衡力量打破而失去秩序，政府需要对社会力量进行动员和控制。中国自秦朝以来，就奠定了央地关系的郡县制框架，让中国较早地建立了非人格化的、组织良好的国家治理形式，其好处是有利于动员和控制社会力量，由此提高了组织效率。

第二，国家治理依赖于"国家能力"的支持，国家能力的两大支柱是市场增进能力和组织动员能力。提升市场增进能力的主要手段是提供公共产品、法律保护和权利开放，提升组织动员能力的主要手段是财政汲取、社会控制、经济宏观调控和政治集权。市场力量越是被充分动员起来，就越是需要政府有足够的权威维持社会的稳定与市场的运转。

第三，央地关系包括行政关系与财政关系，它的本质是政府间权力的分割。政府间行政关系包括官员选拔权、考核权和监察权三方面,政府间财政关系包括事权、财权和转移支付三方面。央地关系处理得当与否,对市场增进能力和组织动员能力有着重要影响。

第四,在秩序目标下,中央政府比较看重组织动员能力的建设。央地关系处理会有五个重要命题:(1)秩序的实现需要动员和控制社会力量;(2)中央政府对地方政府的控制有助于提高组织动员能力,但会导致地方政府行为偏离辖区居民偏好,并且不利于激发社会活力;(3)当由信息劣势一方决定政府间事权分配时,事权永远无法被清晰界定;(4)中央政府的组织动员能力会随着信息复杂性和不对称性程度提高而下降,而中央政府为提高该能力的努力会抑制地方活力,并使制度变得复杂和带来官僚机构扩张;(5)地方政府数量增多对组织效率存在正反两方面影响:正向影响是有利于维持现行秩序结构,反向影响是中央政府信息处理成本加大。

第五,在活力目标下,中央政府比较看重市场增进能力的建设,央地关系处理会有三个重要命题:(1)调动地方政府积极性的核心是调动官员的积极性,考核官员政绩的标准有经济增长、公共治理和社会评价,考核标准决定着地方政府官员发挥积极性的方向;(2)地方政府的积极性会随着事权、财权和人事权的扩大而增加;(3)政府间财政收入分配方式对地方政府积极性有着最直接的影响,财政收入分配采用的定额契约和分税契约对调动地方政府积极性的作用优于分成契约,但定额契约的稳定性较弱。

第四章 1980—1993年的分灶吃饭：活力激发下的失序

> 一胫之大几如要，一指之大几如股，平居不可屈信，一二指搐，身虑亡聊。失今不治，必为痼疾，后虽有扁鹊，不能为已。
>
> ——贾谊

本书第二章简短地回顾了一下郡县制后央地关系演变的历史，第三章建立了央地关系分析框架，从第四章开始，将对1980年后央地关系的演变、影响与改革进行详细分析。

中国1980—1993年央地关系的典型特点是放权让利，其中以"分灶吃饭"的财政体制为代表。这种体制对发挥各级地方政府积极性起着重要作用，但也产生了中央权威下降、地区利益分割的现象，那么，它的演变逻辑是什么？又有什么样的影响呢？

一、计划经济时代的央地关系

从新中国成立开始，国家领导人就在思考一个问题：我国幅员辽阔，如何正确处理中央与地方的权力分配关系，使其既能调动地方发展经济、促进公共治理的积极性，又能维持中央权威，保持中央足够的宏观调控能力？这个问题在计划经济条件下可以说一直未得到很好解决。

新中国成立后，面临着生产停顿、职工失业、通货膨胀等残破不堪的经济局面,中国模仿苏联的高度集中的经济管理体制,这种体制总体上要求实行中央高度集权的管理模式。在这种体制下,中央把国家收入和支出的支配权集中在中央,形成财政上的"统收统支"制度。之后我国从1953年开始执行第一个五年计划,其重点任务是在苏联帮助下完成工业化建设,这标志着党和国家工作的着重点从革命向社会主义建设方面转移。

然而,高度集中的财政管理体制使得地方政府的机动性太小,也使得中央政府面对的财政事务过于繁杂,中国共产党也逐渐了解苏联体制的一些弊端。中国共产党人意识到,要总结自己的经验,探索一条适合中国情况的建设社会主义的道路。总结和思考的结晶,就体现在毛泽东1956年写就的《论十大关系》中。这十大关系属于社会主义国家十个基本矛盾,毛泽东将"中央与地方关系"列为其中之一,并这样定调中央与地方关系:

> 中央和地方的关系也是一个矛盾。解决这个矛盾,当前要注意的是,应当在巩固中央统一领导的前提下,扩大一点地方的权力,给地方更多的独立性,让地方办更多的事情。这对我们建设强大的社会主义国家比较有利。我们的国家这样大,人口这样多,情况这样复杂,有中央和地方两个积极性,比只有一个积极性好得多。我们不能像苏联那样,把什么都集中到中央,把地方卡得死死的,一点机动权也没有。
>
> 处理好中央和地方的关系,这对于我们这样的大国大党是一个十分重要的问题。
>
> 我们要统一,也要特殊。为了建设一个强大的社会主义国家,必须有中央的强有力的统一领导,必须有全国的统一计划和统一纪律,破坏这种必要的统一,是不允许的。同时,又必须充分发挥地方的积极性,各地都要有适合当地情况的特殊。

在这段文字中,毛泽东同时强调发挥中央与地方两个积极性,从此,"发挥两个积极性"成为中国安排中央与地方关系的指导原则,中央政府也开始了向地方放权的实践。

出于对经济形势过度乐观的估计,中国共产党在1958年制订的第二个五年计划中,提出了一系列不切实际的任务和指标,之后全国各条战线迅速掀起了"大跃进"的高潮。在此背景下,中央在1958年实行第一次权力大规模下放,地方政府在经济规划、资源分配、财税政策和人事管理上都获得了较多的自主权。地方对权力下放反应非常强烈,投资热情高涨,各地纷纷提出工业"大跃进"和农业"大跃进"的不切实际的目标,浮夸风越吹越烈。

"大跃进"运动带来地方盲目投资和重复建设,造成了资源的浪费。中央政府不得不再次采取集权办法,1959年2月,《人民日报》发表了《全国一盘棋》的社论,强调"要加强集中领导和统一安排",为此,在全国范围内设立6个直属中央的中央局,将各个领域的经济管理权收归中央所有。朱旭峰、吴冠生(2018)注意到,这次收权不是收归到中央政府及其所属部门,而是将其收归到党的系统中去,认为这一轮中央收权的特点是实现了"以党领政"的转变。

然而,中央上收权力又带来地方激励不足的问题,中央政府无法协调全国范围内的资源配置,于是,从20世纪60年代中期开始,随着日趋严重的外部安全形势,我国又一次推动了向地方下放权力的改革。在1970年国务院召开的全国计划工作会议上,批判了管理体制上的"条条专政",将"块块专政"作为此后经济改革的重点。在财政体制上,1971年实行"定收定支、收支包干、保证上缴(或差额补贴)、结余留用、一年一定"的体制,简称财政收支包干。这次体制改革扩大了地方财政收支范围,同时按绝对数包干,超收部分全部留归地方,调动地方增收节支的积极性,地方政府的机动财力可随着超收节支而大量增加。

"文化大革命"结束后,国民经济面临的首要任务是迅速扭转经济停滞和混乱局面,重建国民经济的指挥和领导系统,以恢复生产秩序。为此,1977—1978年,中央再次进行权力上收,见表4-1。

表4-1 改革开放前中央与地方权力关系

年份	权力关系情况	具体措施
1949—1956	高度中央集权体制的确立	1. 地方的财政收支项目、程序、税收依据、供给标准、行政人员编制等财政制度和财政政策均由中央统一制定 2. 地方银行的改革和重组 3. 取消大区军政委员会管理制度
1957—1958	第一次权力下放	1. 下放计划管理权 2. 下放企业管理权,物资分配权,基本建设项目审批权、投资和信贷管理权 3. 下放财政权和税收权 4. 下放劳动管理权
1959—1965	第一次权力上收	1. 收回部分劳动管理权 2. 上收地方企业管理权 3. 规定地方不再具有不受限制的审批项目的权力 4. 渐趋集中财政权力
1966—1976	第二次权力下放	1. 地方财政收入和支出的比例得到很大增加 2. 地方再次获得了规定地方税具体征收办法的权力 3. 中央各部大部分直属事业单位下放给地方管理
1977—1978	权力再次上收	1. 集中了分散在地方的铁路、邮电、民航部门的相关权力 2. 将地方部分税收、财政、物资管理的权力上收归中央 3. 中央重新上收部分下放企业的管理权

资料来源:袁倩,《过程产出型经济增长——"央-地"关系和地方干部激励视角下的再阐释》,《经济大视野》2017年第11期。有调整。

在计划经济时代,央地关系权力调整的特点是,无论是集权还是放权,都只是政府间权力调整,而没有影响到微观经济主体。计划经济体制下,企业以国有企业为主,城市职工在国有部门工作,农民隶属于人民公社,即使是中央放权,也无法有效地调动微观经济主体积极性。而地方政府和国有企业在预算软约束情况下,一旦放权,就会争相扩大投资规模,很容易出现投资过热局面,进而导致经济秩序紊乱,为此中央又进行收权,而集权的结果是经济停滞,于是又要进行放权,计划经济时代央地关系就处于"一收就死,一死就放,一放就乱,一乱就收"的循环中。

二、改革前的财政压力与改革目标

(一) 改革前的财政压力

从1972年起,中国逐渐恢复了与美国、日本和欧洲的关系,为了调整当时偏重的产业结构,国家开始支持轻工业、石油化工和一些支农工业的建设,主动引进发达资本主义国家的设备,这导致1974年财政赤字超过100亿。到了1977和1978年,中央政府进一步加强对外资的引进,希望像1952年"一五"计划引进156个项目一样,"上他十来个大庆",再搞100来个大项目,这导致1978年财政赤字超过170亿,占财政收入的20%。紧接着,随着1979年对越自卫反击战的直接开支增加,1979的财政赤字超过180亿。两年的财政赤字扩张,导致中央政府财政压力骤然加大。

当时,在"左"的思想的影响下,财政强调的是"既无内债,又无外债",没有后来靠向银行透支或发行国债抵补赤字的制度,于是,两年约400亿的财政赤字就只能通过增发400亿货币来解决,当时还不能说是货币贬值，只能说增发了 400 亿的"毛票子"。面对财政危机，中央政府采取了三项重大改革。第一项改革是"财政与银行分家"，由银行而不是财政来承担企业的投资职能，也称之为"拨改贷"改革，这使得财政基本建设支出大幅度减少。第二项改革就是举世瞩目的农村家庭联产承包责任制改革，使得政府不再为高负债、低效益的人民公社背书。第三项改革即是财政"分灶吃饭"改革。当时的提法是"为了调动地方当家理财的积极性"，其实主要是因为中央财政不可能再承担地方政府的开支。于是，在财政体制改革过程中分级建立了地方财政后，地方各级政府就都有了自己的财政自主权，也就有了发展地方经济增加本级政府财政收入的动力。

这三大改革的重要缘由之一是通过改革减轻财政压力，因此当时一些人批评这些改革是"财政甩包袱"。但是从事后看，它们分别推动了金融体制改革、农村生产经营体制改革和财政体制改革，这三项改革影响甚为巨大和深远，成为中国经济增长的重要推动力。

（二）改革的目标：激活地方活力

1976 年，以粉碎"四人帮"为标志，历时十年的"文革"动乱终于结束了，人心思定，全国人民希望及早将国家重心转到经济建设上。这种愿望在 1978 年中共十一届三中全会得到集中体现，会议决定全党的工作重点转移到社会主义现代化建设上来，这是我国重要的历史转折点。

要发展经济就需要调动各方面积极性。自古以来，调动积极性的有效措施无非是两点：一是放权，参与者越有自主权，也就越有手段去发展经济，按十一届三中全会公报所说，就是"现在我国经济管理体制的一个严重缺点是权力过于集中，应该有领导地大胆下放，让地方和工农业企业在国家统一指导下有更多的经营管理自主权"；二是让利，参与者在经济活动中得到的利益越多,也就越有激励投入到活动中。因而,我国上个世纪80年代的改革主调也就顺理成章地成为:"放权让利"!

"放权让利"沿着三个方向展开:企业、农民和地方政府。第一个方向是政府向企业让利,计划经济体制下国有企业要全额上缴利润,为调动企业经营自主性,我国在1983年和1985年实行两步"利改税"改革,国有企业由全额上缴利润改为按利润的55%上缴企业所得税;第二个方向是政府向农民让利,在农村实行家庭联产承包责任制改革,农民每年在上交国家或集体的定额后,可拥有剩余产出的全部收益权。第三个方向就是中央向地方让利,在财政体制上就是称为"分灶吃饭"制改革。1979年10月4日,邓小平在中共省、市、自治区委员会第一书记座谈会上指出:"财政体制,总的来说,我们是比较集中的。有些需要下放的,需要给地方上一些,使地方财权多一点,活动余地大一点,总的方针应该是这样。"

"分灶吃饭"制度的核心是财政收入包干,即地方按一定方式上交中央政府财政收入后,剩下归地方所有。因此,"分灶吃饭"体制有时又称为"财政包干制"。

三、分灶吃饭体制变迁的过程

1979年4月,中央工作会议提出了对整个国民经济实行"调整、改革、整顿、提高"的方针,明确提出对经济体制逐步进行全面改革,并以财政管理体制改革为突破口,改革先行一步。根据这个精神,1980年财政管理体制开始实行"分灶吃饭"改革,它从根本上重塑了央地关系。"分灶吃饭"主要经历如下三个发展阶段。

(一) 1980—1985 年的"划分收支、分级包干"体制

1980 年 2 月,国务院颁发了《关于实行"划分收支,分级包干"财政管理体制的暂行规定》,决定从 1980 年起,实行"划分收支、分级包干"的财政管理体制(俗称"分灶吃饭")。财政部于 1980 年 4 月颁发了《关于实行"划分收支、分级包干"财政管理体制若干问题的补充规定》,当时在全国大部分地区实行"划分收支、分级包干"办法。改革内容主要有三点。

第一,明确划分中央和地方财政收入范围。中央财政的固定收入包括:中央所属企事业的收入、关税收入和中央的其他收入。地方财政的固定收入包括:地方所属企事业的收入、盐税、农业税、工商所得税、地方税和地方的其他收入。体制确定后,因调整企业隶属关系,由地方上划给中央部门直接管理的企业,其收入作为固定比例分成收入,80%归中央,20%归地方。工商税作为中央和地方的调剂收入。

第二,明确划分中央与地方财政支出范围。属于中央财政支出的有:基本建设投资,中央企业的流动资金、挖潜改造资金和新产品试制费,地质勘探费,国防战备费,对外援助支出,国家物资储备支出,以及中央级的文教卫生科学事业费,农林、水利、气象等事业费,工业、交通、商业部门的事业费和行政管理费等。属于地方财政支出的有:地方的基本建设投资,地方企业的流动资金(包括中央代建项目的流动资金)、挖潜改造资金和新产品试制费,支援农村人民公社支出,农林、水利、气象等事业费,工业、交通、商业部门的事业费,城市维护费,人防经费,城镇人口下乡经费,文教卫生科学事业费,抚恤和社会救济费,行政管理费等。

第三,确定地方财政收支包干基数和上交、留用比例和补助定额。地方财政收支的包干基数,以 1979 年财政收支预计执行数为基数,经

过适当调整后计算确定。一经确定,原则上五年不变,地方多收可以多支。地方财政上缴、留用比例和补助定额的确定具体有三种类型。一是固定比例分成,凡是地方固定收入和固定比例分成收入大于地方财政支出的,多余部分按一定的比例上缴中央财政,这类地区的调剂收入(工商税)则全部归中央财政;二是调剂收入分成,凡是地方固定收入和固定比例分成收入小于地方财政收入的,不足部分从调剂收入中划给一定的比例进行调剂;三是定额补助,凡地方固定收入、固定比例分成收入和调剂收入全部留归地方,收入仍然小于支出的,则由中央财政给予定额补助。

除此之外,京津沪三大直辖市仍然实行"总额分成、一年一定"体制,江苏省继续试行固定比例包干体制,广东、福建两省实行特殊体制,对民族自治区继续给予体制上的照顾,基本框架与"划分收支、分级包干"体制大体相同。1980年确定的中央政府与地方政府间收入责任划分见表4-2。

表4-2 1980年全国财政收入责任划分

体制类型	实行地区	备注
固定比例包干	江苏省	一年后转为"划分收支、分级包干"
划分收支、定额上交	广东省	俗称"大包干"
划分收入、定额补助	福建省	
总额分成、一年一定	京津沪三个直辖市	维持原体制不变
划分收支、分级包干	其他24个省(区、市)	

"划分收支、分级包干"的财政体制有以下几个特点:(1)由过去全国"一灶吃饭",改变为"分灶吃饭",地方财政收支的平衡也由过去中央一家平衡,改变为各地自求平衡;(2)各项财政支出,不再由中央归口下达;(3)包干比例和补助数额改为一定五年不变。

(二) 1985—1987 年的"划分税种、核定收支、分级包干"体制

1984年,随着国有企业"利改税"完成,国家财政收入由利税并重转向以税为主,国家和企业、中央财政和地方财政的收入分配情况发生了很大变化,客观上要求进一步改革财政体制以适应这种变化。中共十三届三中全会通过《中共中央关于经济体制改革的决定》,城市经济体制改革全面展开,决定从1985年起,各省、自治区、直辖市实行"划分税种、核定收支、分级包干"财政管理体制,主要内容有:

1. 基本上按照利改税第二步改革以后的税种设置,划分于各级财政收入

中央与地方政府税种及税收收入划分见表4-3。

表4-3　1985—1987年中央和地方财政收入划分

中央财政固定收入	产品税、增值税、营业税的70%(石油部、电力部、石化总公司、有色金属工业总公司所属企业);中央国营企业的所得税、调节税;海洋石油、外资、合资企业的工商税、所得税和矿区使用费;关税和海关代征工商税;铁路、民航、邮电部门和各银行总行、保险总公司的营业税;中央军工企业和包干企业收入;中央经营的外资企业亏损和粮食、棉花、油超购加价补贴;烧油特别税;国库券收入和国家能源交通重点建设基金和其他收入等。
地方财政固定收入	产品税、增值税、营业税的30%(石油部、电力部、石化总公司、有色金属工业总公司所属企业);地方国营企业的所得税、调节税;集体企业所得税;农(牧)业税;车船使用牌照税;城市房地产税;牲畜交易税;契税;地方企业包干收入;地方经营的粮食、供销企业亏损;税款滞纳金、补税罚款收入和其他收入等。
中央与地方共享收入	产品税、增值税、营业税(均不包括石油部、电力部、石化总公司、有色金属工业总公司所属企业以及各铁道部和各银行总行、保险总公司缴纳的部分);外资和中外合资企业(不含海洋石油企业)缴纳的工商税、所得税;个人所得税;资源税;建筑税;盐税;国营企业奖金税等。

值得注意的是,尽管1985年财政体制改革方向是"划分税种、核定收支、分级包干",提出了以划分税种作为划分各级政府财政收入的依据,但是在当时,由于税制改革并不到位,完全实行"划分税种"的条件还不具备,税种的划分难以科学合理,因此财政体制在运行中,采取了变通方式,即在1985年和1986年两年(后又延长至1987年)实行"总额分成"的过渡办法(谢旭人,2008)。

2. 区分不同情况实行上解、分成和补助

各省、自治区、直辖市在按照规定划分收支范围以后,凡地方固定收入大于地方支出的,定额(或按比例)上解中央;地方固定收入小于地方支出的,从中央和地方共享收入中确定一个分成比例,留给地方;地方固定收入和中央与地方共享收入全部留给地方,还不够其支出的,由中央定额补助。收入的分成比例或上解、补助的数额确定后,一定五年不变。地方多收可以多支,少收则少支,自求平衡。

3. 仍按隶属关系,划分各级财政支出

中央支出主要包括:中央基本建设投资;中央企业的挖潜改造资金、新产品试制费和简易建筑费;地质勘探费;国防费;武装警察部队经费;人民防空经费;对外援助支出;外交支出;国家物资储备支出;中央级的农林水利事业费,工业、交通、商业部门事业费,文教科学卫生事业费,行政管理费和其他支出。

地方财政支出包括:地方统筹基本建设投资;地方企业的挖潜改造资金、新产品试制费和简易建筑费;支援农业支出;城市维护建设费;地方的农林水利事业费,工业、交通、商业部门事业费,文化、教育、科学、卫生事业费,抚恤和社会救济费,行政管理费(含公安、安全、司法、检察支出),民兵事业费和其他支出。

4. 民族地区的财政改革

对民族自治区和视同民族地区待遇的省,按照中央财政核定的定额补助数额,在五年内继续实行每年递增10%的办法。

(三) 1988—1993 年的"多种形式财政包干"体制

1985 年的财政体制执行中,出现地方增收积极性下降,中央财政收入占全国财政收入比重下降,中央财政发生困难局面。针对这些问题,国务院发布了《关于地方实行财政包干办法的决定》,从 1988 年开始执行。要求全国 39 个省、自治区、直辖市和计划单列市,除广州、西安两市财政关系仍分别与广东、陕西两省联系外,对其余 37 个地方分别实行不同形式的包干办法。这主要有:

1. "收入递增包干"办法

以 1987 年决算收入和地方应得的支出财力为基数,参照各地近几年的收入增长情况,确定地方收入递增率(环比)和留成、上解比例。在递增率以内的收入,按确定的留成、上解比例,实行中央与地方分成;超过递增率的收入,全部留给地方;收入达不到递增率,影响上解中央的部分,由地方用自有财力补足。实行这个办法的地区有 10 个,分别为:北京市、河北省、辽宁省(不包括沈阳市和大连市)、沈阳市、哈尔滨市、江苏省、浙江省(不包括宁波市)、宁波市、河南省、重庆市。

2. "总额分成"办法

根据前两年的财政收支情况,核定收支基数,以地方支出占总收入的比重,确定地方的留成和上解中央比例。实行这个办法的地区有 3 个,分别为:天津市、山西省、安徽省。

3. "总额分成加增长分成"办法

在上述"总额分成"办法的基础上,收入比上年增长的部分,另定分成比例,即每年以上年实际收入为基数,基数部分按总额分成比例分成,增长部分除按总额分成比例分成外,另加"增长分成"比例。实行这个办法的地区有 3 个,分别为:大连市、青岛市、武汉市。

4."上解额递增包干"办法

以1987年上解中央的收入为基数,每年按一定比例递增上缴。实行这个办法的有广东省和湖南省。

5."定额上解"办法

按原来核定的收支基数,收大于支的部分,确定固定的上解数额。实行这个办法的地区有3个,分别为:上海市、山东省(不包括青岛市)、黑龙江省(不包括哈尔滨市)。

6."定额补助"办法

按原来核定的收支基数,支大于收的部分,实行固定数额补助。实行这个办法的地区有16个,分别为:吉林省、江西省、福建省、陕西省、甘肃省、海南省、内蒙古自治区、广西壮族自治区、贵州省、云南省、西藏自治区、青海省、宁夏回族自治区、新疆维吾尔自治区;湖北省和四川省划出武汉、重庆两市后,由上解省变为补助省,其支出大于收入的差额,分别由两市从其收入中上缴省一部分,作为中央对地方的补助。

1988—1993年财政包干具体情况见表4-4。

表4-4 1988年财政体制情况

包干方式	地区
	实行的地区、留成比例和收入递增率
收入递增	北京市50%和4%; 河北省70%和4.5%; 辽宁省(不含沈阳市和大连市)58.25%和3.5%; 沈阳市30.29%和4%; 哈尔滨市45%和5%; 浙江省(不含宁波市)61.47%和6.5%; 宁波市27.93%和5.3%; 河南省80%和5%; 重庆市33.5%和4%。

续表

包干方式	地区
总额分成	实行的地区、留成比例 天津市 46.5%； 山西省 87.55%； 安徽省 77.5%。
总额分成加增长分成	实行的地区、留成比例、增长分成比例 大连市 27.74% 和 27.26%； 青岛市 16% 和 34%； 武汉市 17% 和 25%。
上解额递增包干	实行的地区、上解基数、递增比例 广东省 14.13 亿元和 9%； 湖南省 8 亿元和 7%。
定额上解	实行的地区、上解额 上海市 105 亿元； 山东省(不含青岛市)2.89 亿元； 黑龙江省(不含哈尔滨市)2.99 亿元。
定额补助	实行的地区、补助额 吉林省 1.25 亿元；江西省 0.45 亿元；福建省 0.5 亿元(1989 年开始执行)；陕西省 1.2 亿元；甘肃省 1.25 亿元；海南省 1.38 亿元；内蒙古自治区 18.42 亿元；广西壮族自治区 6.08 亿元；贵州省 7.42 亿元；云南省 6.73 亿元；西藏自治区 8.98 亿元；青海省 6.56 亿元；宁夏回族自治区 5.33 亿元；湖北省(不含武汉市)按当年武汉市决算收入的 4.78% 给予补助；四川省(不含重庆市)按当年重庆市决算收入的 10.7% 给予补助。

资料来源：李萍主编：《财政体制简明图解》，中国财政经济出版社，2010 年。

上述各省、自治区、直辖市和计划单列市的财政包干基数中，都不包括中央对地方的各种专项补助款，这部分资金在每年预算执行过程中，根据专款的用途和各地实际情况进行合理分配。

四、分灶吃饭体制的积极影响：地方活力激发

（一）分灶吃饭对发挥地方政府积极性的影响

实行"分灶吃饭"的预算管理体制，是国家财政管理体制的一次重大改革。它从中央1个灶变为地方20多个灶，打破了统收统支体制下吃"大锅饭"的局面，在收支结构、财权划分和财力分配等方面，都发生了很大变化。分灶吃饭对激发地方政府积极性的作用，主要体现在以下三点。

第一，地方政府财政支出自主权增加，有助于因地制宜发展生产。

过去各项财政支出，原则上都由"条条"分配，地方很难统筹安排、调剂使用。"分灶吃饭"以后，对于应当由地方安排的支出，中央各部不再由"条条"下达指标，改由地方根据中央的方针政策、国家计划和地方的财力统筹安排，这样财力的分配就由"条条"为主改为"块块"为主，大大增加了地方的财政权限，有利于地方因地制宜地发展地方生产建设事业。

第二，它稳定了地方预期，有利于地方制定合理的经济发展规划。

在分灶吃饭制度前，过去每年都要核定收支，一年一变，年初吵指标，年中吵追加，年底吵遗留问题，矛盾很多。"分灶吃饭"后，一定五年不变，使地方"五年早知道"，便于地方制定和执行长远规划，发展地方的经济和社会事业。

第三，提高了地方政府增收节支的积极性。

分灶吃饭制度寻求事权和财权统一，权利与责任统一。这种财政体制是根据计划与财政实行两级管理的原则设计的，财政的收支范围又是根据企事业单位的隶属关系划分的。谁的企业，收入就归谁支配；

谁的基建、事业、支出就由谁安排。其事权与财权比较统一,而且"分灶吃饭"自求平衡,权利与责任也挂得比较紧。由于节约归己,促使了地方在狠抓增产增收的同时,十分注意节约支出,反对浪费,精打细算,严格财经纪律,这些措施大大提高了地方政府增收节支的积极性。

因而,"分灶吃饭"的预算体制改革,虽然只是政府间财政关系改革,但是它对地方政府的行为产生重大影响,使得地方有了发展本地区生产建设事业的内在经济动力和能力,有力地推动了国民经济向前发展。

(二)"分灶吃饭"改革的全局意义

中国20世纪整个80年代的改革,是在中国经过"文化大革命"的动荡后,打开国门,发现中国经济远远落后于世界发达国家的背景下发生的,中央政府有一种要奋起直追的紧迫感。因此,改革的主要目标是释放经济的活力,促进经济增长。释放经济活力的核心有两点:调动企业的积极性,调动地方政府的积极性。

调动政府和企业的积极性,需要结合当时经济和社会背景进行。陈共(1989)指出,改革开放后很长一段时间,我国经济体制的特点是"市场机制尚未发育成熟和旧体制还没完全失效条件下,双重体制成为经济运行的常态环境"。由于市场机制尚未充分发育(甚至可以说刚开始发育),政府还保留着强大的资源配置能力,因此,激发市场活力离不了政府的主动作用,需要地方政府积极为当地市场创造条件。由此,发挥政府积极性与发挥企业积极性之间有着密切关联:地方政府有了积极性,就会积极寻求措施释放当地企业的积极性,最终带动经济增长。

由于计划经济时代确立的财政在国民经济中的核心地位,财政成为联结政府与市场、政府与企业的关键节点,财政改革自然就会充当改革的先头部队。下面我们从推动整体经济增长的全局角度观察财政体制改革的重要作用,见图4-1。

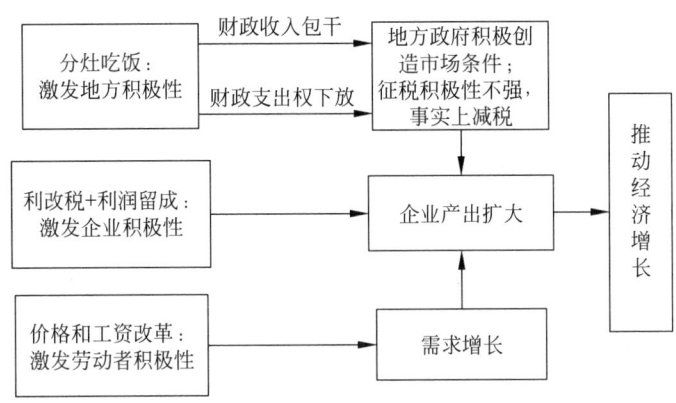

图4-1 分灶吃饭制度改革的全局意义

第一,分灶吃饭改革激发了地方政府积极性。

分灶吃饭制度极大地调动了地方发展经济的积极性。与"统收统支"体制相比较,"分灶吃饭"的预算体制不仅扩大了地方的财权,同时也加强了地方的经济责任,因而促使地方各级领导大大加强他们对财政工作的指导;它使地方有了发展本地区生产建设事业的内在经济动力和能力,促使他们努力挖掘本地区的生产、物资和资金的潜力,合理、节约、有重点地安排和使用资金,提高资金的使用效果,不断增加财政收入;在财政收入定额包干和分成包干形式下,地方征税后只能取得部分税收收入,地方不愿意中央从地方拿走过多的税收,因此该体制下地方政府征税积极性是不足的,这给企业带来事实上的减税,也有利于企业成长。

第二,利改税和利润留成激发了企业积极性。

20世纪80年代企业主体是国有企业,为激发企业积极性,实行了企业利润留成、利改税等制度改革。在传统财政收入体制下,国有企业利润几乎全额上缴,企业能够支配的财力非常有限,企业生产激励不足。为此,1978年起开始试行企业基金、企业利润留成制度,企业收入占财政收入的比重迅速下降,到1985年,企业收入占财政收入的比重仅为2.2%。企业利润留成制度的实行打破了国家对国有企业统收统支的机制,扩大了企业自主权,使得企业成为新的利益主体。同时,为激发国有企业经营积极性,1983年和1985年,我国对国有企业实行两步"利改税"改革,企业由100%上缴利润改为按55%税率上缴税收。

除此之外,当时还对涉外企业和非国有企业实行广泛税收优惠政策。在1980年代初全国人大颁布的几项税法中,对涉外税收都有优惠规定,1978、1981、1982年多次调整乡镇企业(当时称社队企业)的税收政策,这些都直接促进了外资大量涌入和乡镇企业的迅速发展壮大。

第三,工资等改革激发了劳动者积极性。

为调动劳动者积极性,改革采取了两大措施。一是工资改革,大幅度增加城镇企业、党政机关、国家事业单位的工资。据统计,1979—1987年,国家用于增加国有单位职工工资的开支累计约达3500亿元,其中国家财政负担1870亿元左右(包括国家财政增加支出1080亿元,减少收入790亿元)。二是通过财政补贴降低生活成本。财政实施了粮油价格补贴、棉花价格补贴、肉禽蛋菜等价格补贴,1981—1990年间价格补贴占财政支出的比例年均高达13.1%。

从以上分析可以看出,政府、企业和居民的积极性激发,成为推动当时中国经济增长的决定性力量,并直接改变了国民收入的部门分配关系。1979年国民储蓄部门结构中,家庭部门、政府部门、企业部门的比重为23.6∶42.8∶33.7,到1991年变为70.5∶4.1∶25.9,家庭部门所占的收入比重迅速上升。如果观察20世纪80年代中期至90年代中期这个区间,可以发现政府部门分配占比迅速下降,家庭和企业部门占比处于上升趋势。

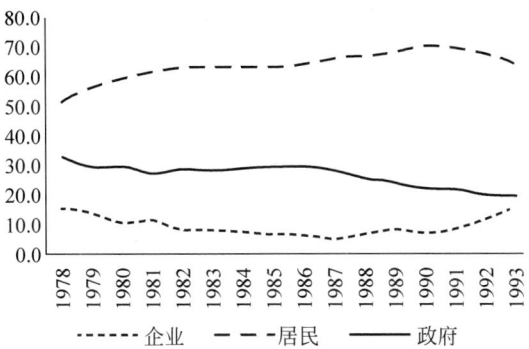

图4-2 1978—1993年部门收入分配格局的演变(%)
资料来源:郭庆旺、吕冰洋、岳希明:《税收对国民收入分配的调控作用研究》,经济科学出版社,2014年。

五、分灶吃饭体制的消极影响:央地失衡、竞争失序

分灶吃饭体制的核心是财政包干,它是借鉴农村家庭联产承包责任制改革的成功经验,将其移植到财政改革领域。在制度运转过程中,它比较强调制度的因地制宜与灵活性,在改革开放初期,这不失为调动地方积极性的一种有效方法。但是,我国作为一个单一制国家,如果中央政府没有强大的财力,没有一个统一稳定的政府间财政关系架构,财政秩序就会逐渐失范,最终会影响到经济秩序乃至政治秩序。

分灶吃饭体制所产生的消极影响主要表现为以下三个方面:

(一)"两个比重"严重下滑

在财政收入结构中,有"两个比重"一直引起高度关注:一是中央财政收入占全国财政收入的比重,它反映中央政府对全国财力的控制程度,间接反映着中央政府的权威大小;二是全国财政收入占GDP比重,

它既反映着宏观税负的高低,也反映着国家财政收入的汲取能力,间接反映着国家能力的高低。在1994年分税制改革前,这两个比重处于持续下滑状态,引起中央政府和学术界的高度关注,一定程度上让中央政府产生了较强的危机感。

两个比重持续下滑,与分灶吃饭制度密切相关。

1. 财政包干的契约性质降低了中央财政收入占比

财政包干体制大量采用定额包干与分成包干的办法,这种办法有利有弊。定额包干的好处是有利于调动地方政府增加财政收入的积极性,但是不足之处是随着时间推移,中央政府所得的财政收入占国家财政收入的比重会越来越低。中央政府意识到这个问题后,开始广泛采用分成包干,如"收入递增包干""总额分成加增长分成"等办法,其意图是通过让中央政府参与财政收入增长分成办法,扩大中央财政收入。

然而,在财政包干制下,分成也不能解决问题。税收分成使得地方政府税收边际努力得不到100%的回报,而税收减免机制却能促进地方经济发展,地方政府与中央政府博弈的结果,就是地方政府降低税收努力减缓税收收入增长速度,以此来抵制中央政府的税收增长分成。

这样,在财政包干制下,随着时间的推移,中央政府得不到税收增收的收益,中央政府所得的财政收入从定额契约中所得的份额会越来越低,再加上中央财政需要对16个地区进行补助,自然会导致中央财政收入比重不断降低。

图4-3显示,自1984年后,中央财政收入占全国财政收入比重就处于不断下滑状态。到了分税制改革前的1993年,中央财政收入占比仅为22.0%。

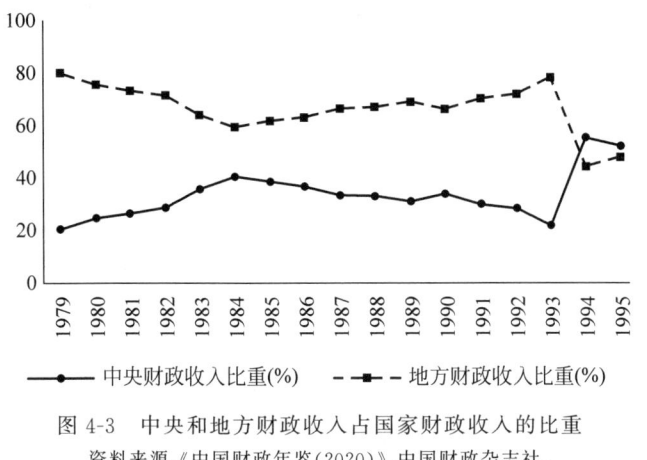

图 4-3 中央和地方财政收入占国家财政收入的比重
资料来源:《中国财政年鉴(2020)》,中国财政杂志社。

2. 财政包干制下地方政府征税努力不足

在财政包干制下,地方政府缺乏足够的税收激励去征税,这主要有两方面原因:第一,如果是分成包干,地方政府征税后要与中央政府分成,按契约理论,地方政府分成比例越低,地方政府征税积极性越不足;第二,如果是定额包干,地方政府担心财政收入增长后,中央政府会随时改变定额,为此,地方政府从一开始就采取降低税收努力、减免企业的属于中央税收的措施,实现藏富于民策略。

前财政部长刘仲藜(2009)回忆道,"地方承包了以后,就有了这样一种心理:我增收一块钱,你还要拿走几毛,如果不增收不就一点都不拿了吗?于是就出现'藏富于企业''藏富于地方'的现象,给企业减免税,造成'不增长',然后通过非财政途径的摊派,收取费用。最后生产迅速发展,而税收不上来。""当时全国是一个税务系统,实行属地化管理。在这种体制背景下,一些地方官员可以得心应手地大量减免税收。减免的税收中很大一部分实际上为应当上缴中央的收入。地方'请客',国家'买单'。"

2003年《瞭望》杂志第37期曝光了上海市和北京市在分税制前打

的财政小算盘,这两个事例非常生动地说明财政包干制下的税收激励不足。

第一个例子是上海。在财政包干制下,上海实行的是定额上解加递增分成的模式,中央规定上海财政收入不足 165 亿元时,要向中央缴纳 100 亿元定额。当上海财政收入超过 165 亿元时,超过部分要实行 5∶5 分成。结果上海市在分税制改革前,连续 5 年财政收入在 163 亿元至 165 亿元,一点没增长,即在完成中央要求的税收定额后,控制财政收入不增长,尽最大可能降低中央政府参与的税收分成部分。

第二个例子是北京。中央政府对北京市采取收入递增包干分成模式,约定的年增长率是 4%,结果在分税制改革前 5 年,北京每年财政增长为 4%,实行分税制之后才发现北京隐瞒了 98 亿元收入。

为监督各级政府税收努力,中央政府的对策是加强税收监督和处罚。中央政府甚至直接向企业派驻财政驻厂员和税务专员,并且从 1985 年开始,国务院开始组织一年一度的"财税大检查"。但是,税收处罚得以实施的前提是中央政府能够对地方政府的税收不努力行为进行强有力的税收监督。随着经济复杂程度的提高,信息传递和收集的链条越来越长,税收监督成本和难度也越来越高,中央政府通过税收监督来抑制地方政府机会主义行为的效果不明显。于是,财政包干制下税收努力呈现整体降低态势,特别体现在经济发展较快、税源较丰沛的地区。

其结果就是在分灶吃饭时期,财政收入增长率大大低于 GDP 增长率。从 1985 年国有企业"利改税"时刻开始算起,1986—1992 年平均税收增长弹性(税收增长率/GDP 增长率)仅为 0.43。结果导致国家财政收入占 GDP 的比重由 1978 年的 31.1%,下降到 1993 年的 12.3%,见图 4-4。其中原因除了为促进经济改革,财政采取"放权让利"的办法试图搞活国有企业外,不能不说是受财政收入包干体制影响。

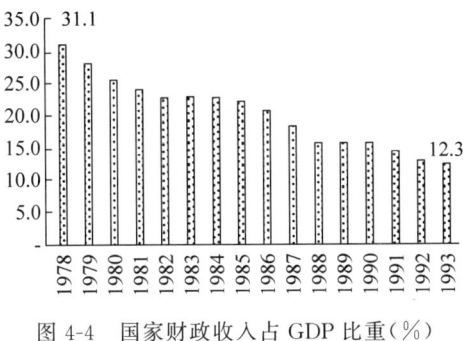

图 4-4　国家财政收入占 GDP 比重(%)
资料来源:中经网。

(二) 助长地方政府的财政机会主义倾向

严格地说,分灶吃饭体制并没有建立一个规范的政府间财政关系,这导致很高的制度协调成本,助长了地方政府的机会主义倾向。

分灶吃饭体制的特点是在时间上不稳定,在地区间不统一。1980年、1985年和1988年的新体制,都是刚刚运行不久,就不得不实行较大的调整。在中央与各省甚至与省会、计划单列市之间,财政包干方式都各不相同。它反映着中央政府既想不伤害地方增收积极性,又想占有随时间增加的部分财政收入的动机,于是只有不断借助中央政府的权威而更变契约,甚至"爽约",强迫地方政府与其重新谈判财政收入分享方式。

财政体制频繁地变动,大大增加了制度交易成本和谈判成本。每当中央政府变更体制、包干基数和比例时,往往需要与地方(包括国有企业)进行一对一的谈判,讨价还价式的吵基数、争比例,使中央往往处于矛盾的焦点。财政体制的不统一和不规范,使得每个地区都可能产生失落感,上缴率高的富裕地方会觉得吃了亏,贫困地方会感到来自中央的补助不够多。地方对财政体制的不信任破坏了中央与地方关系的互信基础。

在我国这样一个幅员辽阔的国家,中央与地方之间先天地就存在很强的信息不对称。制度经济学告诉我们,具有信息优势的一方拥有"信息租金"。既然财政包干制没有统一稳定的规则,各个地方政府就会充分利用他们的信息优势,向中央政府争取对它们有利的结果,如增加支出基数、压缩收入基数、提高分成比例等。甚至,一些地方会出现弄虚作假行为,迫使中央政府在财政上做出让步。

(三)地方保护主义造成严重的市场分割

财政包干体制按企业隶属关系划分企业所得税,把工商企业税收同地方政府财政收入紧紧地联系起来,这激发了严重的地方保护主义。地方政府从经济利益出发,竞相发展本地区税多利高的项目,保护本地产品销售,限制原材料流出,这严重妨碍了国家统一市场的形成。地方保护主义主要体现在三个方面。

第一,产品市场保护。

在分灶吃饭制度下,地方政府财政收入主要来自所隶属企业所创造的税收和利润,这促使地方政府保护自己的企业。一方面采取种种手段保护本地企业,例如,采取放松执法方法,对生产假冒伪劣产品的企业采取睁一只眼、闭一只眼的办法;对落后企业,采取让银行贷款输血办法,不予以破产。另一方面,对外地产品,则通过收费、摊派、设卡等手段限制其进入。

地方对产品市场的保护干扰了国家产业政策,地方政府受利益驱动支持高税率产业发展,导致长线更长、短线瓶颈制约更明显、地区间产业结构趋同,不利于国家产业政策的实施和产业结构的调整。

第二,原材料市场保护。

改革开放使得中国劳动力价格低廉、市场广阔的优势充分发挥出来,各地加工工业、乡镇工业如雨后春笋般出现,各行业的产量迅速扩张,这导致原材料市场比较紧张。哪个地区拥有充足的原材料,哪个地区的企业就可能得到较快的发展,对此,地方采取的手段是:限制本地原材料流出,到外地区争夺原材料。

这里以1985年"羊毛大战"为例来展现当时原材料市场争夺情景。改革开放后,以羊毛为原料的工业企业迅速发展,但是1985年羊毛产量下降为1.78亿公斤,比巅峰时1982年低0.24亿公斤,这导致羊毛供不应求。而恰在此时,1985年中央政府取消了统一的派购体系,中央政府对市场控制的骤然放松导致地方利益矛盾公开化,引发了改革开放后第一次大规模的原料大战,当时称为"羊毛大战",最后以生产羊毛大省新疆冻结羊毛出口而告终,但其结果却是羊毛大量积压,给经济造成大量损失。

"羊毛大战"后,原料大战呈现出迅速蔓延的趋势,"蚕茧大战""中药材大战""棉花大战""生丝大战""肥猪大战"等各种原料争夺战层出不穷。地方政府为了保护本地利益,会动用行政手段来干预市场。例如,在"蚕茧大战"中,安徽为了防止蚕茧流到浙江,政府派出武警和民兵,县、乡、村三级联防,实行严格的检查,对私运蚕茧者予以严惩。

第三,地方政策保护。

在经济整体市场化水平不高的情况下,建立经济特区来吸引资金和技术是一个非常有效的办法。1979年7月,中共中央、国务院同意在广东省的深圳、珠海、汕头三市和福建省的厦门市试办出口特区,1980年5月又将它们改称为经济特区。经济特区的出现,极大地推动了当地经济发展,地方受此启发,纷纷设立各式各样的政策"特区"来吸引资金和技术。

20世纪80年代后,各类开发区遍地开花,名目有工业开发区、高新技术产业区、经济技术开发区、保税区等。开发区的级别不同,有的是国家级开发区,如国家级高新技术产业开发区;有的是省级开发区,如经济技术开发区;有的是地市级开发区,如各类产业工业园(比如农业开发区、化学工业园、汽车工业园,等等),尽管它们没有冠以开发区的名称,但是它们在地方政府的支持下,也享受各个开发区一定程度的优惠政策,一些地方政府甚至超越权限,擅自制定经济优惠政策。

各类开发区的出现,一方面地方利用政策优势推动当地经济发展,另一方面,它实际上是制造了一系列的政策洼地,不利于市场公平竞争机制的建立。

六、总结

本章研究我国 1980—1993 年政府间关系,主要结论有:

第一,中国 1980—1993 年政府间关系以"分灶吃饭"的财政体制为代表。改革的主要目的是缓解中央财政的压力,以及调动地方政府发展经济的积极性。

第二,"分灶吃饭"制度有效激发了地方政府发展经济的积极性。包括:(1)地方政府财政支出自主权增加,有助于地方政府因地制宜发展生产;(2)稳定了地方预期,有利于地方制订合理的经济发展规划;(3)提高了地方政府增收节支的积极性。"分灶吃饭"制度对推动中国经济增长起到了重要作用。

第三,"分灶吃饭"体制产生了一些消极影响。主要表现为:(1)两个比重严重下滑,其原因在于财政包干的契约性质降低了中央财政收入占比,以及财政包干制下地方政府征税努力不足;(2)助长地方政府的财政机会主义倾向,分灶吃饭体制没有建立一个规范的政府间财政关系,这导致很高的制度协调成本,助长了地方政府的机会主义倾向;(3)它激发了地方保护主义,造成严重的市场分割。

第五章 1994年后的分税制：活力与秩序的相对统一

> 现在如果不开始进行财税改革，明年（指1994年——编注）的日子就很难过。
>
> ——朱镕基

1994年我国分税制改革，是在国家财政危机下发生的改革。改革迅速扭转了国家财力下滑局面，中央财政收入占全国财政收入比重大幅度提高。分税制改革虽然大幅度缩小地方自有财政收入份额，但它并没有以降低地方积极性为代价，可以说，总体上看，分税制改革做到了活力与秩序的统一。本章对分税制改革的历程与逻辑进行分析。

一、分税制改革的主要意图

（一）意图之一：解决两个比重下降

20世纪80年代以后，中国出现持续性的高速经济增长。1980—1990年间，国内生产总值平均增长率为9.5％，然而经济的高速增长并没有带动财力的同步增长，从1983年"利改税"开始算起，"两个比重"呈现下断趋势，国家财政和中央财政均出现了危机，见图5-1。

第一，全国财政收入占GDP比重下降。全国财政收入占国内生产

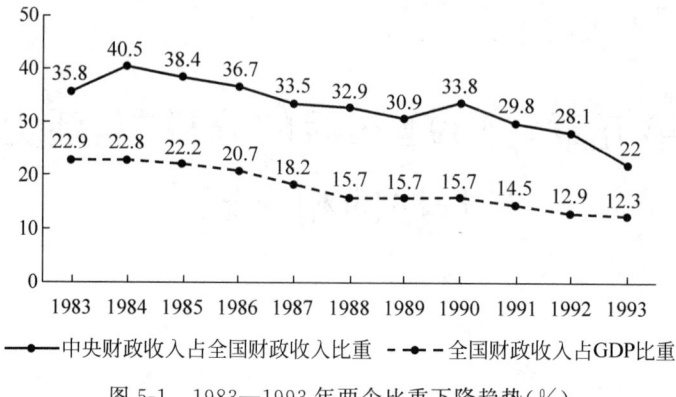

图 5-1　1983—1993 年两个比重下降趋势（%）
资料来源：《中国财政年鉴(2020)》，中国财政杂志社。

总值之比，由 1978 年的 31%，下降到 1992 年的 14%。下降的根本原因，一是在于 80 年代利改税和国有企业承包制改革，造成财政收入减收；二是分灶吃饭制度下，地方政府征税积极性不强。

第二，中央财政收入占全国财政收入比重下降。该比重从 1984 的 40.5% 下降到 1993 年的 22%。下降的根本原因，在于分灶吃饭制度下，定额包干和分成包干方式会使得财政收入分配倾向于地方政府。

两个比重下降，既严重削弱了政府的宏观经济能力，也削弱了中央政府的财政主导性和权威。中央政府为解决财政窘境，不得不采取了两种救急的办法。一是多次向地方借款，要求各省为中央做贡献，借款额占中央支出的 5% 左右，见表 5-1。但是实际上借款之后并没有还给地方，这种做法破坏了中央与地方的信任关系。二是开征新费，以费补

表 5-1　1981—1989 年间中央向地方借款金额　　（亿元）

	1981	1982	1983	1984	1985	1986	1987	1988	1989
借款额	68.41	40.2	36.18	38.37	42.97	45.14	48.31	50.22	52.36
中央支出	625.65	651.81	759.6	893.33	795.25	836.36	845.63	845.04	888.77
借款额占比(%)	10.9	6.2	4.8	4.3	5.4	5.4	5.7	5.9	5.9

资料来源：李萍：《财政体制简明图解》，中国财政经济出版社，2010 年。

税。20世纪80年代中期开征"能源交通重点建设基金",1989年开征"预算调节基金",直接指向弥补财政赤字。

进入1992年后,中央财政更为窘迫。1992年,全国财政收入3500亿元左右,其中,中央收入1000亿元,地方收入2500亿元,中央财政支出2000亿元,赤字1000亿元,当年的赤字大部分向银行挂账,中央财政非常困难。1993年上半年的一些指标发出警示,国家财政特别是中央财政十分紧张:整个财政收入一季度比1992年同期下降2.2%,按可比口径也仅仅持平;工商税收1400亿元,比上年同期增长12%,去掉出口退税10%,仅比上年同期增长1.4%。与此同时,财政支出却要大幅增长,资金不到位的情况多方出现:粮食收购财政亏损性补贴资金不到位;重点建设资金不到位,重点生产企业和重点出口企业缺乏流动资金,保证国家必要的开支成为燃眉之急(赵忆宁,2003)。

1993年7月23日,朱镕基来到全国财政税务工作会议上,对所有参加会议的人员说:"在现行体制下,中央财政十分困难,现在不改革,中央财政的日子过不下去了,目前中央财政收入占全国财政收入的比重不到40%,但中央支出却占50%多,收支明显有差额,中央只好大量发债,不然维持不下去。"财政体制改革到了迫在眉睫的地步。

(二) 意图之二:适应社会主义市场经济体制

除了"两个比重"下降引发改革需要外,国家经济发展战略的巨大转变也要求实施分税制改革。1992年年初,邓小平发表南方谈话,解决了"姓社姓资"的争论。1993年11月中国共产党十四届三中全会召开,明确改革的总目标是"建立社会主义市场经济体制",并要求"市场在资源配置中发挥基础性作用"。而分灶吃饭制度强化地方局部利益,造成了严重的市场分割局面,它明显违背了市场经济建设的方向,已到了非改不可的地步。

所谓分税制,是指一个国家通过对税种或税源以及税收管理权限在中央和地方之间的划分,以确立中央和地方政府间收入分配的一种制度。经过世界各国的长期探索,分税制最终作为一种理想的财权财力划分方式而被普遍采用。它的基本原则是:在合理划分各级政府事权的基础上,将税种和税权在中央和政府间进行划分,以确定各级政府预算收入,分设中央税制与地方税制。与之相适应分设国税局和地税局分别征收管理本级税收,从而建立起各自相互独立、相互协调的中央和地方两套税收体系,并建立起相应的转移支付制度。

分税制的优势在于,它有利于统一市场的建设。要发展市场经济,就需要让生产要素和商品遵循价格规律,能够在广泛的空间流动起来。以税收为主的财政工具,是作为插入市场的"楔子",先天地会干扰市场价格信号。如果这种干扰是不可避免的,那么要尽量保持干扰在全国范围内统一,这样才会让市场而不是地方政府在资源配置中发挥决定作用。

举例来说,征收企业所得税会改变资本要素税后回报率,如果全国征收统一的税率,那么这种税收干扰是一致的,市场仍是决定资本向哪个地方流动的决定因素。但是,如果各个地区争相出台企业所得税的税收优惠政策,那么即使各个地区资本税前回报率一致,税后回报率也有很大的差异,企业就会争相进入给予税收优惠政策的地区,这样,地区间政府的竞争行为会严重扭曲市场资源配置,也就不利于建设市场经济。

分税制与财政包干制相比,其最大的区别是前者按税种属性划分各级政府税收收入,后者是按所有制、企业隶属关系划分税收收入。前者会鼓励地方政府改善市场条件,吸引到"我这里投资"的企业;后者会鼓励地方政府办"属于自己"的企业。因此,分税制会淡化政府与企业之间的联系,有利于商品和要素的自由流动。

实际上,中央高层早就有实行分税制改革的动议,并进行了前期分析和准备。早在1987年10月中共十三大报告中,就极为简要地提到,要"在合理划分中央和地方财政收支范围的前提下实行分税制"。但是由于当时不具备实施分税制所要求的市场经济体制,在计划经济下是无法搞分税制的,所以分税制一提出就遭到了几个省的强烈反对,因为这直接触及到了地方的利益。这次尝试没有成功。

1990年,《中共中央关于制定国民经济和社会发展十年规划和"八五"计划建议》提出,要在"八五"期间,有计划地实施分税制。鉴于当时的状况还要不断完善财政包干制,于是同年财政部提出了"分税包干"的体制方案。1992年年初,邓小平发表南方谈话后,建立社会主义市场经济成为经济改革和发展的目标,分税制被再次提出。1992年党的十四大报告提出"要逐步实行税利分流和分税制",同年中央选择天津等九个地区进行分税制试点。进入1993年,分税制改革加快了进程,经过中央与地方多轮博弈,最终确定在1994年实行分税制改革。

二、1994年分税制的改革内容

1993年12月15日,国务院发布《关于实行分税制财政管理体制的决定》(国发[1993]85号),决定从1994年1月1日起,对各省、自治区、直辖市以及计划单列市实行分税制财政管理体制。分税制改革内容如下。

(一) 中央与地方事权和支出的划分

分税制改革确定的中央政府与地方政府事权的划分原则是:中央财政主要承担国家安全、外交和中央国家机关运转所需经费,调整国家经济结构、协调地区发展、实施宏观调控所必需的支出以及由中央直接管理的事业发展支出;地方财政主要承担本地区政权机关运转所需支出以及本地区经济、事业发展所需支出。

中央财政负责的支出包括:国防费,武警经费,外交和援外支出,中央级行政管理费,中央统管的基本建设投资,中央直属企业的技术改造和新产品试制费,地质勘探费,由中央财政安排的支农支出,由中央负担的国内外债务的还本付息支出,以及中央本级负担的公检法支出和文化、教育、卫生、科学等各项事业费支出。

地方财政负责的支出包括:地方行政管理费,公检法支出,部分武警经费,民兵事业费,地方统筹的基本建设投资,地方企业的技术改造和新产品试制经费,支农支出,城市维护和建设经费,地方文化、教育、卫生等各项事业费,价格补贴支出以及其他支出。

(二) 中央与地方收入的划分

根据事权与财权相结合的原则,按税种划分中央与地方的收入。将维护国家权益、实施宏观调控所必需的税种划分为中央税;将同经济发展直接相关的主要税种划分为中央与地方共享税;将适合地方征管的税种划分为地方税,并充实地方税税种,增加地方税收入。具体划分如下:

中央固定收入包括:关税,海关代征消费税和增值税,消费税,中央企业所得税,地方银行和外资银行及非银行金融企业所得税,铁道部门、各银行总行、各保险总公司等集中交纳的收入(包括营业税、所得税、利润和城市维护建设税),中央企业上交利润等。外贸企业出口退税,除1993年地方已经负担的20%部分列入地方上交中央基数外,以后发生的出口退税全部由中央财政负担。

地方固定收入包括:营业税(不含铁道部门、各银行总行、各保险总公司集中交纳的营业税),地方企业所得税(不含上述地方银行和外资银行及非银行金融企业所得税),地方企业上交利润,个人所得税,城镇土地使用税,固定资产投资方向调节税,城市维护建设税(不含铁道部门、各银行总行、各保险总公司集中交纳的部分),房产税,车船使用税,印花税,屠宰税,农牧业税,对农业特产收入征收的农业税(简称农业特产税),耕地占用税,契税,遗产和赠予税,土地增值税,国有土地有偿使用收入等。

中央与地方共享收入包括:增值税、资源税、证券交易税。增值税中央分享75%,地方分享25%。资源税按不同的资源品种划分,大部分资源税作为地方收入,海洋石油资源税作为中央收入。证券交易税,中央与地方各分享50%。

表5-2　1994年中央与地方政府税种及税收收入划分

财政固定收入	消费税;海关代征的消费税和增值税;中央企业所得税;地方银行和外资银行及非银行金融企业所得税;关税;铁道部门、各银行总行、各保险总公司等集中交纳的收入(包括营业税、所得税、利润和城市维护建设税),中央企业上交利润等。
地方财政固定收入	营业税(不含铁道部门、各银行总行、各保险总公司集中交纳的营业税);地方企业所得税(不含地方银行和外资银行及非银行金融企业所得税);个人所得税;地方企业上交利润;城市维护建设税(不含铁道部门、各银行总行、各保险总公司集中交纳的部分);城镇土地使用税;固定资产投资方向调节税;房产税;车船使用税;印花税;屠宰税;耕地占用税;农(牧)业税;农业特产税;契税;土地增值税;遗产和赠予税;国有土地有偿使用收入等。
中央与地方共享收入	增值税(中央政府分享75%,地方政府分享25%);资源税(其中海洋石油资源税归中央,其他资源税全部归地方);证券交易税(中央政府分享50%,地方政府分享50%)。

(三) 中央财政对地方税收返还数额的确定

为了保持现有地方既得利益格局,逐步达到改革的目标,中央财政对地方税收返还数额以1993年为基期年核定。按照1993年地方实际收入以及税制改革和中央与地方收入划分情况,核定1993年中央从地方净上划的收入数额(消费税＋75%的增值税－中央下划收入)。1993年中央净上划收入全额返还地方,保证现有地方既得财力,并以此作为以后中央对地方税收返还基数。1994年以后,税收返还额在1993年基数上逐年递增,递增率按全国增值税和消费税的平均增长率的1:0.3系数确定,即上述两税全国平均每增长1%,中央财政对地方的税收返还增长0.3%。如果1994年以后中央净上划收入达不到1993年基数,则相应扣减税收返还数额。

(四) 原体制中央补助、地方上解以及有关结算事项的处理

为顺利推行分税制改革,1994年实行分税制以后,原体制的分配格局暂时不变,即:原体制中央对地方的补助继续按规定补助;原体制地方上解(包括递增上解、定额上解)仍按不同体制类型执行;实行总额分成的地区和原分税制试点地区,暂按递增上解办法,即按1993年实际上解数,并核定一个递增率,每年递增上解;原来中央拨给地方的各项专款,该下拨的继续下拨。

三、分税制后政府间财政关系改革

在1994年分税制改革的时候,为了顺利推动改革实施,中央政府尽可能地不打破当时的利益格局,这实际上是对地方政府做了一些让步。分税制改革后,随着中央政府权威的加强,以及市场经济体制的逐步建立,中央政府逐渐对政府间财政关系做出了一系列调整。

(一) 税权划分的演变

作为单一制国家,税收立法权高度集中在中央政府手中,因此税权划分改革体现在征管权和收益权划分改革上。

1. 所得税分享方案改革

从税权划分的原理上看,企业所得税征管权和收益权一般归属为中央政府所有。1994年分税制确立的基本框架是:除了中央大型国有企业所得税作为中央税外,其他均作为地方税。2002年,国务院从2002年1月1日起实施所得税收入分享改革,这是对中央财政与地方财政之间税收利益划分做了一次重大调整。《所得税收入分享改革方案》规定:除少数特殊行业或企业外,对其他企业所得税和个人所得税收入实行中央与地方按比例分享。中央保证各地区2001年地方实际的所得税收入基数,实施增量分成。

(1) 分享范围。除铁路运输、国家邮政、中国工商银行、中国农业银行、中国银行、中国建设银行、国家开发银行、中国农业发展银行、中国进出口银行以及海洋石油天然气企业缴纳的所得税继续作为中央收入外,其他企业所得税和个人所得税收入由中央与地方按比例分享。

(2) 分享比例。2002年所得税收入中央分享50%,地方分享50%;2003年所得税收入中央分享60%,地方分享40%;2003年以后年份的分享比例根据实际收入情况再行考虑。

(3) 基数计算。以2001年为基期,按改革方案确定的分享范围和比例计算,地方分享的所得税收入,如果小于地方实际所得税收入,差额部分由中央作为基数返还地方;如果大于地方实际所得税收入,差额部分由地方作为基数上解中央。

伴随着所得税分享改革,税收管理权也相应做了调整。2002年后新办企业的企业所得税由国税局管理。但是在实践中,由于营业税和增值税分属地税局和国税局管理,从管理方便角度看,交纳两税的企业,相应的企业所得税也应归属相应的税务局更合适。于是2008年国务院又出台规定,将企业所得税管理与这两税挂钩,规定自2009年起新增企业所得税纳税人中,应缴纳增值税的企业,其企业所得税由国家税务局管理;应缴纳营业税的企业,其企业所得税由地方税务局管理。

2. "营改增"与增值税分享改革

分税制改革后很长一段时间,营业税是地方独享税,增值税是共享税,营业税长期作为地方政府的主体税种。营业税的税基集中在服务业和建筑业,增值税的税基集中在制造业,从税制机理上看,两税并征存在重复征税,这会产生不利于促进产业分工、抑制服务业发展的结果。为解决这个问题,自2012年起,我国逐渐启动了"营业税改增值税改革"(简称"营改增"),这是自1994年分税制改革以来,财税体制的又一次深刻变革。

"营改增"分为两大阶段。第一个阶段,将生产性服务业纳入改革范围,它分为以下几个步骤:2012年1月1日,在上海交通运输业和部分现代服务业开展"营改增"试点;自2012年8月1日起至年底,国务院"营改增"试点扩大至8省市;2013年8月1日,"营改增"范围推广到全国试行,并将广播影视服务业纳入试点范围;2014年1月1日起,将铁路运输和邮政服务业纳入"营改增"试点。第二阶段,全面"营改增"。2016年5月1日"营改增"在全国全面实行,主要涉及金融业、建筑业和生活服务业,至此,营业税退出历史舞台。

为了维持地方政府财力稳定,中央政府将央地间增值税分享比例由75∶25变为50∶50,该项改革带有很强的临时性特点。因为地方政府分享增值税的依据是当地生产所形成的增值税,按生产地原则确定增值税归属易产生生产要素配置的扭曲效应。如果不同生产地的增值税税率存在差异,或者虽然名义税率相同,但考虑到税收返还后实际税率出现差异,生产厂商对投资地点的选择就会受到影响。由此,增值税在生产要素配置方面的税收中性原则遭到破坏,资源得不到合理配置,带来了诸多不良后果。在第九章我们将对此进行深入分析。

3. 出口退税负担机制改革

出口退税是指对出口货物在国内已经征收的增值税和消费税实行退税的政策。对出口商品实行退税也是国际上的惯例。1994年分税制改革的时候,规定出口退税全部由中央财政负担。但是当时中央财政比较困难,出口退税的额度比较大,中央政府不得已在1995年下半年和1990年年初,对出口产品增值税退税率连续两次下调,以此来减轻财政压力。

随着外贸出口的快速增长,出口退税机制面临的问题越来越严重。一是伴随着提高出口退税率、鼓励出口外贸政策实施,中央财政的负担越来越大;二是由于增值税实行中央和地方分享制度,全部由中央财政来负担出口退税的机制不合理;三是2000年后,出口骗退税的问题增加,需要从机制上调动地方政府打击出口骗退税的积极性。于是,2004年后,我国对出口退税负担机制进行改革。

改革的基本原则是"新账不欠,老账要还"。具体办法是:从2004年起,以2003年出口退税实退数额为基数,对超基数部分的应退税额,由中央和地方按照75:25的比例分别负担。后来由于沿海出口退税特别多的省份,反映出口退税负担过重,自2005年上述比例改为92.5:7.5。

出口退税机制改革,使得中央和地方共同负担出口退税,从理论上看,它又是分成契约在实践中的一种应用。

4. 证券交易印花税分享改革

分税制改革初期,证券交易印花税中央和地方按50:50分享,不过证券交易税税源仅集中在上海市和深圳市两个股票交易所,因此该税实际上是中央与这两市间的分享。之后中央政府不断提高中央税收分享比例,1997年1月1日起调整为80∶20。后因证券交易印花税税率由原来对买卖双方各征3‰调高到5‰,调高税率带来的收入全部归中央所有,因此央地税收分享比例变为88∶12。2000年国务院再次决定,分三年将证券交易印花税分享比例调为97∶3,并将中央增加的税收用于支持西部和补充社会保障资金。

图5-2显示了地方分享的证券交易印花税分享比例变化。由于地方仅包含上海市和深圳市,中央在调整央地税收分享比例时遇到的阻力大大减小,它隐含了这样一个道理:当中央相对地方的权威较大时,中央政府在改变央地关系时就可以具有更强的主动性。

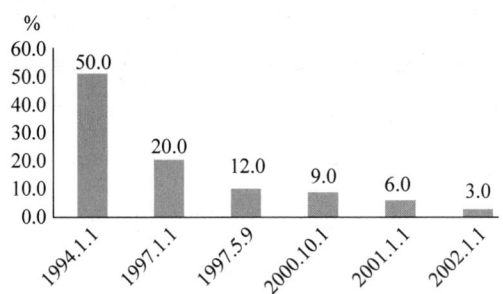

图5-2　证券交易印花税的地方分享比例

(二) 事权划分的演变

1. 事权分配改革的二十年止步不前

事权划分关系到政府间职能的划分,它的本质是确定各级政府的行为边界和责任归属,因此,有学者认为,"事权的划分从实质上看不是财政问题,而是行政体制改革问题,甚至可以说是政治体制问题"(杨志勇,2016)。由于事权划分改革依赖于行政体制改革,而后者改革缓慢,这使得1994年分税制改革后,事权分配改革有二十多年处于止步不前的状态。

由于财政事权分配改革的滞后,财政事权和支出责任划分积累了较多问题,主要表现在:政府职能定位不清,一些本可由市场调节或社会提供的事务,财政包揽过多,同时一些本应由政府承担的基本公共服务,财政承担不够;中央与地方财政事权和支出责任划分不尽合理,一些本应由中央直接负责的事务交给地方承担,一些宜由地方负责的事务,中央承担过多,地方没有担负起相应的支出责任;不少中央和地方提供基本公共服务的职责交叉重叠,共同承担的事项较多;省以下财政事权和支出责任划分不尽规范;有的财政事权和支出责任划分缺乏法律依据,法治化、规范化程度不高。

政府间事权划分改革难以推动有多重原因。主要有:行政体制改革的思路不明确和改革滞后;宪法上未明确各级政府的事权划分;传统行政性分权导致工商、税务等部门归口管理较多,形成行政上"上下一般粗";事权分配改革触及政府间利益分配格局,容易受到较强抵制;公共事务的复杂性使得事权划分较难。由于这些原因,我国历次关于事权分配改革提法多变,从"事权与财权相匹配""事权与财力相匹配"一直到十八届三中全会后的"事权与支出责任相匹配",用语的多变说明中央政府在财政支出分权的思路上举棋不定,见表5-3。

表5-3 顶层设计对事权划分改革的表述

年度	文件	表述
1993	《国务院关于实行分税制财政管理体制的决定》	事权与财权相结合
2007	十七大报告	中央和地方财力与事权相匹配
2012	十八大报告	中央和地方财力与事权相匹配
2013	十八届三中全会"改革决定"	事权和支出责任相适应

续表

年度	文件	表述
2014	《深化财税体制改革总体方案》	事权和支出责任相适应
	十八届四中全会"法治决定"	各级政府事权规范化、法律化,完善不同层级政府特别是中央和地方政府事权法律制度
2016	"十三五"规划纲要	建立事权和支出责任相适应的制度,适度加强中央事权和支出责任
2019	十九届四中全会	形成稳定的各级政府事权、支出责任和财力相适应的制度

资料来源:刘剑文:《事权划分法治化的中国路径》,《中国社会科学》2017 年第 2 期,作者有补充。

2013 年十八届三中全会后,中央政府逐渐意识到要将事权与支出责任改革联系起来,财政事权是政府提供公共服务的任务和职责,支出责任是政府履行财政事权的支出义务和保障,如果不落实支出责任,那么政府职责也难以履行。

2. 中央与地方财政事权和支出责任划分改革

为解决中央与地方财政事权分配中存在的问题,2016 年国务院出台了《国务院关于推进中央与地方财政事权和支出责任划分改革的指导意见》,试图实现政府间财政事权和支出责任划分法治化、规范化。改革坚持五项原则。

一是体现基本公共服务受益范围。体现国家主权、维护统一市场以及受益范围覆盖全国的基本公共服务由中央负责,地区性基本公共服务由地方负责,跨省(区、市)的基本公共服务由中央与地方共同负责。

二是兼顾政府职能和行政效率。将所需信息量大、信息复杂且获取困难的基本公共服务优先作为地方的财政事权,提高行政效率,降低行政成本。信息比较容易获取和甄别的全国性基本公共服务宜作为中央的财政事权。

三是实现权、责、利相统一。在中央统一领导下,适宜由中央承担的财政事权执行权要上划,加强中央的财政事权执行能力;适宜由地方承担的财政事权决策权要下放,减少中央部门代地方决策事项,保证地方有效管理区域内事务。

四是激励地方政府主动作为。通过有效授权,合理确定地方财政事权,使基本公共服务受益范围与政府管辖区域保持一致,激励地方各级政府尽力做好辖区范围内的基本公共服务提供和保障,避免出现地方政府不作为或因追求局部利益而损害其他地区利益或整体利益的行为。

五是做到支出责任与财政事权相适应。按照"谁的财政事权谁承担支出责任"的原则,确定各级政府支出责任。对属于中央与地方共同财政事权,根据基本公共服务的受益范围、影响程度,区分情况确定中央和地方的支出责任以及承担方式。

改革的具体内容见表 5-4。

表 5-4 中央与地方财政事权和支出责任划分改革方案

	事权划分	支出责任划分
中央事权	国防、外交、国家安全、出入境管理、国防公路、国界河湖治理、全国性重大传染病防治、全国性大通道、全国性战略性自然资源使用和保护。	属于中央的财政事权,应当由中央财政安排经费,中央各职能部门和直属机构不得要求地方安排配套资金。中央的财政事权如委托地方行使,要通过中央专项转移支付安排相应经费。
地方事权	社会治安、市政交通、农村公路、城乡社区事务等受益范围地域性强、信息较为复杂且主要与当地居民密切相关的基本公共服务。	1. 属于地方的财政事权原则上由地方通过自有财力安排。 2. 对地方政府履行财政事权、落实支出责任存在的收支缺口,除部分资本性支出通过依法发行政府性债券等方式安排外,主要通过上级政府给予的一般性转移支付弥补。 3. 地方的财政事权如委托中央机构行使,地方政府应负担相应经费。

续表

	事权划分	支出责任划分
中央与地方共同事权	义务教育、高等教育、科技研发、公共文化、基本养老保险、基本医疗和公共卫生、城乡居民基本医疗保险、就业、粮食安全、跨省（区、市）重大基础设施项目建设和环境保护与治理等体现中央战略意图、跨省（区、市）且具有地域管理信息优势的基本公共服务。	1. 根据基本公共服务的属性，体现国民待遇和公民权利、涉及全国统一市场和要素自由流动的财政事权，如基本养老保险、基本公共卫生服务、义务教育等，可以研究制定全国统一标准，并由中央与地方按比例或以中央为主承担支出责任； 2. 对受益范围较广、信息相对复杂的财政事权，如跨省（区、市）重大基础设施项目建设、环境保护与治理、公共文化等，根据财政事权外溢程度，由中央和地方按比例或中央给予适当补助方式承担支出责任； 3. 对中央和地方有各自机构承担相应职责的财政事权，如科技研发、高等教育等，中央和地方各自承担相应支出责任； 4. 对中央承担监督管理、出台规划、制定标准等职责，地方承担具体执行等职责的财政事权，中央与地方各自承担相应支出责任。

3. 基本公共服务领域共同财政事权和支出责任划分改革

社会发展的基本宗旨是人人共享、普遍受益，而推进基本公共服务均等化是实现该宗旨的基本手段。由于我国地区发展水平存在不平衡，地区间自有财力差距较大，如果中央政府不负担一些基本公共服务的事权和支出责任，就很难保证基本公共服务均等化的实现。

2016年政府间事权和支出责任改革方案中，对中央与地方共同事权提出了一些方向性的改革意见，对具体操作内容没有涉及。共同事权首先集中在基本公共服务上，为此，2018年国务院出台了《基本公共服务领域中央与地方共同财政事权和支出责任划分改革方案》（国办发

〔2018〕6号），该方案从解决人民最关心最直接最现实的利益问题入手，首先将教育、医疗卫生、社会保障等领域中与人直接相关的主要基本公共服务事项明确为中央与地方共同财政事权，体现向困难地区倾斜的原则。

这次改革，主要明确三方面基本公共服务事权和支出责任。

一是中等职业教育国家助学金、中等职业教育免学费补助、普通高中教育国家助学金、普通高中教育免学杂费补助、城乡居民基本医疗保险补助、基本公共卫生服务、计划生育扶助保障7个事项，实行中央分档分担办法。根据各省发展水平，共分五档，中央分担比例分别为80％、60％、50％、30％、10％。

二是义务教育公用经费保障等6个事项，实行按比例分担、按项目分担或按标准定额补助的办法。内容涉及义务教育公用经费保障、家庭经济困难学生生活补助、城乡居民基本养老保险补助、免费提供教科书、贫困地区学生营养膳食补助、受灾人员救助等6个事项。

三是基本公共就业服务、医疗救助、困难群众救助、残疾人服务、城乡保障性安居工程5个事项，中央分担比例主要依据地方财力状况、保障对象数量等因素确定。

对上述共同财政事权支出责任地方承担部分，由地方通过自有财力和中央转移支付统筹安排。中央加大均衡性转移支付力度，促进地区间财力均衡。

对省以下共同事权和支出责任问题，《方案》强调：加强省级统筹，适当增加和上移省级支出责任；县级政府要将自有财力和上级转移支付优先用于基本公共服务；上级政府要通过调整收入划分、加大转移支付力度，增强县级政府基本公共服务保障能力。

4. 其他领域的事权与支出责任改革

继基本公共服务领域中央与地方共同财政事权和支出责任划分改

革后,相关领域的改革步伐也在加快:2018年推出医疗卫生领域改革,2019年推出科技领域、教育领域、交通运输领域改革,2020年推出生态环境领域、公共文化领域、自然资源领域、应急救援领域改革。这些改革详细划分了每个领域的中央与地方事权和支出责任,对建立权责清晰、财力协调、区域均衡的中央和地方财政关系起到了良好推动作用。

(三) 转移支付制度的改革

1994年分税制改革,由于中央政府财力困窘、地方利益格局调整不能一次到位的原因,对转移支付制度没有进行根本性改革。分税制改革后,中央财政收入占全国财政收入比重由20%逐渐上升到50%以上,随之而来的问题是地方财政收支缺口加大、各地区间财力不平衡,为此,中央政府开始逐步完善和健全转移支付制度。转移支付分为一般性转移性支付、专项性转移支付和税收返还,下面分别阐述。

1. 一般性转移支付改革

一般性转移支付主要是弥补和均衡地区间财力差距,缓解了中央和地方之间纵向财政不均衡的问题,保持地区公共服务均等化。它通常按照"因素法"进行公式分配,"因素法"是根据地区经济发展水平、公共服务成本和水平、人口等因素,测算地方应得的转移支付水平,地方政府对一般性转移支付的使用具有较高的自由度。一般性转移支付主要是弥补和均衡地区间财力差距,缓解了中央和地方之间纵向财政不均衡的问题,保持地区公共服务均等化。

一般性转移支付制度改革经常采用的方式是"存量不变、增量调整"。它的好处是有利于降低改革阻力,主要改革历程有:1995年出台过渡期转移支付办法,规范财政收支和转移支付制度;1998年出台调整工资转移支付;2000年建立民族地区转移支付;2000年开始推行农村税费改革转移支付;2005建立了县乡奖补转移支付;2007年设立资源枯竭转移支付;2008年在均衡性转移支付下设立国家重点生态功能区转移支付;2009年完善转移支付体系和调整项目,将一些数额相对固定的专项转移支付划转列入一般性转移支付;2012年规范资源枯竭城市的转移支付资金管理。

经过多次改革,一般性转移支付主要分为如下五大类。

第一,均衡性转移支付。

该项转移支付的目标是缩小地区财力差距。该项转移支付的规模确定机制为:中央财政建立均衡性转移支付规模稳定增长机制,确保均衡性转移支付增幅高于转移支付的总体增幅。对于中央出台增支政策需要纳入均衡性转移支付测算的,中央财政相应额外增加转移支付规模。其计算公式为:

某地区均衡性转移支付=(该地区标准财政支出－该地区标准财政收入)×该地区转移支付系数＋增幅控制调整＋奖励资金＋农业转移人口市民化奖补资金。

其中,标准财政收入根据工业增加值等客观因素及全国平均有效税率分省计算确定;标准财政支出考虑人口规模、人口密度、海拔、温度、少数民族等成本差异分省、市、县(含乡镇级,下同)三个行政级次计算确定。均衡性转移支付系数按照均衡性转移支付总额、各地区标准财政收支差额以及各地区财政困难程度等因素确定。

第二,老少边穷地区转移支付。

该项转移支付的目标是支持老少边穷地区改善和保障民生,缩小与其他地区的基本公共服务差距。该项转移支付的规模确定机制为:革命老区和边境地区转移支付资金来自于中央和省级财政,不要求县级财政配套;民族地区转移支付资金由中央财政按照上一年度下达的民族地区转移支付额及前三年全国国内增值税收入平均增长情况确定;扶贫资金由中央财政和地方各级财政依据脱贫攻坚任务需要和财力情况确定。

第三,成品油税费改革转移支付。

该项转移支付的目标是保障交通基础设施养护和建设等需要,逐步推进全国交通均衡发展。该项转移支付的规模确定机制为:对实施成品油税费改革形成的财政收入,除由中央本级安排的替代性等支出外,其余全部由中央财政通过规范的财政转移支付方式分配给地方。

第四,基本养老金转移支付。

该项转移支付的目标是用于解决地方政府基本公共服务方面的问题,专款专用。该项转移支付的规模确定机制为:政府对符合领取城乡居民养老保险待遇条件的参保人全额支付基础养老金。其中,中央财政对中西部地区按中央确定的基础养老金最低标准给予全额补助,对东部地区给予50%的补助。

第五,城乡居民医疗保险转移支付。

该项转移支付的目标是促进城乡居民公平享有基本医疗保险权益、城乡经济社会协调发展,逐步在全国范围内建立起统一的城乡居民医保制度。该项转移支付的规模确定机制为:2015年,城镇居民医保和新农合各级财政补助标准提高到每人每年380元。其中,基数120元部分中央财政按原有补助标准给予补助,增加的260元部分中央财政对西部地区补助80%,对中部地区补助60%,对东部地区按一定比例补助。对中央所属高校大学生参加属地城镇居民医保,中央财政继续按照所在地规定的学生参保财政补助标准给予补助。

除此之外,还有体制结算补助和基层公检法司转移支付,规模都不大。2017年一般性转移支付的结构见图5-3。

2019年后,财政部对一般性转移支付口径做了较大调整:增加共同财政事权转移支付,它集中反映中央承担的共同财政事权部分的支出责任;将"税收返还"移入一般性转移支付,并设"税收返还及固定补

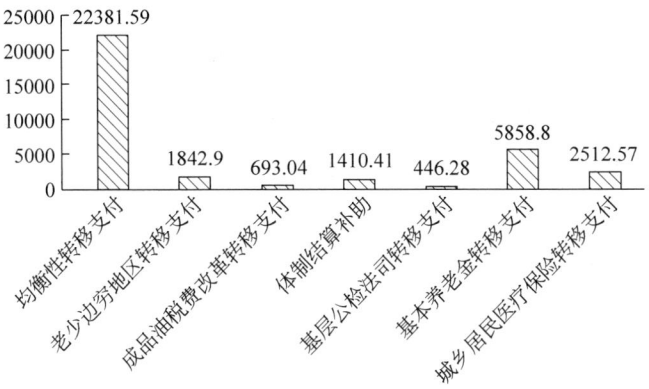

图 5-3　2017 年一般性转移支付决算数(亿元)

助"科目;调整均衡性转移支付口径。2019 年一般性转移支付的构成为:均衡性转移支付(15632.00 亿元)、共同财政事权转移支付(31902.99 亿元)、税收返还及固定补助(11251.78 亿元)、重点生态功能区转移支付(811.00 亿元)、县级基本财力保障机制奖补资金(2709 亿元)、资源枯竭城市转移支付(212.90 亿元)、老少边穷地区转移支付(2488.40 亿元)、产粮大县奖励资金(447.86 亿元)、生猪(牛羊)调出大县奖励资金(36.90 亿元)、体制结算补助(1305.33 亿元)。

2. 专项转移支付改革

专项转移支付是中央政府为实现特定的经济和社会发展目标,大多数以有偿形式给予地方政府,由接受转移支付的政府按照中央政府规定的用途安排使用的预算资金,它采取项目法与因素法结合的方法进行分配。

按照事权和支出责任划分,专项转移支付分为委托类、共担类、引导类、救济类、应急类等五类:(1)委托类专项,是指按照事权和支出责任划分属于中央事权,中央委托地方实施而相应设立的专项转移支付;(2)共担类专项,是指按照事权和支出责任划分属于中央与地方共同事权,中央将应分担部分委托地方实施而设立的专项转移支付;(3)引导类专项,是指按照事权和支出责任划分属于地方事权,中央为鼓励和引导地方按照中央的政策意图办理事务而设立的专项转移支付;(4)救济类专项,是指按照事权和支出责任划分属于地方事权,中央为帮助地方应对因自然灾害等发生的增支而设立的专项转移支付;(5)应急类专项,是指按照事权和支出责任划分属于地方事权,中央为帮助地方应对和处理影响区域大、影响面广的突发事件而设立的专项转移支付。

专项转移支付资金分配采取因素法、项目法、因素法与项目法相结合等方法。因素法选取自然、经济、社会、绩效等客观因素,并在资金管理办法中明确相应的权重或标准。项目法是将专项转移支付资金分配到特定项目的方法,它主要采取竞争性评审的方式,通过发布公告、第三方评审、集体决策等程序择优分配资金。目前,中央向省级分配专项转移支付资金导向是因素法为主,但涉及国家重大工程、跨地区跨流域的投资项目以及外部性强的重点项目除外。

3. 税收返还

税收返还是分税制背景下,中央政府调整央地税收利益后,对原属地方的部分以一定的返还方式归还地方的收入。它包括增值税和消费税税收返还、所得税基数返还、成品油价格和税费改革税收返还等3项。税收返还以维护地方既得利益的基数法进行分配,虽然在名义上是中央财政收入,但实际上地方财政对这部分资金具有最终决定权。2018年,税收返还规模为8031.51亿元,占转移支付11.5%。

第一,增值税和消费税返还。

1994年分税制改革实行按税种划分收入的办法,原属地方支柱财源的增值税变为央地75∶25共享,消费税作为中央税,为弥补由此造成的地方财力缺口,规定"两税"部分返还给地方,税收返还额在1993年基数上逐年递增,递增率按全国增值税和消费税增长率的1∶0.3系数确定,即全国增值税和消费税每增长1%,中央财政对地方的税收返还增长0.3%。2015年和2016年,分别取消了消费税和增值税增量返还的办法,分别改为按2014年消费税返还数和2015年增值税返还数为基数,实行定额返还。

第二,所得税基数返还和地方上解。

2002年我国实施《所得税收入分享改革》,企业所得税和个人所得税由地方税变为中央与地方50∶50分享,2003年起调整为中央与地方分享60∶40分享。为弥补地方损失,规定以2001年为基期,地方分享的所得税收入如果小于地方实际所得税收入,差额部分由中央作为基数返还地方;如果大于地方实际所得税收入,差额部分由地方作为基数上解中央。

第三,成品油价格和税费改革税收返还收入。

2009年1月1日起,国家实施成品油价格和税费改革,取消原在成品油价外征收的公路养路费、航道养护费、公路运输管理费、公路客货运附加费、水路运输管理费、水运客货运附加费等六项收费,逐步取消政府还贷二级公路收费;同时,提高价内征收的汽油、燃油等成品油消费税单位税额。为弥补地方损失,中央政府以2007年地方征收的六项收费收入为基数返还地方。

2019年后,"税收返还"并入"一般性转移支付",所设科目为"税收返还及固定补助",这导致2019年税收返还数据与之前不可比。

四、分税制后政府间行政关系改革

(一) 部门垂直管理改革

20世纪90年代中期以来,中央陆续在银行、工商、税收、质量监督、安全生产监督等部门上收了地方政府权力,实行垂直管理。

所谓部门垂直管理,是将政府职能部门由当地政府管理(俗称"块块管理")移至上级政府职能部门管理(俗称"条条管理"),其核心管理权限变动是部门经费和人事关系变动。表 5-5 统计了比较典型的部门垂直管理改革。在不同时期,有些省份还试点审计垂直管理。此外,我国各部门广泛实行的督察制度,又催生了来自众多的跨省区的大区机构,这些机构通过巡视、检查来督察中央政令在地方的实行情况,这也可以看成另外一种特殊的垂直管理形式。可以说,分税制改革后,"块块"在减少,"条条"在增加。

表 5-5 我国职能部门垂直管理的变化

时间	涉及部门	内容
1998 年	人民银行	撤销省级分行,设立 9 家大区制分行
1998 年	银监会、证监会、保监会	中央以下垂直管理
1998 年	工商	省以下垂直管理
2000 年	质监局、药监局	省以下垂直管理
2004 年	统计局	国家统计局各直属调查队改制为派出机构
2004 年	土地局	中央对省级土地部门的土地审批权和人事权实行垂直管理
2005 年	安监局和煤监局	国家安监总局下面的国家煤监局实行垂直管理,但安监局仍然属于属地化管理
2016 年	环保局	对省以下环保机构监测监察执法实行垂直管理
2018 年	国税局和地税局	国税局和地税局合并,实行双重领导,以垂直管理为主

垂直管理的主要目的在于通过保持垂直管理部门的人事和财务的独立,使其下级部门摆脱地方政府的干预,加强部门执法监管的权威,保证"上传下达、政令畅通"。事实上,历史经验告诉我们,随着经济和社会的发展,中央与地方间的信息不对称性会随之提高,中央对全局的

管控力度会降低,此时中央政府就有动力增加垂直管理的部门,尽量消减地方政府可能会对当地社会产生不当干预的权力。

然而,即使是垂直管理部门,在业务开展过程中也很难摆脱地方政府的制约和影响。各垂直管理部门在驻地的办公楼土地审批、职工住房、子女入学、医疗福利,甚至办公经费等方面都要依赖于地方政府,这使得它们在执法过程中很难避免地方政府的干预。

(二) 行政审批权下放改革

行政审批是现代国家管理社会政治、经济、文化等各方面事务的一种重要的事前控制手段,中国在计划经济时代,行政审批被广泛应用于各个行政管理领域。随着中国社会主义市场经济的建立和完善,过多、过细、过宽的行政审批会成为阻碍生产力发展的体制性障碍。为此,2001年国务院成立"国务院行政审批制度改革工作领导小组",多届政府接力,开启了长时间行政审批制度改革的历程。改革采用了以取消或下放行政审批权为主的调整方式,其中下放行政审批权就涉及政府间行政关系调整。

例如,国家发展改革委《国务院关于投资体制改革的决定》(国发〔2004〕20号)规定,将"企业投资国家规划矿区内、新增年生产能力低于120万吨的煤矿开发项目核准""企业投资非跨境、跨省(区、市)的油气输送管网项目核准""企业投资稀土深加工项目核准"等12项权力下放到省级投资主管部门;将"外国企业常驻代表机构登记""外国(地区)企业在中国境内从事生产经营活动核准"下放到省级工商行政管理部门;将"经营高危险性体育项目许可"下放到省级以下体育行政主管部门。该文件共下放了20项权力。

伴随着中央向省下放行政审批权,省一级政府和各部门也纷纷将行政审批权下放到县、区政府行政审批部门。行政审批权的下放和取消,有助于提高政府行政效率,改善营商环境,激发市场的活力和创造力。

(三) 省直管县改革

1994年分税制改革主要是调整中央与地方关系,没有触及省以下财政管理体制。但是由于分税制改革后客观出现的"财力上收、事权下放"情况,县级政府困难加大。据统计,1997—2005年,县乡政府平均承担了我国35.1%公共支出事务,而拥有的财政收入份额仅为18.2%。并且,以"省、地、县、乡"为格局的地方政府,行政管理层级为多,相应的政府预算级次过多,由此带来行政管理成本增加和资金使用效率下降问题。为此,2002年后,我国陆续实行以"省直管县"财政管理体制改革。

"省直管县"财政管理体制大致有三种类型。一是以浙江、湖北、安徽、吉林等省为代表的全面管理型,即对财政体制的制定、转移支付和专款的分配、财政结算、收入报解、资金调度、债务管理等财政管理的各个方面,全部实行省对县直接管理;二是以山西、辽宁、河南等省为代表的补助资金管理型,主要是对转移支付、专款分配以及资金调度等涉及省对县补助资金分配的方面实行省直接管理;三是山东、广西实行的省市共管型,即省级财政在分配转移支付等补助资金时,直接核定到县,但在分配和资金调度时仍以省对市、市对县方式办理,同时,省级财政加强对县级财政监管。

随着改革深入,省直管县逐渐从财政领域扩展到行政领域,因此后期"省直管县"改革包括财政体制的"省直管县"和行政管理的"扩权强县"两种形式。"扩权强县"改革是对扩权县(市)赋予与设区市相同的部分经济和社会管理权限,主要包括计划直接上报、财政直接结算、经费直接安排、税权部分调整、项目直接申报、用地直接报批、证照直接发放、部分价权下放、统计直接发布、政策直接享有、信息直接获得等管理权限。改革扩大了县级行政自主权,推动实现政府组织结构的扁平化。

(四) 撤县设区改革

在"省直管县"改革步步深化和区域经济社会不断发展的同时,出于区域城乡建设统筹等战略考量,20世纪90年代初我国开始推行"撤县设区"改革。具体内容为:将周边县或县级市改为区,纳入城市行政区范围,由市政府统一管理。增强市政府对所辖县区的管理,为城市化发展拓宽后备空间。

撤县设区对县与地级市的影响方向是相反的,县的财权和人事权相对独立,改成区后,地级市对全市的财政和人事权统筹能力增强,县的自主权将缩小。

图5-4呈现了我国进入20世纪后"省直管县"和"撤县设区"的进程。从图中可看出,省直管县累计有1256个,而撤县设区累计有95个,这说明在市县相对权力调整中,总体而言,县的行政和财政权力在做大,而市的权力相对在缩小。

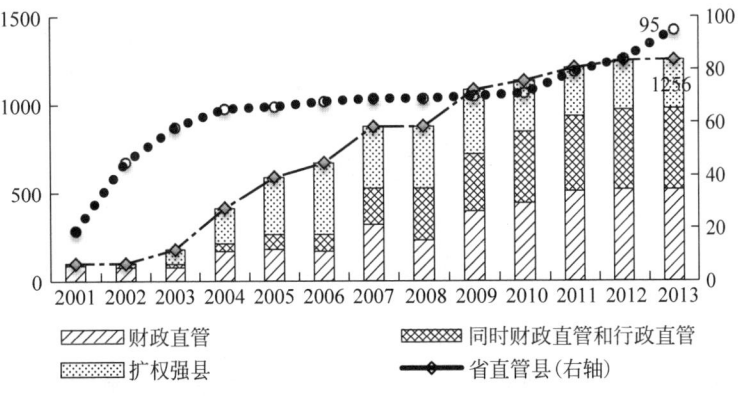

图5-4 2001—2013年间"省直管县"和"撤县设区"改革的累计县数(个)

五、分税制改革的历史意义：
活力与秩序的相对统一

我国 1994 年的分税制改革,扭转了分灶吃饭制度下中央权威下降、地方竞争失序的问题,它的历史意义是巨大的,可以说实现了活力与秩序的相对统一。它对秩序的影响主要体现在:增强国家财力、维护中央权威;它对活力的影响主要体现在:改变了地方政府发挥积极性的方向、促进统一市场建设。下面逐一进行分析。

（一）分税制对秩序的影响

1. 增加财政汲取能力,政府宏观调控能力大大增强

财政汲取能力是国家能力的重要基础和组成部分,"任何对国家能力的研究需要选择的基本要素,都涉及国家财政收入的来源和数量,以及国家聚集并调度这些财源的可能的弹性程度"(斯考克波,1984)。分税制改革的一个重要作用,就是改变了税收增长的激励机制,激发了各级政府征税积极性,促进了国家财政收入的迅速增长。见图 5-5。

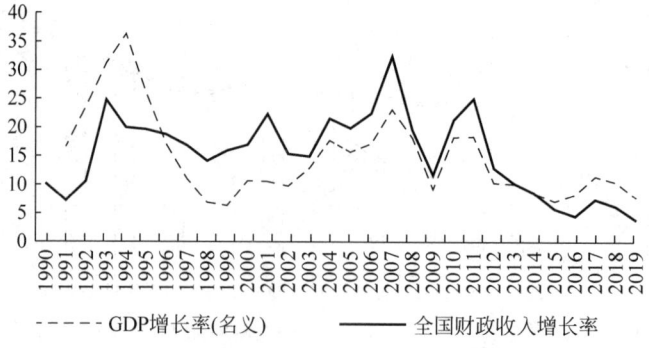

图 5-5　1991—2017 年全国财政收入增长率与 GDP 增长率比较
资料来源:《中国财政年鉴(2020)》,中国财政杂志社。

税收理论认为,在税收制度不变的前提下,税收增长取决于两个因素:税收努力和征税能力。税收努力主要体现为征税人员的敬业精神这样的主观变量,征税能力主要体现为税收征管技术水平和征税人员素质这样的客观变量。分税制改革,使得中央与地方税收边界比较清楚,税收激励比较明显,中央政府和地方政府均有动力提高税收努力,并通过税收信息化建设来提高征税能力。

税收收入之所以能够在后期不断减税背景下持续增长,是因为分税制改革留下较多的税收征管提高空间。表现为:一是财政包干制下税收激励不足,客观上留下很大的税收努力和征税能力提高空间;二是1993年的税制设计中,本身就考虑到税收征收率较低的实际,在税制设计中留下很多余地,以确保未来扭转财政收入比重下滑的趋势,例如,生产型增值税自身、生产型增值税与营业税之间,存在较强的重复征税机制(高培勇,2006;吕冰洋、郭庆旺,2011)。

分税制改革以来,较强的税收激励与较大的征管空间结合在一起,促使税务部门的征税能力和税收努力不断提高,由此带动税收连年高速增长。刺激税务部门提高税收努力的形式主要有:每年各级地方政府下达税收增收计划任务(一般高于经济计划增幅2—3个百分点),税务工作强调以"组织收入为中心",确保税收计划完成;国家税务局和地方税务局普遍加强税收稽查力量,对企业不断进行常规检查和专项检查;对超额完成税收任务的税务部门,地方政府往往给予不菲的奖励;等等。由于税收信息化建设、税务人员队伍建设、对税收努力的刺激均是长期而非短期过程,因而加强税收征管对税收增长具有长期影响也就可以理解了。

2. 中央财政收入集中度上升,中央权威得到加强

分税制改革彻底扭转了中央财政收入占全国财政收入比重不断下滑的局面。分税制改革前的1993年,中央财政收入占比跌到谷底,仅

为22%。改革后的1994年,中央财政收入占比就上升至55.7%,之后一直维持在45%—55%的区间,中央政府牢牢地将政府间财政收入分配主动权掌握在自己手中。见图5-6。

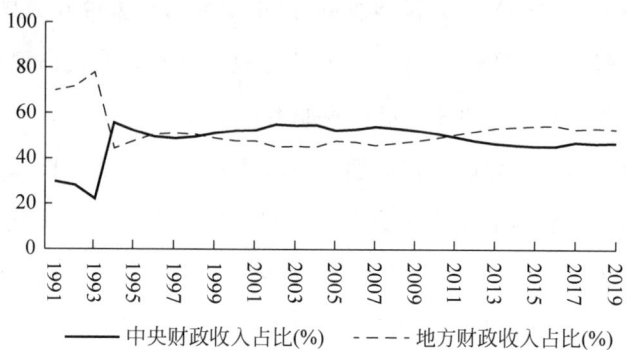

图5-6　1991—2019年中央财政收入和地方财政收入占国家财政收入的比重
资料来源:中经网。

中央财政收入集中度的加强,一方面有利于树立中央政府的权威,另一方面中央政府可凭借强大的财力来协调地区发展不平衡问题。目前,所有省级地方政府公共预算收入均不能满足公共预算支出需要,均需要中央政府的转移支付来弥补缺口。

(二) 分税制改革对活力的影响

经济活力主要来自微观经济主体的活动,政府的作用就在于顺应和支持这种活动。中国是超大型经济体,市场就如一个让各个经济体进行竞争的赛场,赛场越平整就越有利于经济公平竞争,也就越有利于推动资源配置达到最优。地方政府如果过多干预本地市场,那么势必会破坏整体市场这个大赛场的平整,从而扭曲资源配置效率。

中央集权有利于抑制地方政府竞争所产生的负外部性作用,铲平市场这个竞争赛场上的种种障碍,让它更加平整和光滑,就是说要促进统一市场的建设。但在经济发展初级阶段,市场发育尚不成熟,整体市场建设尚难达到理想目标,此时需要调动地方政府积极性,促进局部地区的市场建设,因此地方分权又有助于发挥地方政府积极性,通过地区间经济竞争来激发经济活力。

因此,经济集权与经济分权对激发经济活力均有促进作用,其作用总结为以下两点:

经济分权:增加地方自主性,激发地方政府活力。

经济集权:推动统一市场建设,激发市场活力。

分税制改革,可以说较好地平衡了集权与分权的矛盾,从中找到了平衡。

第一,分权:正确引导了地方政府积极性发挥的方向。

我国作为一个大国,各项事业发展不能离开地方政府积极性的发挥,但是如果制度设计不当,那么地方积极性要么发挥过度,要么发挥不足,"分灶吃饭"制度下就是过度强调激发地方积极性而产生市场分割局面。

20世纪90年代,正是我国开始明确建立社会主义市场经济体制时期。进入21世纪初,加入世贸组织后的中国经济开始迅速腾飞,经济融入全球价值分工体系中,成为举世著名的"世界工厂",这段时期可以说是中华民族崛起的历史机遇期。在这段历史时期,需要地方政府发挥推动经济增长的积极性。

分税制改革,给了地方政府推动经济发展的杠杆。分税制改革后,地方政府主要收入来源为营业税、企业所得税和增值税的分成收入(见图5-7),这三个税基有着密切关联。企业所得税和增值税的税基来自企业的利润和增加值,按税收性质划分,分别属于所得税和商品税,它们的税基属于流动性税基,税收集中在工业部门。营业税的税基分为两部分:一部分是服务业,服务业分为生产性服务业(如交通运输业)和消费性服务业(如餐饮业);另一部分是建筑业和房地产业,在分税制运行期间,这两个行业所缴纳的营业税约占营业税总收入的一半左右。生产性服务业发展与工业生产扩张有关,消费性服务业发展与人口聚集有关,建筑业和房地产业发展与住宅和厂房建设需要增长有关,因此,分税制的设计,有利于调动地方政府发展经济的积极性。

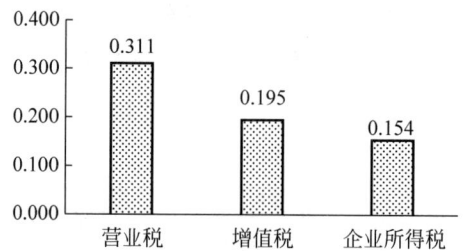

图 5-7　1994—2015 年地方税收总收入中三税占比
资料来源:历年《中国税务年鉴》,中国税务出版社。
注:2016 年后我国实行营业税彻底改为增值税政策,营业税自此退出历史舞台。

分税制设计触发地方发展经济积极性的机制见图 5-8。

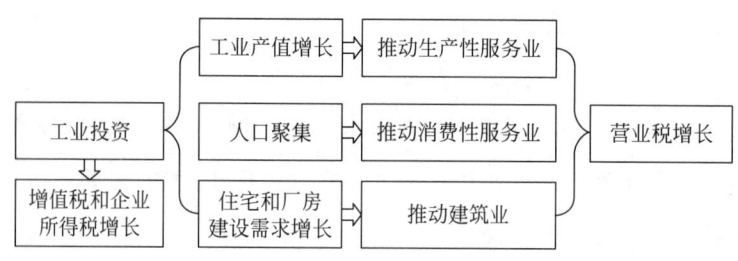

图 5-8　分税制对地方发展积极性的影响

第二,集权:促进了统一市场的建设。

本书多次指出,中国作为一个大型经济体,建设统一大市场最有利于市场效率的发挥。相比分灶吃饭体制,分税制通过分开中央和地方税收收入和税收管理,强化了中央统一领导,这大大促进了统一市场的建设,这是1993年十四届三中全会强调的要建立社会主义市场经济体制的重要制度支持。

1. 分税种划分央地收入,有利于消除市场分割

在我国的税收体系中,增值税是第一大主体税种,企业所得税是第二大主体税种。增值税的税基是商品增加值,企业所得税的税基是企业利润,从税收本质上看,前者对商品征税,后者对资本征税。商品和资本的流动性均很强,要发展市场经济,就不能让税收过多干预商品和资本流动,也就是说,增值税和企业所得税天然就是中央税。

分税制改革时,增值税实行中央与地方的75∶25分成,企业所得税全部归地方所有。虽然这是为推动改革不得不向地方作出的利益让渡,但是中央政府毕竟将增值税的大部分收入掌握在自己手中。待制度稳定后,中央政府开始逐渐调整分税结构,1997年将外商投资企业所得税划为中央税,2002年将企业所得税和个人所得税实行央地50∶50分成,2003年又实行60∶40分成。

伴随着分税制改革和之后的调整,我国同时进行着税制改革。为统一商品市场,商品和服务税改革分为三大步:第一步,1994年取消了工商统一税和产品税,增值税成为覆盖大多数商品的税种;第二步,2009年将增值税中设备投资进项税允许抵扣,消除了对投资品重复征税问题,减少了资本品和消费税率差异;第三步,2016年营业税改增值税,减少了商品和服务业之间的税收差异。

为建立统一要素市场,企业所得税改革分为两大步:第一步,分税制改革前,国有企业、集体企业、私营企业和外资企业税率不统一,为此,1994年分税制改革,统一内资企业税收政策;第二步,是2008年的两法合并,统一内外资企业所得税政策。

2. 税收征管改革,中央政府掌握税收管理主动权

税收管理制度改革也是沿着建设统一大市场的逻辑而展开。改革开放初期,为调动地方积极性,将税收管理权下放,地方政府运用税收杠杆进行激烈的税收竞争,导致严重的市场分割,进而导致资源配置扭曲。对此,税收管理制度主要经历了三次重要改革:

第一步,1994年分税制改革,将财政包干制按企业隶属关系进行税收管理改为国地税分设,中央政府将增值税、消费税管理权抓到手里,并将税收减免权、税收政策调整权集中在中央政府手中;

第二步,借2002年所得税分享改革之机,中央政府将企业所得税部分管理权上收,要求新办企业所得税由国税局管理;

第三步,2018年国地税合并,地方政府通过干预税收管理来干预经济的空间被压缩。

图5-9呈现了1994年以来,中央政府为构建统一大市场,在分税改革和税制改革中所做的努力。

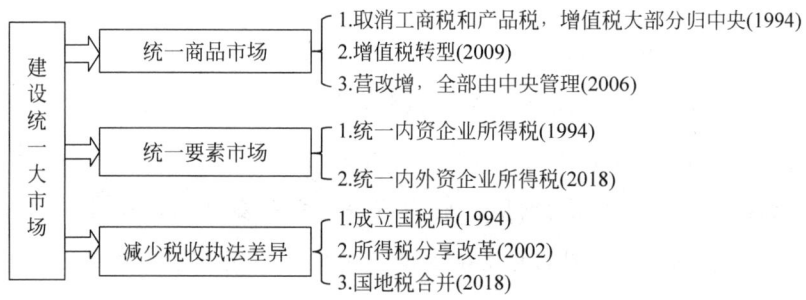

图5-9 我国分税改革和税制改革的逻辑:建设统一大市场

观察统一市场建设情况可以采取市场分割指标。我曾与合作者一起,从地级市层面分别测算了我国商品市场和要素市场的市场分割情况。产品市场分割的计算是基于各地级市的物价指数,我们首先计算出各城市与全国其他城市商品市场分割程度,然后分别在全国范围内、

东、中、西部地区计算出城市的年均值,并绘制其变化趋势,见图5-10。从图中可以看出,2008—2009年间全国范围的商品市场分割程度略有上升,但是整体上,2001—2015年间市场趋于整合。分地区来看,东、中、西部地区在市场一体化进程方面存在明显差距。除了2009年以外,东部城市的平均市场整合程度高于全国平均水平,中部城市的市场分割平均水平和全国平均水平接近,西部城市的市场分割平均水平最高。

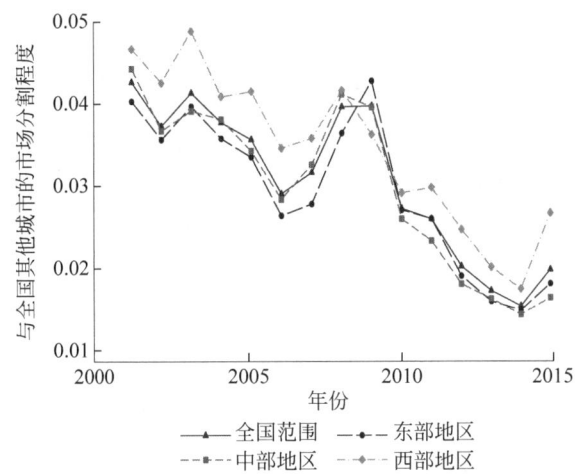

图 5-10　我国地级市之间产品市场分割情况

资料来源:吕冰洋、贺颖:《迈向统一市场:基于城市数据对中国市场分割的测算与分析》,《经济理论与经济管理》,2020年第4期;吕冰洋、王雨坤、贺颖:《中国要素市场化进程:地区资本要素市场分割研究》,工作论文。

资本要素市场分割测算是基于1998—2013年工业普查数据,测算结果见图5-11。可以看到,整体上,各行业资本市场均趋于整合。与1998年相比,2013年各行业资本市场分割程度降幅处于45%—56%范围内,其中高端装备制造业、高新技术产业下降幅度尤为明显。

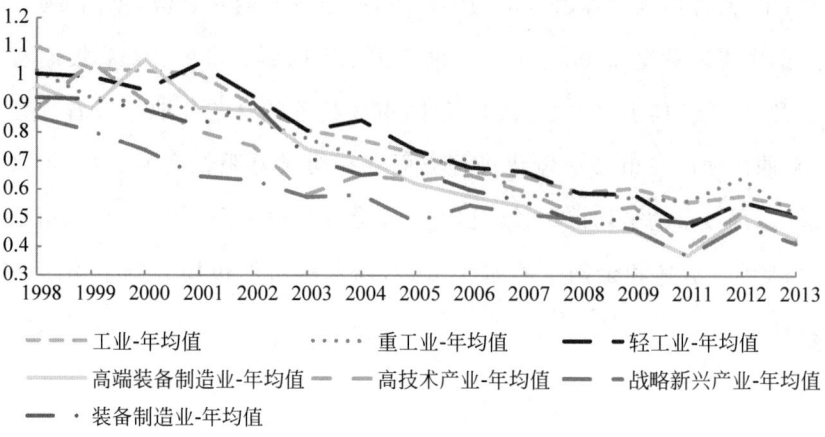

图 5-11　全国地级市之间资本要素市场分割程度

资料来源：吕冰洋、贺颖：《迈向统一市场：基于城市数据对中国市场分割的测算与分析》，《经济理论与经济管理》，2020 年第 4 期；吕冰洋、王雨坤、贺颖：《中国要素市场化进程：地区资本要素市场分割研究》，工作论文。

六、总结

通过对历史的梳理，可以发现，新中国成立后历次央地关系调整的重点，是放在财政收入分配关系上。其原因主要有两点：一是财政收入与政府间利益分配格局的联系最直接，改变利益分配格局最能影响地方政府积极性和中央控制力，也就是说它对活力与秩序两方都能发挥作用；二是政府间事权划分涉及政府间职能界定问题，涉及"条条"与"块块"之间权力分割问题，改革难度大，改革不得不从收入端开始。

1994 年后中央与地方关系的集中体现是分税制。本章对分税制改革的成因、沿革和历史意义进行总结，结论为：

第一，分税制改革的出发点有两个：一是解决"两个比重"下降问题，即提高全国财政收入占 GDP 比重和中央财政收入占全国财政收入比重；二是为适应当时"建立社会主义市场经济体制"的总目标，财税体制要推动统一市场建设。

第二,分税制改革激发了经济活力。分税制与财政包干制相比,其最大的区别是前者按税种属性划分各级政府税收收入,后者是按所有制、企业隶属关系划分税收收入;前者会鼓励地方政府改善市场条件,吸引到"我这里投资"的企业,后者会鼓励地方政府办"属于自己"的企业。因此,它淡化了政府与企业之间的联系,正确引导了地方政府积极性发挥的方向,有利于商品和要素的自由流动。

第三,分税制对经济秩序和政治秩序均产生良好影响。一是通过提高"两个比重",增加财政汲取能力,中央政府宏观调控能力和中央权威大大增强;二是通过分税种划分央地收入和分设国地税,有利于消除市场分割,促进了统一市场的建设。

附录　1997—2012年中国税收高速增长之谜的解释

1994年分税制改革的一个重要原因是财政汲取能力急剧下降,1993年全国财政收入占GDP的比重仅为12.3%。分税制改革后,税收出现了意想不到的高速增长态势。自1997年至2012年,税收连续16年增长幅度高于名义GDP增长幅度,税收年均增长率为20.12%,高于名义GDP增长率6.6个百分点,直到2012年我国开始实行持续多年的减税政策才改变了这一趋势。

税收的连年高速增长,意味着财政汲取能力的提升,这极大地缓解了财政压力。2012年,全国财政收入占GDP的比重为21.8%,比分税制改革之初的1993年高出9.5个百分点。1997—2012年正是中国内外部环境相对较好时期,也是国力迅速上升时期,财政状况的改善极大地支持了国家各项事业建设,可以说,在中国崛起的关键时间节点上,税收起到了很重要的支持作用。

税收连续16年高于GDP增长出乎大多数人的意料,对其原因的解释也莫衷一是。我将从纳税能力、税收努力、税制结构角度剖析税收高速增长的原因。

一、税收能力和税收努力:一个分析框架

一般认为,我国税收收入高速增长的原因可归结为四个:一是经济因素。包括经济增长、物价上涨、产业结构升级、外贸持续快速增长、企业经济效益的持续好转和居民收入的快速增长、所有制结构的优化以及市场化程度不断提高等。二是管理因素。分税制以来税务部门加强税收征收管理对税收高速增长起到了重大作用。三是政策因素。从既有的研究结论看,税收政策调整因素对税收超GDP增长的作用是次要的,并且其影响作用大多属于一次性。四是税制因素。比如,现行税制累进税率设计、GDP结构与税收结构差异等,也都是中国税收高速增长的原因。

不过,经济增长、物价上涨、产业结构变动、累进税率设计、GDP结构与税收结构差异等因素都是世界各国影响税收的普遍因素,我国在分税制改革前也存在,但当时税收增长速度长期低于GDP的增长速度。就加强税收管理而言,尽管研究者一般都注意到分税制改革以来以"金税工程"为代表的税源监控体系加强起到了重要作用,但很少有研究者分析为什么分税制改革能够促使税务部门加强征管,而在这之前的财政包干制却会造成税收收入占GDP比重不断下滑,巨大的税收"征管空间"来自何处?

在既定的税制下,税收征纳双方的能力和意愿对税收收入会产生巨大影响。比如,倘若税务机关的征收管理是高效的,那么可以保证税

收最大限度地接近足额征收；反之，税收的偷、逃、骗、欠行为就会增加，实际的税收收入就会减少。为说明这些税制之外的因素对税收增长的影响，需要引入税收能力（tax capacity）和税收努力（tax effort）的概念。

税收能力是指一国应当能征收上来的税收数额。它包括两种能力：一是纳税人的纳税能力（简称纳税能力）；二是政府的征税能力（简称征税能力），它主要体现为税收征管技术水平和征税人员素质这样的客观变量。纳税能力主要取决于税源的多寡，征税能力主要取决于税务人员的人数、技能、敬业精神以及信息化水平等。税收努力是指税务当局征收全部法定应纳税额的程度，或者说税收能力被利用的程度，主要体现为征税人员的敬业精神这样的主观变量。征税能力、税收努力和纳税能力三者之联系见图1。

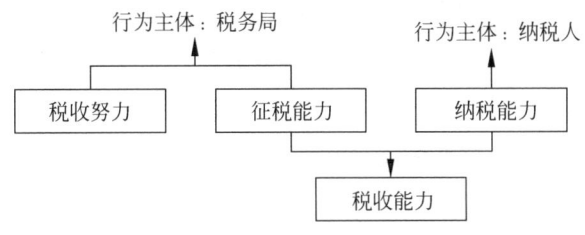

图1　税收增长的因素

因此，税收增长的原因可以归为税收努力、征税能力和纳税能力三方面因素的共同作用。

二、税收划分契约：征税能力和税收努力提高的动力

对于分税制改革以来税收的高速增长，研究者都注意到了加强征管对税收增长的重要作用。但是，为什么在财政包干制下能够预留那

么大的"征管空间"？分税制下税务部门加强征管动力来自何处？"加强征管"这个"黑箱"，还可以作进一步分解吗？实际上，答案就在财税体制改革隐藏的契约密码中。

中央与地方的纵向税收划分主要采取三种契约形式：一是定额契约，税收收入的定额部分归中央，剩余归地方政府所有；二是分成契约，税收收入按分成比例划归中央政府和地方政府；三是分税契约，税收收入按税种划归中央政府和地方政府，这是最彻底的分税制。

（一）财政包干制下的征税激励分析

结合契约理论，分税制改革以来税务部门为何不断加强征管，以及改革之初为何存在巨大的税收"征管空间"问题也就迎刃而解了。分税制改革前，我国财政实行的是以"分灶吃饭"为特征的财政收入包干体制，它是分成契约和定额契约的结合，以分成契约为主，如"收入递增包干""总额分成""总额分成加增长分成"基本属于分成契约（共16个地区适用），"定额上解"属于定额契约（共3个地区适用）。以分成契约为主的财政收入分级包干体制，其组织收入效率毕竟低于定额契约和分税契约，但是定额契约不足之处是，随着时间的推移中央政府所得的财政收入从定额契约中所得的份额会越来越低，中央政府不愿意采取这样的契约。解决的办法是实行"收入递增包干""总额分成加增长分成"等办法，试图通过让中央政府参与税收增长分成办法，扩大中央财政收入。

然而，在分成契约下，地方政府税收边际努力得不到100%的回报，而税收减免机制却能促进地方经济发展，地方政府与中央政府博弈的结果，就是地方政府降低税收努力，减缓税收收入增长速度，以此来抵制中央政府的税收增长分成。同时，降低税收努力还有一个好处就是会给企业带来事实上的减税，由此促进当地经济增长。于是，财政包干制下税收努力呈现整体降低态势,由此导致税收下滑。

(二) 分税制下的税收激励分析

对分税制改革以来税收高速增长的原因,研究者基本上都肯定了加强税收征管的巨大作用,令人迷惑的是与此相关的两个问题:分税制下税务部门加强税收征管的动力来自何处？加强税收征管会不断压缩"征管空间",却为何能够持续下去？

税务部门加强税收征管动力的原因在于分税制的契约性质。分税制改革主要属于分税契约,其中又对增值税等个别税种实行小幅度的分成。分税制改革使得税收划分向以分税为主契约转变,与财政包干办法相比较,中央与地方税权边界比较清楚,税收风险和收益基本由双方自己承担,税收激励比较明显,中央政府和地方政府均有动力提高税收努力,并通过税收信息化建设来提高征税能力。而税收征管空间之所以能持续很长时间,原因有两点:一是财政包干制下税收激励不足,客观上留下很大的税收努力和征税能力提高空间;二是1993年的税制设计,本身就考虑到税收征收率较低的实际,在税制设计中留下很多余地,以确保未来扭转财政收入比重下滑的趋势。

分税制改革以来,较强的税收激励与较大的征管空间结合在一起,促使税务部门的征税能力和税收努力不断提高,由此带动税收连年高速增长。

从现实来看,征税能力的提高主要体现在两方面:一方面,是以税收信息化为主的税务部门硬件建设,具有代表性的是连续三期的增值税"金税工程"建设,其中卓有成效的是1998年8月起的"金税二期工程"建设,建设内容涵盖了增值税防伪税控开票系统、防伪税控认证系统、计算机交叉稽核系统和发票协查系统,从而使增值税的管理上升到网络化、系统化层面;另一方面是税务人员队伍建设,表现为税收稽征人员扩大和税收征收人员业务能力的提高。

促进税务部门提高税收努力的形式主要有：每年各级地方政府下达税收增收计划任务（一般高于经济计划增幅2—3个百分点），税务工作强调以"组织收入为中心"，确保税收计划完成；国家税务局和地方税务局普遍加强税收稽查力量，对企业不断进行常规检查和专项检查；对超额完成税收任务的税务部门，地方政府往往给予不菲的奖励；等等。

由于税收信息化建设、税务人员队伍建设、对税收努力的刺激均是长期而非短期过程，因而加强税收征管对税收增长具有长期影响也就可以理解了。

三、间接税制：纳税能力的放大器

在我国的税制结构中，以增值税和营业税为代表的间接税占主体地位，以企业所得税为代表的直接税处于次要地位。1997—2012年，国内增值税（以下简称增值税）和营业税之和占总税收收入的比重平均为48.9%，而企业所得税仅为16.3%。在这种税制结构下，增值税和营业税的增长对整体税收增长起着非常关键的作用。从图2可以看

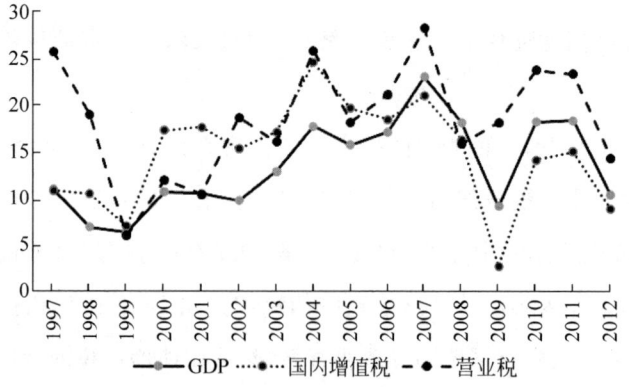

图2 国内增值税、营业税增长率与GDP名义增长率比较（%）

出,1997—2012年,增值税和营业税增长速度在绝大多数年份远高于GDP名义增长率。因此,我们有必要从税制设计方面解剖这两大主体税种的增长源泉。

(一) 增值税设计对税收高速增长的影响

从增值税类型上划分,可供选择的形式有生产型增值税、收入型增值税和消费型增值税三种,世界上普遍采用是消费型增值税,而我国在2008年前采用的是生产型增值税。生产型增值税以销售收入减除中间性产品价值的余额为课税增值额,其税基相当于国内生产总值;而消费型增值税以销售收入减除投入生产的中间性产品价值和同期购入的固定资产全部价值为课税增值额,其税基相当于全部消费品的价值。生产型增值税与消费型增值税的主要差别是,前者对购入固定资产的已纳税款不予抵扣,即对固定资产折旧存在重复征税问题,这会使得增值税增长速度成倍于固定资产投资增长速度。结合我国分税制改革后的经济发展历程,生产型增值税设计的税收放大器作用主要通过三个途径完成。

1. 垂直专业化分工的发展。在国际制造业向我国转移的过程中,我国制造业的产业间分工逐步向产业内分工转化,即由水平专业化分工转向垂直专业化分工。一般来讲,垂直专业化分工在加快技术进步的同时,对固定资产投资的需求增加;而"全能性"工厂生产具有规模经济,固定资产利用率高。随着垂直专业化生产程度的提高,固定资产投资增长迅速,对固定资产折旧的重复征税将导致增值税成比例增加。

2. 工业化步伐的加快。工业化建设需进行大量厂房建设和购置大量设备,但是这些固定资产折旧无法通过增值税进项税抵扣来分摊一部分成本,因而在工业化的背景下,将导致税基迅速扩大。比如1996—2009年,设备投资的年均增长率达19.6%,高于GDP名义增长率 7.2 个百分点;制造业固定资产投资增长率 2004—2007 年平均为 32%;固定资产折旧占 GDP 的比重从 1996 年的 12.8% 上升到 2008 年的 14.2%。在这种背景下,由于生产型增值税的设计,工业化进程将带来增值税税基的扩大,增值税增长速度必然高于经济增长速度。

3. 经济结构的变动。随着我国经济发展和资本积累,生产要素中资本、劳动和技术的相对丰裕度会发生变化,这会推动劳动密集型产业向资本和技术密集型产业转移。在生产型增值税设计下,对劳动密集型企业而言,购进的投入品主要是原材料、辅助材料等流动资产,固定资产所占比重较小,因而产品价值中所含折旧额比较小,重复征税程度也较低;而对资本和技术密集型企业而言,产品价值中固定资产折旧所占比重较大,重复征税程度也较高。因此,经济结构的变动也会使增值税增长速度高于经济增长速度。

2009 年后,我国进行增值税转型改革,允许设备进项税可以抵扣,导致增值税增长率下滑明显。这也正说明了税制设计对税收增长的重要作用。

(二) 营业税设计对税收高速增长的影响

在 1994 税制设计中,为保证地方财力需要,税制中保留了营业税,它的收入归地方政府所有。增值税和营业税都属于间接税,它们并存的后果是对一些税目存在重复征税行为,这导致税收会超 GDP 增长。

1. 营业税与增值税重复征税的影响。在欧洲,增值税征税对象范围包括生产、批发、零售以及服务等所有交易活动,而我国 1994 年采用的增值税设计没有把所有服务交易都列入征税范围,只列入加工和修理修配服务,大多数服务交易属于营业税计征范围。营业税的税基是销售劳务和销售财产收入,进项税不能抵扣,换句话说,营业税税制设计强化了对生产投入的重复征税问题。这种情况主要体现在营业税九大税目中对交通运输业(税率3%)、建筑业(税率3%)、销售不动产(税率5%)的征税上,这三种服务生产投入的费用大。营业税和增值税并存的后果是,政府在对这些行业的生产投入征收了一次增值税后,又对它们的销售收入征收了一次营业税,即对生产投入存在双重征税问题。

2. 营业税税目间重复征税的影响。在营业税九大税目中,建筑业和销售不动产业属于两个不同税目,这样会对建筑收入双重征税。比如,房地产商建设一个价值1亿元的住宅小区对外销售,房地产公司需交纳销售不动产营业税500万元(税率5%)。同时,假定房地产公司需付给建筑公司建设支出8000万元,那么建筑公司又需交纳建筑业营业税240万元(税率3%)。由于对建筑收入的双重征税,会使得房地产业营业税增幅高于GDP增幅。在房地产业繁荣时期,营业税这种制度设计特点将大大推动地方税收高速增长,如2007年建筑业和销售不动产业营业税占总营业税50%。

除了增值税和营业税的重复征税机制外,我国当时还有两个比较重要的重复征税机制:一是消费税和增值税的重复征税机制,消费税是在增值税普遍征收的基础上,对应税消费品的再征税,这样就会存在对应税消费品双重征税的问题;二是对股息所得的双重征税,按照法人虚拟说的理论基础,对公司课税就是对股东课税,因此企业所得税和个人所得税一并征收会造成对股息的重复征税。

总而言之,我国1994年的税制改革背景,是中央财政收入占国家财政收入的比重和国家财政收入占GDP的比重不断下滑(即"两个比重下滑"),因而当时税制改革的一个主要目的是确保"两个比重上升"。这样,税收制度设计,比较强调税收的组织收入功能,随着近十年来外在经济环境的急剧变化,这种税制设计放大了纳税人的纳税能力。

四、增长红利:纳税能力不断提高的源泉

除了经济增长外,纳税人纳税能力提高的一个重要原因还在于,某种因素的作用使纳税人在特定经济发展阶段税源迅速扩大,我将这种与特定经济发展阶段相关联,并且能极大促进税源增长的因素称为"增长红利"。有研究者指出,我国税收高速增长分成两个阶段:1995—1999年的税收增长势头平缓,需严盯死守,得来不易;2000年后税收增长态势猛烈,有点始料不及、水到渠成的味道(高培勇,2006)。其原因正在于"增长红利"的迅速释放对税收增长产生了重要影响。这种促进税源增长的"红利"主要是人口红利、技术模仿红利、工业化和城市化红利。

(一) 人口红利

所谓人口红利,是一个国家在由高出生率、高死亡率转向低出生率、低死亡率过程中,一段时期社会劳动力在总人口中出现较高比例,同时又由于生育率下降,出现总人口"中间大,两头小"的结构。年龄结构的这种变化将带来劳动力增加、储蓄增长等现象,从而引起的经济增长就是"人口红利"。从我国的现实看,20世纪60年代是人口出生高峰期,八九十年代大量劳动力进入就业期,随后生育率的下降,这些劳动力需要供养的子女比较少,劳动力的充足供给和高储蓄率,为中国经济增长带来了可观的人口红利。据估算,我国人口红利对人均GDP增长的贡献超过1/4(蔡昉,2004)。我国在进入21世纪后,"人口红利"的作用急剧扩大。

人口红利对税收高速增长的影响主要有两方面。一方面,劳动力的充分供给使得劳动力长期维持较低的成本,企业利润率维持在较高

水平,带动企业所得税增长。东亚奇迹的发生,很大程度上是因为东亚经济曾经有着劳动力无限供给的特征,又通过恰当的经济政策开发出人口红利,从而在很长时期内避免了资本报酬递减的困扰。另一方面,由于人口红利带来的高储蓄率,使得"高储蓄-高投资-高增长"的增长过程得以持续。从图 3 可以看出,投资在 2000 年后以远高于 GDP 的增长速度增长。在具有税收放大器作用的间接税税制设计和高投资增长率的双重作用下,间接税增长速度就会大大高于 GDP 的增长速度。

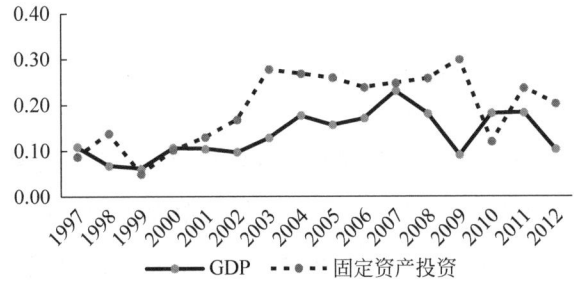

图 3　全社会固定资产投资增长率与名义 GDP 增长率比较

(二) 技术模仿红利

中国整体生产技术水平落后于发达国家,这决定了中国企业在长时间内技术进步以技术模仿为主。自 1994 年汇率并轨以来,中国快速吸收了国际产业转移分工,变成出口导向型国家,形成了一个具有全球竞争力的"低价工业化"的生产模式。即一家企业通过引进设备,生产一种产品获利后,这一模仿产品的市场被开发出来,后发企业会跟进,模仿性地引进设备,"挖"一些现成企业的成熟人员进行该产品的生产,获利后大量模仿者进入,就形成套利扩散机制。

技术模仿红利带来的技术低成本与人口红利带来的劳动力低成本,使得企业平均利润率能够较长时间地维持在较高水平,由此带来了企业所得税的高速增长。关于中国资本回报率的估测发现,中国净资产利润率从1998年2.2%上升到2005年12.6%,税前利润率从3.7%上升到14.4%,总回报率从6.8%上升到17.8%,说明中国工业资本回报率确实发生了真实的强劲增长(研究组,2007)。在工业化进程中,设备制造业是技术进步的后发优势最易发挥的领域,历年的统计数据显示,各种设备制造业的资本平均利润率水平普遍高于整体行业平均水平,这部分体现了技术模仿红利的作用。在这种背景下,纳税人的企业所得税纳税能力提高是不言而喻的。

(三) 工业化和城市化红利

前文指出,我国间接税的税制设计使得投资增长能够带来充足的间接税税源。而我国自20世纪90年代后期固定资产投资的迅速增长,是与这个阶段工业化和城市化提速分不开的。以机械工业的快速增长为主体,包括钢铁、化学、有色等一批带有明显"重化工业"特征的高增长产业群在国民经济中的主导地位日益突出,由此产生了大量的固定资产投资特别是设备投资,由上文对增值税税制分析可知,工业化进程产生大量投资会促使增值税高速增长。

与此同时,我国城市化进程也开始提速,1980年,全国有223座城市,其中人口规模超过100万的城市只有15座。到了2004年,全国共有661座城市,其中人口规模超过100万的城市有174座。一般认为,城市化率(城市人口占总人口的比重)与工业化率(工业增加值占GDP的比重)比值的合理范围在140%—250%,我国2004年这一比值为89.5%,城市化仍明显地滞后于工业化。城市化进程需要大量的基础设施和商品住房投资,这推动了建筑业及租赁业、房地产业等市场的繁荣,由此带来了营业税的迅速增长。

图4综合显示了三大红利对税收增长的推动作用,这说明分税制

改革以来税收高速增长,是与近十年来我国处于纳税人纳税能力提高的"红利"期分不开的:技术模仿红利使得企业技术利用低成本,人口红利使得企业雇用劳动力低成本,两者结合在一起使得企业可以保持较高的利润率水平,从而使纳税人企业所得税的纳税能力提高;人口红利带来高储蓄,使得资金供给充裕,而工业化和城市化红利带来旺盛的建筑和设备投资需求,两者结合在一起,在特定的增值税和营业税制度安排下,使纳税人两税纳税能力提高。这三大主体税种结合在一起,促使整体税收高速增长。

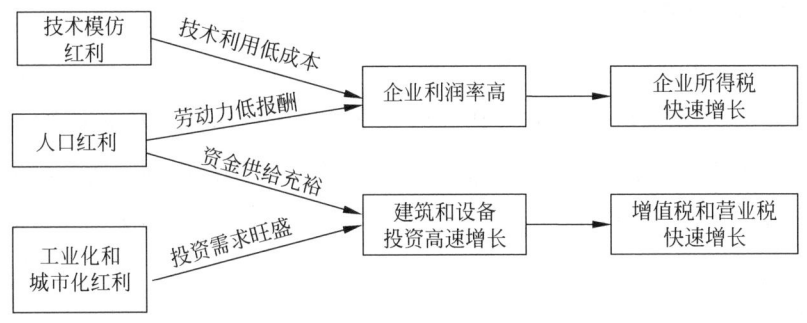

图 4　三大红利对税收增长的推动作用

五、总结

在税收能力和税收努力框架下,我分析了 1997—2012 年这十五年中国税收高速增长的源泉。研究结论可归纳为以下三点:

第一,分税制改革的契约变化提高了税务部门的征税能力和税收努力。分税制改革实际上是一种税收分权改革,它从以定额契约和分成契约为主的契约形式向分税契约为主的契约形式转变,由此对各级税务部门产生了强烈的税收激励作用。这种激励作用促进税务部门征税能力和税收努力的提高,进而带动税收高速增长。

第二,间接税的税制设计放大了纳税能力。这种间接税的放大器作用表现为:一是生产型增值税规定购入固定资产的进项税不能抵扣增值税,二是增值税与营业税、营业税税目之间存在重复征税。随着我国专业化分工的发展、工业化进程的加快、资本的不断积累、房地产市场的繁荣,间接税的税制设计导致税收增幅高于 GDP 增幅。

第三,税收增长"红利"对税收高速增长影响巨大。1997—2012年,我国经济增长正处于人口红利、技术模仿红利、工业化和城市化红利的集中释放期,这促使了企业所得税、增值税、营业税三大主体税种的收入高速增长。

这十五年的税收高速增长,一方面大大增强了国家财力,另一方面在分税制框架下,中央政府在央地关系处理上越来越占有主动地位。这十五年也正是大国崛起的关键时期,税收的高速增长,尽管也会带来税负上升问题,但总体上看,它可以说是中国在关键历史时期的关键财政举措。

第六章 中国经济增长之谜解释之一：财政激励制

> 这里提到的增值税,是分成租金,却是全国用上同一的税率。怎可以有经济效率呢?如果没有,中国的经济怎可以在这分成安排下加速增长?
>
> ——张五常

分税制确立之初,是打算以"分税"为原则划分中央与地方财政利益边界,然而,随着时间的推移,"分税"更多被"分成"所取代。不但如此,省及以下各级政府的财政收入,税收划分几乎都是因地因时而变动,可以说,分税制的总体契约是一个"弹性分成"契约。那么,这种契约对经济增长产生什么样的影响?本章对此进行研究。

一、分税制为什么会推动经济增长：张五常之问

(一) 张五常之问

1994 年的分税制改革,是一个重新划分政府间权责边界的改革,由于客观条件的限制,改革的主要方向是税权和转移支付,在事权调整方面迈出的步伐很小。改革的关键措施是将营业税、企业所得税作为

地方税，增值税实行中央与地方75∶25分成，消费税、关税作为中央税。我们知道，在市场交易中，产权明晰才能保证市场效率。那么，我们是否可以说，政府间关系如同市场交易关系一样，只有明晰各级政府间的权责边界，才能促使政府有效地发挥政府职能呢？

理论上似乎是这样。因为各级政府间的积极性发挥是建立在有稳定的预期结果的基础上，如果政府间权责边界是模糊的，那么自然就不利于稳定当事人的预期，制度运行的效果一定会打折扣。例如，某市在招商引资时，看重的是这个项目所带来的税收收益，但是当项目产生收益后，上级政府又强制降低地方政府税收分成比例，这自然会挫伤地方政府积极性。如果这种事屡次发生，那么该市就会降低招商引资的积极性。

分税制统一了各类企业的适用税率，也统一了政府间税收分成比率，按理说稳定了企业和政府预期，应会产生有效率的结果。然而，著名制度经济学家张五常却不这么看，他在《中国的经济制度》(2009)中写道：

> 一个地区或县的工业投资者要付百分之十七的产品增值税，而这个税率是全国一致的。县本身的分成，是此税的四分之一，也即是产品增值的百分之四点二五……增值税给政府带来最高的收入，县干部最关心此税。我们的分析集中在增值税：产出价值扣除原料与其他一些琐碎费用之后的百分之十七。问题是增值的百分之十七的抽取究竟是税，还是租呢？我认为是租而不是税。有两个理由。其一是任何投资者，只要用土地或房产从事生产的，都要付此税。其二是只要有产出，不管有没有利润，都要付此税。

> 这里提到的增值税，是分成租金，却是全国用上同一的税率。怎可以有经济效率呢？如果没有，中国的经济怎可以在这分成安排下加速增长？

张五常上述分析有两个关键点：一是增值税是分成租金，二是统一的分成比率应该不会促进经济增长？我们知道，中国分税制中，作为主要税种的增值税、企业所得税和个人所得税是共享税，即通过统一的分成比例来调节中央与地方财政关系。但张五常认为，按照他对制度经济学的理解，这种名义上的规则应该不会产生有效率的结果。他的问题可归纳为一句话：

以分成为主的分税制为什么会促进经济增长？

这个问题称为"张五常之问"，回答该问题有助于我们破解分税制改革以来中国经济增长之谜。

(二) 理论透视：我国历次财政收入分配的契约性质

"张五常之问"的背后，是政府间关于财政收入的分配契约性质问题。

在本书第三章第五节分析活力目标下政府间分权命题时指出，政府间财政收入分配方式对地方政府积极性有着最直接的影响，粗浅地看，财政收入分配采用定额契约和分税契约对调动地方政府积极性的作用优于分成契约。实际上，改革开放以来，决策层在设计央地关系时，不知是有意还是无意，多次试图运用该命题指导央地关系调整，然而实践证明却又行不通，这是为什么呢？下面运用契约理论，剖析一下历次政府间财政收入分配方式改变的契约性质。

1. "分灶吃饭"时期的政府间财政收入分配的契约性质

分灶吃饭制度历经三个时期，其契约性质也一变再变。

1980—1984年财政体制总的特点是"划分收支、分级包干"，根据契约特点判断：地方所属企事业的收入、盐税、农业税、工商所得税和地方税的收益权完全归地方政府所有，它属于分税契约；关税的收益权和征管权归中央所有，它也属于分税契约；尽管中央所属企事业的收入归中央政府所有，但是大多数企业的收入却是由地方政府代征，因此属于工资契约;针对江苏省实行的固定比例包干,针对京津沪等三个直辖市的"总额分成、一年一定",地方政府财政收入大于支出按比例上缴中央政府部分属于分成契约;针对广东省的"划分收支、定额上交",针对福建省的"划分收支、定额补助"属于定额契约。

1985—1988年财政体制的特点是"划分税种、核定收支、分级包干",根据契约特点判断:外资和中外合资企业(不含海洋石油企业)缴纳的工商税、所得税、个人所得税、资源税、建筑税、盐税、国营企业奖金税等的收益权归地方政府所有,属于分税契约;产品税、增值税、营业税按比例在中央和地方之间分成,属于分成契约;地方固定收入大于地方支出的按比例上解中央部分,属于分成契约;地方固定收入大于地方支出的定额上解部分,或地方固定收入小于地方支出的中央定额补助部分,属于定额契约。

1988—1993年财政体制的特点是多种包干形式并存,根据契约特点判断:"总额分成"、"总额分成加增长分成"属于分成契约;"收入递增包干"要求每年地方在收入递增率以内收入实行中央与地方分成,递增率以外收入全部留给地方,因此也属于分成契约;"定额上解""定额补助"属于定额契约;"上解额递增包干"是以1987年上解中央的收入为基数,每年按一定比例递增上缴,上解定额虽然是可变的,但仍属于定额契约。

2. 分税制时期政府间财政收入分配的契约性质

1994年的分税制改革是对中央政府和地方政府财政收入分配格局的一次重大调整,根据这次改革,将易管理、实施宏观调控所必需的税种划为中央税或共享税,将适合地方征管的税种划为地方税。这次改革,按契约性质分析,应主要属于分税契约,一小部分属于分成契约(共享税),见表6-1。我们注意到,从征管难易角度分析,中央财政所享有的收入大都是易征税种,这样,中央政府尽力避免了与地方政府相比的信息劣势。

2002年,我国开始实行所得税收入分享改革,将原来属于地方财政收入的企业所得税和个人所得税实行中央和地方分享,显然,该方案主体属于分成契约,2002年所得税分享改革实质是为了加强财政收入集中向分成契约转变。

我国历次政府间财政收入分配关系的契约性质见表6-1。

表6-1 我国历次政府间财政收入分配关系的契约性质

改革分期	时间	分成契约	定额契约	分税契约	工资契约
分灶吃饭时期（1980—1993）	1980—1984	固定比例包干 总额分成、一年一定	划分收支、定额上交 划分收支、定额补助	关税、地方所属企事业的收入、盐税、农业税、工商所得税、地方税	中央所属企事业的收入
	1985—1988	产品税、增值税、营业税等	定额上解 定额补助	所得税、调节税等税种	
	1988—1993	总额分成 总额分成加增长分成 收入递增包干	定额上解 上解额递增包干 定额补助		
分税制（1994—）	1994—2001	增值税(75:25) 证券交易税(50:50)		企业所得税、个人所得税、营业税、消费税等税种	
	2002—2015	增值税(75:25) 证券交易税(97:3) 企业所得税(60:40) 个人所得税(60:40)		营业税、消费税等税种	
	2016—	增值税(50:50) 证券交易税(97:3) 企业所得税(60:40) 个人所得税(60:40)		消费税及其他小税种	

总结以上分析，可以认为，我国历次财政收入分配的契约性质为：1980—1993年的"分灶吃饭"体制，政府间财政收入分配以定额契约为主，分成契约为辅；1994年后的"分税制"，前期以分税契约为主，后期逐渐演变成分成契约。

可以看出，决策层在做出央地间财政收入分配的决策时，的确多次采用定额契约和分税契约，这也符合理论分析结果，即定额契约和分税契约对调动地方政府积极性的作用优于分成契约，但是为什么实践中逐渐演化为分成契约呢？

其原因在于定额契约和分税契约的不稳定性。就定额契约而言，它虽然会让地方政府税收努力（包括征税努力和发展经济努力）所产生的边际收益（包括财政收入增长和经济增长）最大化，但是中央政府所获得财政收入在整体财政收入的占比，会随着时间推移下降。就是说，**定额契约属于静态有效、动态无效的契约，财政包干制注定是不稳定的制度**。就分税契约而言，它对激发地方积极性的作用最强，但是像增值税、企业所得税、个人所得税这样重要主体税种，它们对应的税基分别是商品、资本要素和劳动要素，流动性强，将税收完全给予地方政府会引发激烈的税收竞争，会破坏统一市场的建设，不应全部归属地方。因此，尽管理论上分税契约是最有效的，但是考虑到税种的性质，彻底的分税契约反而是无效的。

因此，中央政府在权衡各种财政收入分配契约的利弊后，将分税制契约选择为分成契约为主，这是符合理论逻辑的结果。

（三）一个关键问题：各级政府税收分成的比例

要理解"张五常之问"，必须对分税制下我国各级政府间税收分配做一个全景式的透视。其原因是分税制确定的是中央与省之间固定的税收分配关系，但是省以下的税收分配关系不是固定的，考虑政府间税收分配影响时,不能将省作为一个整体进行分析,而是要深入分析它对各级政府行为的影响。中国作为一个超大型经济体,具有乡、县、市、省、中央五级政府和四级财政,其经济运行更多在县域层面展开。目前,我国县域人口大约10亿,占全国人口总数的77%左右;县域GDP约占全国经济总量的60%;县域国土面积约占全国陆地总面积的92%。要理解分税制的作用,必须深入了解各级政府特别是县级政府的真实分税状况。

对政府间税收分配的作用,我们可以用一个分蛋糕的比喻来说明。财政收入是地方创造的一块蛋糕,这块蛋糕在中央、省、市和县之间分配,分配之前的讨价还价是各自努力提高自身地位的体现,分到手的蛋糕份额则意味着相对的权力大小。各级政府所预期分配的蛋糕份额,会深刻地影响他们的行为,由此会传导到市场中,进而影响经济运行。因此,要剖析中国地方政府行为及其经济影响,首先要了解各级政府间财政收入划分状况,为此,需要进行详细的数据测算。

二、各级政府税收分成测算:蛋糕怎么分

本节测算税收收入在多级政府间的分配,它包含总体税收收入、增值税、营业税、企业所得税、个人所得税等多个税种的分配状况。

(一) 测算指标

准确地测算中国税收收入分级分配方法是:测算在某个区域所产生的财政收入中,中央、省(含自治区、直辖市,以下简称省)、地级市(含地区和自治州,以下简称市)、县(含区、县级市、自治县,以下简称县)四级政府所分配的税收收入占比。

从我国现实看,省级政府在四级政府中处于重要地位,向上能够与中央就各分配比例进行谈判,向下能够主导省以下各层级政府各收入的分配比例关系。更重要的是,在省层面测算可以计算出对于省 i 而言,该省产生的财政收入当中,被中央、省、市和县各自所拿走的份额。这样,对于任何一年份,能够获取中国 31 个省级行政区的如下四个分配份额:

$$\frac{\text{省}i\text{收入分配给中央的比例}}{} = \frac{\text{省}i\text{收入中分配给中央的部分}}{\text{省}i\text{实现的总收入}}$$

$$\frac{\text{省}i\text{收入分配给省本级的比例}}{} = \frac{\text{省}i\text{收入中分配给省本级的部分}}{\text{省}i\text{实现的总收入}}$$

$$\frac{\text{省}i\text{的收入分配给市级政府的比例}}{} = \frac{\text{省}i\text{的收入中分配给市级政府的部分}}{\text{省}i\text{实现的总收入}}$$

$$\frac{\text{省}i\text{的收入分配给县级政府的比例}}{} = \frac{\text{省}i\text{的收入中分配给县级政府的部分}}{\text{省}i\text{实现的总收入}}$$

上述四个指标均是在省层面计算的。我与合作者的一篇论文,详细说明了测算上述指标的数据来源与测算方法,为节省篇幅,这里不再详细描述测算过程,而是直接引用其测算结果(吕冰洋等,2021)。

(二) 税收与非税收入的分级分配情况

税收收入是一般公共预算中的主要部分。随着时间推移,税收收入在一般公共预算中所占比重的各省均值逐渐降低,从 1994 年的 95.6% 降到了 2014 年的 81.9%,但仍然远远超过非税收入的比重。税收收入分级分配的描述性统计见表 6-2,散点图见图 6-1,分省分级分配情况见图 6-2。

表 6-2 税收收入分级分配的描述性统计

变量	时间跨度	均值	标准差	5%分位数	50%分位数	95%分位数
中央本级	1994—2014	0.504	0.072	0.382	0.505	0.623
地方收入	1994—2014	0.496	0.072	0.377	0.495	0.618
省本级	2005—2013	0.106	0.075	0.007	0.101	0.229
市本级	2007—2007	0.152	0.055	0.090	0.138	0.270
县级	2007—2007	0.215	0.064	0.118	0.203	0.330
市县加总	2005—2013	0.364	0.095	0.183	0.363	0.511

在税收收入当中，中央本级的占比最高，平均为 50.4%，之后分别是县级 21.5%，市本级 15.2%，省本级 10.6%。

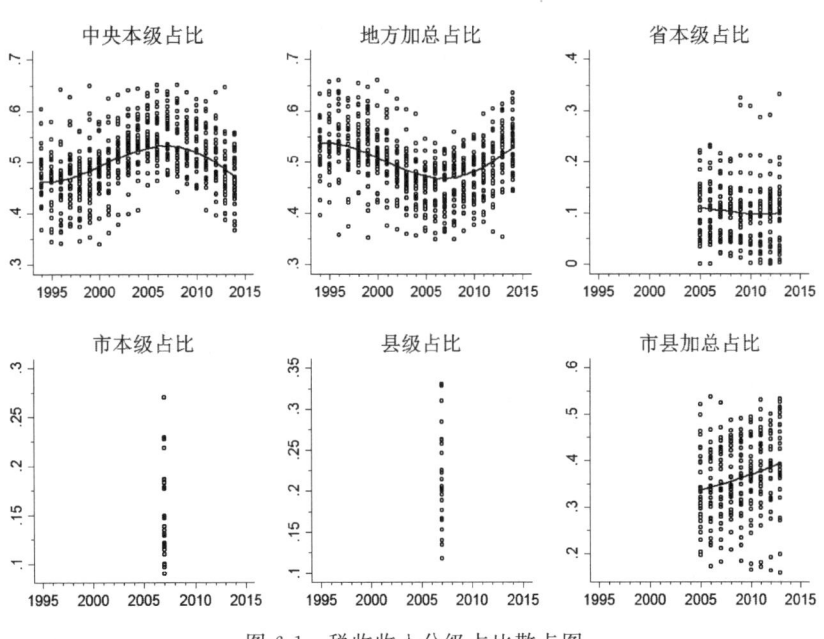

图 6-1 税收收入分级占比散点图

各层级占比的分布多呈带状，且中央本级占比、地方收入和市县加总占比都有不同幅度的变动。中央本级占比自 1994 开始缓慢上升，在

2007年左右达到局部最大值又继续回落,地方收入占比的变动方向与中央本级的变动方向相反。这两项占比也有较规律的分布范围,向上和向下变动幅度在12个百分点左右。还可以看到,在数据可得的2005年至2013年,省本级的占比非常稳定,均值在10%左右,地方总体收入的占比变动的主要原因是市县加总占比的变动。我推测,这从一个侧面说明了省本级在谈判中的灵活性,在中央与省的税收收入分配比例结构较为固定的前提下,省与地方之间可进行更频繁的谈判来稳定省本级在收入分配中得到的部分。

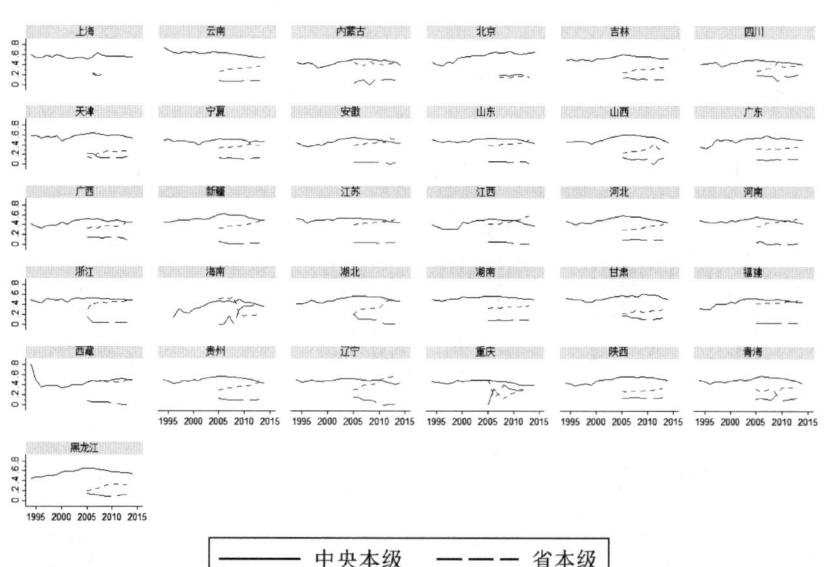

图 6-2 税收收入分省各层级占比

在各层级税收收入占比的大小比较上,中央本级占绝对优势,其次是市县加总。就变动趋势而言,总体来看各省的中央本级占比都有先升再降的过程。除海南和重庆以外,市县加总的变动趋势在可得数据的年份是增加的。一些省份的省本级占比与市县加总占比有较为明显的负相关性,如贵州、辽宁和黑龙江等地。此外,省本级的收入占比较为稳定,这说明较多省份的省本级的税收收入极少,大部分地方所分得的税收收入都留在了市县两级政府。结合图6-2还可以看到各省在分布带中的位置是较为固定的,近20年来分配比例相对高的省都大致保持其在各省中的相对位置,而之前分配比例相对低的省则在分配比例中多数保持较低位置。

(三) 四大税种收入的分级分配情况

上节的数据测算表明,中央本级在总体税收收入的分配中拥有50.4%的份额,占据绝对主导地位。但税收收入过于笼统,详细剖析分税状况需要深入到税种内部。增值税、企业所得税、营业税和个人所得税位于税收收入规模中的前列,这四大税种收入有更充足的市本级和县级数据,使我们能深入探寻我国市县级税收收入分配关系状况。

1. 增值税

增值税收入分级分配测算的描述性统计见表6-3,散点图见图6-3。

表6-3 增值税收入描述性统计

变量	时间跨度	均值	标准差	5%分位数	50%分位数	95%分位数
中央本级	1994—2014	0.748	0.019	0.705	0.750	0.759
地方收入	1994—2014	0.252	0.019	0.241	0.250	0.295
省本级	1994—2013	0.063	0.053		0.067	0.154
市本级	1994—2007	0.095	0.038	0.042	0.090	0.156
县级	1994—2007	0.106	0.034	0.050	0.102	0.167
市县加总	1994—2013	0.195	0.056	0.109	0.194	0.250

测算结果表明,中央本级的增值税收入平均占比为74.8%,省本级为6.3%,市本级为9.5%,县级为10.6%。在省以下,县级占比最

高,其次是市本级,省本级最少。在分布方面,省及以下各层级占比的分布范围都较小,分别为省本级 0% 至 15.4%,市本级 4.2% 至 15.6%,县级 5% 至 16.7%。

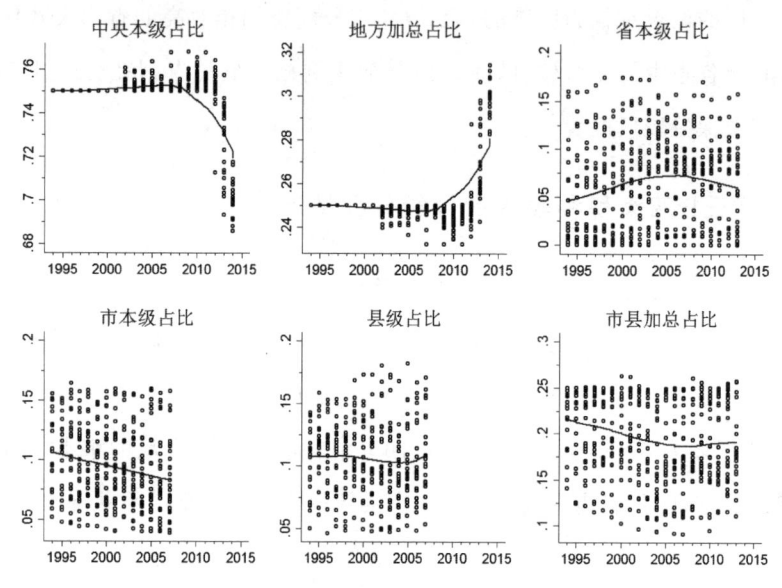

图 6-3 增值税收入分层级占比散点图

各层级增值税占比在时间上和空间上仍有一定变动,但整体趋势(变化的绝对幅度)较为稳定。根据 1994 年分税制改革时所规定的增值税分成比例,中央占比应该严格为 75%,但此处的数据显示出了一定的变异性。2012 年以后由于营改增试点的推进,一些地方的增值税占比超过了 25%。随时间变化,省以下增值税分成中各层级有略微的降低趋势,而省本级占比比较稳定,只有 2.5 个百分点左右的变化。

2. 营业税

营业税收入分级分配测算的描述性统计见表 6-4,散点图见图 6-4。

表 6-4　营业税收入分配描述性统计

变量	时间跨度	均值	标准差	5%分位数	50%分位数	95%分位数
中央本级	1994—2014	0.035	0.069	0.000	0.000	0.134
地方收入	1994—2014	0.965	0.069	0.866	1.000	1.000
省本级	1994—2013	0.254	0.171	0.009	0.216	0.551
市本级	1994—2007	0.320	0.130	0.140	0.316	0.542
县级	1994—2007	0.435	0.149	0.184	0.438	0.677
市县加总	1994—2013	0.732	0.184	0.365	0.747	0.993

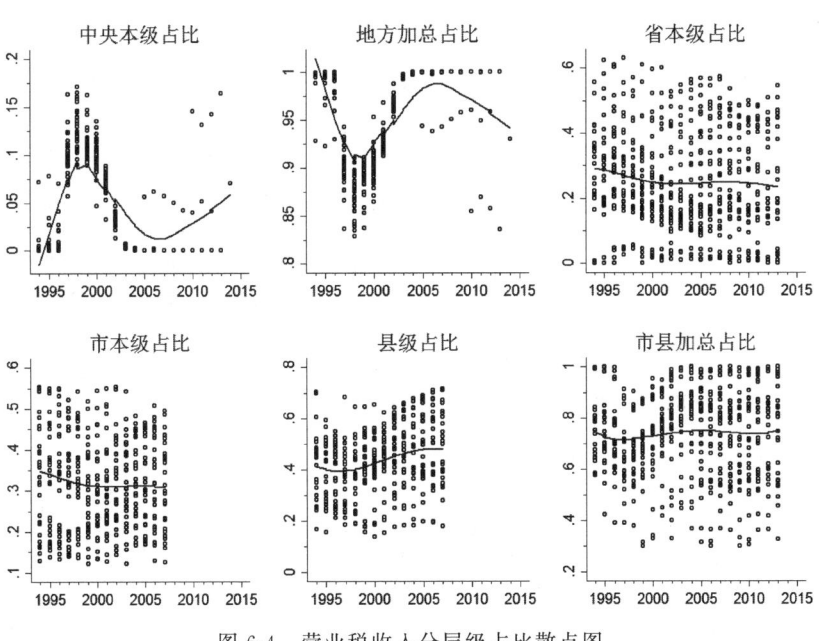

图 6-4　营业税收入分层级占比散点图

营业税收入分级分配比例由高到低排列为：县级均值 43.5%，市本级均值 32%，省本级均值 25.4%，中央本级均值 3.5%。因此营业税的大部分集中在市县两级，市县加总占比达到 73.2%。从分布范围上来看，除中央本级外，其他层级的分布跨度较大，如省本级多数分布在 0.9% 至 55.1% 范围内,市本级在 14% 至 54.2% 范围内,县级在 18.4% 至 67.7% 范围内。导致中央本级营业税收入占比变动剧烈的一个重要原因,是 1998 年后金融保险业营业税适用 3% 税率部分归中央政府所有,之后 2001 年起分三年逐步取消。之后中央营业税收入来源于国有银行、保险总公司、铁路总公司和邮政所缴纳的营业税。在很多省份,这些企业的营业税并不向当地税务部门缴纳,而是通过总公司集中缴纳。因此,中央营业税收入实际上主要来自北京。

3. 企业所得税

企业所得税收入分级分配测算的描述性统计见表 6-5,散点图见图 6-5。

表 6-5　企业所得税分成的描述统计

变量	时间跨度	均值	标准差	5%分位数	50%分位数	95%分位数
中央本级	1994—2014	0.521	0.191	0.145	0.597	0.810
地方收入	1994—2014	0.479	0.191	0.190	0.403	0.855
省本级	2000—2013	0.177	0.149	0.023	0.144	0.533
市本级	2001—2007	0.130	0.070	0.048	0.115	0.289
县级	2001—2007	0.143	0.092	0.050	0.115	0.369
市县加总	2000—2013	0.257	0.120	0.100	0.237	0.494

企业所得税收入分配与增值税、营业税相比差异明显。虽然中央本级占比均值为 52.1%,仍然最高,但省本级 17.7% 的比重超过了市本级和县级,其次是县级为 14.3%,最后是市本级为 13%。在分布范围上,各层级的跨度都很大,中央本级主要集中在 14.5% 至 81.0%,地方收入主要集中在 19.0% 至 85.5%,省本级为 2.3% 至 53.3%,市本

级为 4.8% 至 28.9%,县级为 5.0% 至 36.9%,市县加总为 10.0% 至 49.4%。

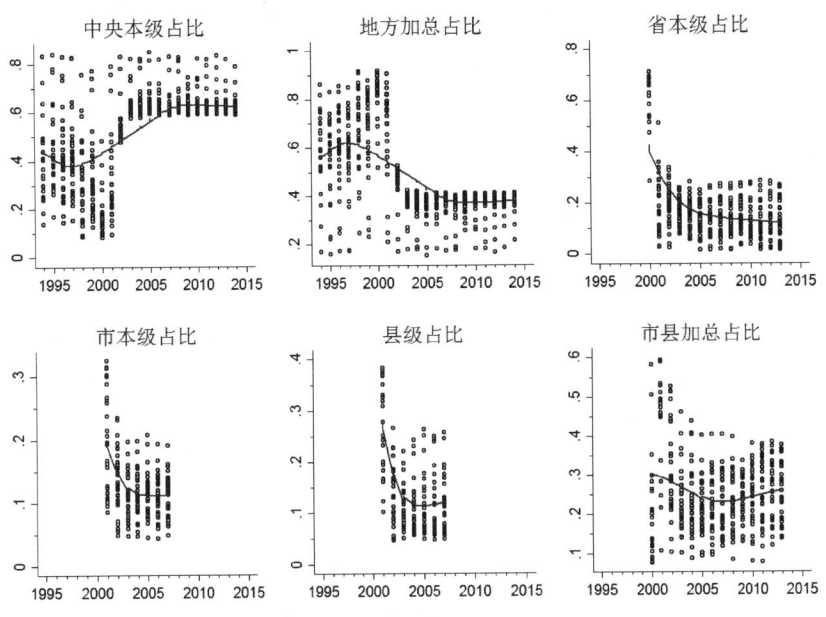

图 6-5　企业所得税收入分层级占比散点图

在 2002 年之前,企业所得税的中央本级占比约为 40%,但各省差别较大。主要原因是,所得税分享改革之前,企业所得税的税收收入按照隶属层级来划分。中央企业的所得税归中央,地方企业的所得税归地方。由于中央企业在各省的分布不同,因此计算出的本省企业所得税中的中央分成比例也就存在较大的差异。

2002 年所得税分享改革后,根据《国务院关于印发所得税收入分享改革方案的通知》(国发〔2001〕37 号),除铁路运输、国家邮政、中国工商银行、中国农业银行、中国银行、中国建设银行、国家开发银行、中国农业发展银行、中国进出口银行以及海洋石油天然气企业的所得税部分由中央独享后,其余企业的均按照 60∶40 的比例由中央与地方分享。因此,图 6-5 显示企业所得税中央占比的变异性大幅降低。可以看到在 2002 年当年,多数省份的比例接近所规定的 50%,并且自 2003 年进一步上升到 60%。相应地,多数省份地方企业所得税占比从改革前的 60% 下降到了改革后的 40%,省、市、县三级的分成率均出现了明显的下降。从 2001 年至 2003 年,市级平均下降 11.4 个百分点,县级平均下降 19.4 个百分点。

2003 年之后,企业所得税中央本级占比一直高于 57.6%,且在大多数省份,中央本级占比超过 60%。地方收入占比与此完全相反。省本级从改革前的 2000 年开始所占比重便大幅下滑,而市本级、县级从 2001 年开始所占比重有所下降,在此之后其分布尽管仍然分散,但却稳定在一定区域内。

4. 个人所得税

个人所得税收入分级分配测算的描述性统计见表 6-6,散点图见图 6-6。

表 6-6　个人所得税收入分级分配的描述性统计

变量	时间跨度	均值	标准差	5% 分位数	50% 分位数	95% 分位数
中央本级	1994;1998—2014	0.462	0.227	0.000	0.600	0.600
地方收入	1994;1998—2014	0.538	0.227	0.400	0.400	1.000
省本级	1998—2013	0.112	0.107	0.000	0.102	0.273
市本级	1998—2007	0.186	0.147	0.051	0.143	0.484
县级	1998—2007	0.327	0.237	0.085	0.234	0.826
市县加总	1998—2013	0.412	0.249	0.149	0.323	0.998

个人所得税收入的分配由大到小排序为:中央本级为 46.2%,县级为 32.7%,市本级为 18.6%,省本级为 11.2%。在分布范围上,各层级跨度都很大,中央本级为 0.0% 至 60.0%,省本级为 0.0% 至 27.3%,市本级为 5.1% 至 48.4%,县级为 8.5% 至 82.6%。

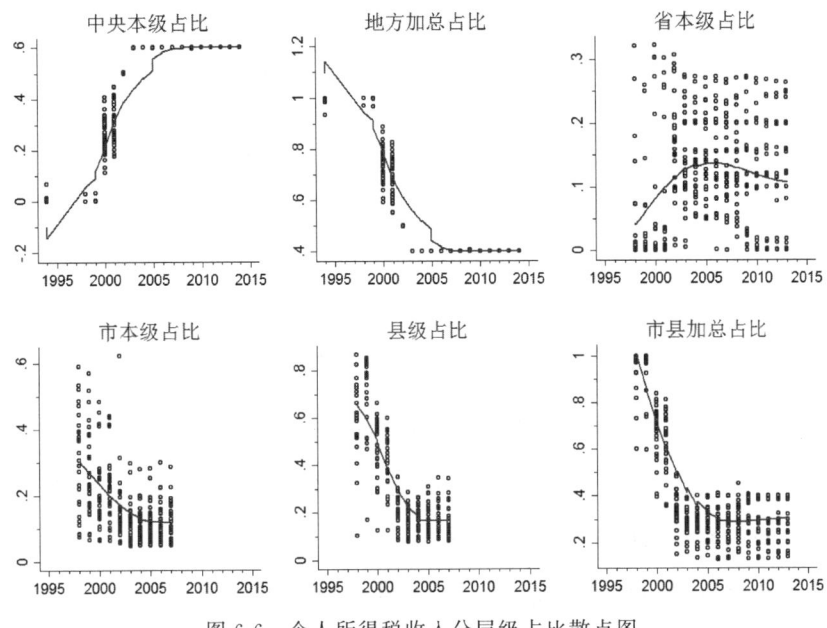

图 6-6 个人所得税收入分层级占比散点图

与企业所得税类似,2002 年改革当年各省和直辖市个人所得税收入中,中央占比均为严格的 50%,2003 年及之后普遍近似为 60%,上下变动幅度不超过 0.7 个百分点。相应地,地方个人所得税收入占比从改革前的 80% 下降到了 40%。其中省本级占比有所上升,市级和县级出现了明显的下降。从 2001 年到 2003 年,省本级占比上升了 7.5 个百分点,市级平均下降 12 个百分点,县级平均下降 26.6 个百分点。

本节详细测算多个层级政府、多个口径税收和非税收入的分配指标,根据测算结果,可总结三个特点:一是在税收收入以及税收收入的增值税、企业所得税与个人所得税收入的分配中,分配比例最高的层级都是中央;二是在省以下非税收入、增值税、营业税和个人所得税收入的分配中,县级占比最大、市本级次之、省本级最小;三是在各个层级中,省本级的总体税收收入占比稳定性最强。

三、分税制的契约性质：税收弹性分成

回到"张五常之问"：以分成为主的分税制为什么会促进中国经济增长？这需要理解分税制下政府间税收分配的契约性质，以及这种契约对经济运行的影响。

（一）市县级地方政府面对的契约形式

根据第二节对各类税收收入分级分配比例的测算，可以看出，不论哪种税收收入，其分配在地方每一层级政府都呈现较大的差异性，它们所面对的税收分成比例是弹性的。

由此可以判断出分税制的契约性质为：税收弹性分成！

之所以形成这样的契约，是因为我国地方政府有多个层级，各省取得的税收收入还要在省本级、地市级和区县级进行分配。这样，即使分税制确定的央地间税收分成比例是固定的，但是每一级政府面对的税收分成比例却是弹性的。

总体上判断，政府间税收分级分配具有三个特点：一是中央政府享有的税收收入分配比例最高；二是在省以下非税收入、增值税、营业税和个人所得税收入的分配中，区县级占比最大、地市级次之、省本级最小；三是在各个层级中，省本级的一般公共预算收入占比稳定性最强。这三个特点揭示了两个重要规律。

第一个规律，省级政府是政府间财政关系的枢纽。分税制改革以来，中央政府多次就重要税种的中央级税收分配比例进行大幅度调整，这导致中央级相关收入的分配比例变化明显，但是省级政府总税收收入分配比例保持相对稳定。这可能反映出省级政府具有较高的灵活性，会通过省与下级政府之间频繁的谈判来稳定省本级的收入分配比

例,而将财政压力传导给下级政府。

第二个规律,分税契约对经济的影响主要由区县级政府行为引起。 在地方各级政府中,区县级政府税收分成比例最高,按照契约理论,委托人与代理人之间的收入分成受成本、努力、偏好等多种因素的影响,而分成比例又会影响双方各种行为。如果无弹性分成,则大量的关于激励机制的研究文献不会存在。中国政府间财政收入弹性分成是政府间利益分配的一个重要杠杆,它会对政府行为产生深刻影响,而影响最显著的,当在区县级政府。

现实中,税收弹性分成契约是如何体现的? 表6-7归纳了省级以下政府间税收收入划分办法,该表显示我国省以下政府间收入责任划分并不是固定的,有的按税种划分,有的按行业划分,有的按企业隶属关系划分。

表6-7 省以下政府间税收收入划分概况

收入稳定且规模较大的税种一般由省与市县按比例分享	北京、天津、河北、山西、内蒙古、辽宁、吉林、上海、河南、海南、重庆、四川、陕西、西藏、青海等大部分省区市采用了这种模式。目前,省与市县共享收入税种主要为增值税(25%部分)、营业税、企业所得税和个人所得税(40%部分)、城镇土地使用税、资源税等。省与市县共享收入的划分比例主要有"五五""四六""三七"等,多数省级分享比例略低于市县分享比例,体现了财力向下倾斜的原则。
收入较少的税种一般由市县独享	主要有城建税、房产税、车船使用和牌照税、耕地占用税、印花税、契税、土地增值税等,这些税种收入规模相对较小,易于地方征管。
按照税种和行业相结合的方式划分	浙江、黑龙江、江苏、安徽、福建、山东、江西、湖北、湖南、广东、广西、云南、贵州、甘肃、宁夏、新疆等省区在按照以税种方式划分收入的同时,规定主要行业、支柱产业或重点企业的税收收入由省级独享。此外,还有九个省市将金融保险营业税全部作为省级固定收入。

资料来源:李萍主编:《财政体制简明图解》,中国财政经济出版社,2010年。

剖析这些税收分配规则的契约性质,可以看出,按比例分享的属于分成契约,市县独享、按税种和行业完全划分收入的属于分税契约,需要向上级政府上交定额的属于定额契约,因此省以下政府间税收分配的契约是分成契约、定额契约和分税契约的结合,省以下政府间税收契约是具有充分弹性的,这保证了税收契约可以满足代理人的参与约束和激励相容约束条件。

表 6-8 显示了几个代表性省份内部的税收分配状况,可以看出,在采用分成办法的税种中,其税收分成比例各不相同,说明省以下政府间税收分配契约的确是弹性的。

表 6-8　代表性省税收分配

省份	现行体制颁布时间	是否按税种分税	主要税种的省级分成税种	增值税省级分成比例	营业税省级分成比例	企业所得税省级分成比例	个人所得税省级分成比例	其他税或费
山东	2005	是	营业税、企业所得税、个人所得税	—	20%	8%	15%	新增土地出让收入5%
广东	1995	是	营业税、企业所得税、个人所得税、土地增值税	—	40%	16%	16%	土地增值税40%
辽宁	2003	是	增值税、营业税、企业所得税、个人所得税、房产税	10%	30%	20%	15%	房产税50%
山西	2002	是	增值税、营业税、企业所得税、个人所得税、资源税、城镇土地使用税	8.75%	35%	14%	14%	资源税35%、城镇土地使用税35%
河南	2004	是	营业税、企业所得税、个人所得税增量省级分成	—	增量分成20%	增量分成20%	增量分成20%	

来源:张立承,《省对下财政体制研究》,经济科学出版社,2011年。

(二) 政府间税收分配契约对市场的传导

政府间税收弹性分成契约是如何传导到市场的？本节仍用契约理论这一得力工具进行分析。

从契约角度看，税收可以说是政府与企业之间订立的分成契约。分成的对象是税基，分成比例是税率，例如，企业所得税是针对企业利润征税，税率为25%，那么可以认为，政府与企业针对利润的分成比例是25:5。与此同理，增值税可视作是政府与企业针对企业增加值分成，分成比例是17:83；营业税可视作是政府与企业针对企业销售收入进行分成，分成比例依税率而定。

但是，这里马上出现一个问题：税率是全国统一的，就是说政府与企业的收益分成规则是统一的，地方政府怎样改变它与企业的收益分成规则？

继续看张五常(2009)的分析，他写道：

> 一个县可以视作一个庞大的购物商场，由一家企业管理。租用这商场的客户可比作县的投资者。商场租客交一个固定的最低租金(等于投资者付一个固定的地价)，加一个分成租金(等于政府收的增值税)，而我们知道因为有分成，商场的大业主会小心地选择租客，多方面给租客提供服务。也正如商场给予有号召力的客户不少优惠条件，县对有号召力的投资者也提供不少优惠了。如果整个国家满是这样的购物商场，做类同的生意但每个商场是独立经营的，他们竞争的激烈可以断言。

答案在这里：**在固定的税收分成契约之外，有可变的定额契约参与进来，使得地方政府与企业的整体利益分配关系是弹性分成契约！**

现实中，这种可变的定额契约是什么呢？代表性的有三种：土地出让收入、生产性服务、税收返还。

一是土地出让收入。《宪法》修正案和《土地管理法》等法律法规赋予地方政府成为本地区唯一的土地出让方。地方政府出让的土地包括两类,一类是商业用地,地方政府一般采用"招拍挂"的方式出让,看中的往往是其出让收入规模;另一类是工业用地,地方政府一般通过协议方式出让,看中的往往是招商引资的效果。不论是商业用地还是工业用地,投资者交纳的土地出让收入是一次性的,相当于向地方政府支付的固定价格。就工业用地而言,由于是协议出让,因此工业用地价格是可以在讨价还价的基础上调整的。进入 21 世纪以来,土地出让收入的规模不断扩大,在大多数年份达到地方政府一般公共预算收入 0.4 倍以上,这足以使地方政府利用土地出让收入的可调整的定额契约性质,大幅度调整它对投资者的利益分配关系。

二是生产性服务。我国地方经济社会发展水平差异较大,如果任由市场来配置资源,那么大量的投资会集中在市场条件较好的地区。对市场条件不好的地区而言,要吸引企业过来投资,就需要在税收之外,改变政府与企业的利益分割点,提供生产性服务就是一个重要措施。地方政府可以采取的措施是多样的,如平整土地、帮助企业实行拆迁甚至替投资者建造厂房和招募工人等。只不过,这些措施不是要求企业上交政府一个定额,而是政府为企业的付出,可以视作是政府倒过来给企业的一个定额,它们仍属于定额契约。

三是税收返还。在现实中,除了土地出让收入,地方政府往往用自有财力给予企业一定的税收返还,用于调整当地政府和企业之间的利益分配关系。税收返还有的采用分成办法,如地方政府将上缴的企业所得税按一定比例返还给企业;有的是采用一次性返还办法,如给予企业奖励。前者属于地方政府能主导的、有充分弹性的分成契约,后者属于定额契约。这样,分成契约和定额契约这两种税收契约的结合保证税收契约的效率。

这三种形式可变的定额契约与税收的分成契约结合,使得地方政府可以根据当地经济状况与投资者灵活地谈判收益分成比例,由此提高了政府与企业的合作效率。

(三) 分税制的弹性分成契约总结

根据以上分析,可以总结一下分税制的契约系统:税收是投资者与政府之间有一定弹性的分成契约,之所以说是有弹性的,是因为税收征管力度可以改变实际税率的大小;土地出让收入是可变的定额契约,税收返还属于有弹性的分成契约或定额契约,它们结合在一起,成为有弹性的税收契约;省级以下地方政府存在多种形式的税收契约,建立在上下级政府讨价还价基础上的税收契约也具有弹性;中央政府与地方政府之间,增值税和企业所得税属于无弹性的分成契约、营业税属于分税契约、转移支付属于可变的定额契约,这些契约组合在一起成为有弹性的契约集合。这些形形色色的子契约结合在一起,构成了一个激励系统,使得分税制整体上呈现弹性分成性质,见图6-7。

因此,尽管分税制表面上采用的是统一税收分配契约,但是整个契约仍然保留了足够的弹性来适应各省的经济发展水平,进而使得分税制实际成为有弹性的分成契约系统。

(四) 税收弹性分成的产生原因及实施条件

弹性分成契约给予了地方政府很强的税收增收激励,保证了地方政府的财政利益,而税收来自于税源扩大,因此弹性分成契约又会促使地方政府采用种种手段推动经济发展。那么,一定要通过弹性分成契约才能产生这样的效果吗?毕竟在世界范围内,像中国这样广泛实行上下级政府间、政府与企业间的弹性分成契约不具有普遍性。这需要

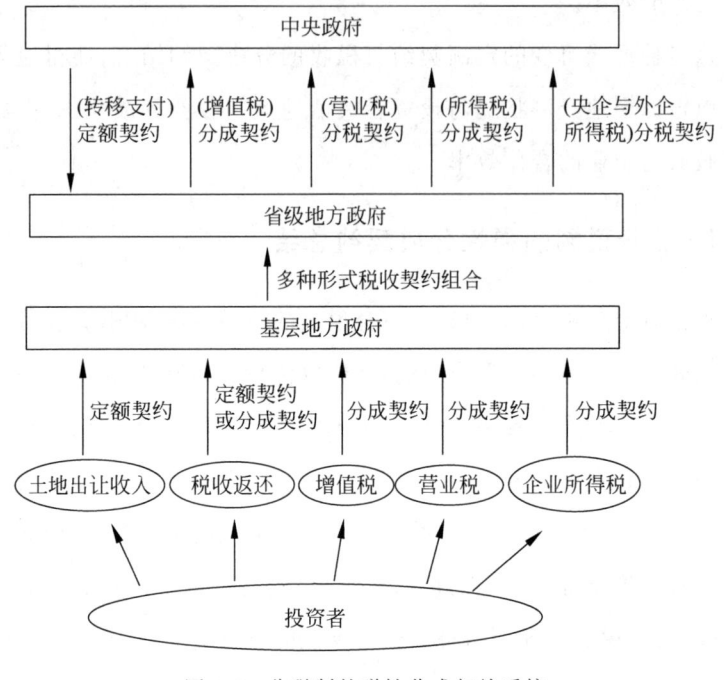

图 6-7 分税制的弹性分成契约系统

我们了解弹性分成契约有效率的实施条件是什么。

弹性税收契约有效率的前提条件是,中国经济增长严重依赖政府主导。政府主导经济发展体现在两方面,一是以政府投资为代表的政府生产性支出迅速增长,如在 2008 年中国政府启动了第二次积极财政政策,其主要内容是进行 4 万亿大规模投资,其中中央财政预算内投资高达 1.18 万亿,其余 2.82 万亿配套资金有不少来自地方财政预算和地方债资金;二是虽然政府没有进行直接投资,表面上投资资金来源于民营、外资等企业投资和银行信贷资金,但这些投资行为和项目都与政府的发展目标和意图紧紧相连。由于政府以多种形式主导经济建设,政府势必要根据政府显性或隐性投入的程度而争取与之相当的剩余索取权,统一的无弹性税收契约就不会产生有效率的结果。

为进一步说明这个道理，我们将主导经济建设的政府与"守夜人"式的政府做比较。如果是守夜人式政府，即政府没有对投资者进行任何投入，那么各种税收契约的分成比例完全可以统一：一是税率统一，它使得企业与政府间的利益划分固定化；二是政府间税收分配契约统一，它使得上下级政府间的利益划分固定化。但是在政府主导经济建设的情况下，由于地方政府对投资者提供了种种支持，当投资产生收益时，地方政府有权根据它投入的多少取得利益分成。而要做到这一点，其途径有二：一是在税率固定的背景下，通过调整收费和土地出让价款来调整政府与企业间的利益分配关系；二是在全国整体税收契约固定的背景下，通过政府间有弹性的税收利益分配办法来调整政府间利益分配关系。

四、分税制对经济增长的影响机制

分税制的弹性分成契约系统，一方面保证了上级政府对下级政府的财力控制，另一方面又兼顾了下级政府的利益，通过贯彻"多劳多得"这一原则来激发地方政府发展经济和培育税源的努力。

（一）生产性税基的经济激励

1994年分税制改革以来，中国地方政府税收主要来自营业税（2016年"营改增"后取消）、增值税和企业所得税。前文指出，市（指地级市）县这两级政府，均是通过弹性分成取得三种税的收入，分成比例因地、因时而异，并且，从图6-8看，市县分得的三种税的比重均不低：营业税是地方税，约70%在地市县政府；增值税是共享税，地方总体分享25%，图中显示它主要归市县政府所有；企业所得税也是共享税，地方总体分享40%，图中显示约25%归市县政府所有。

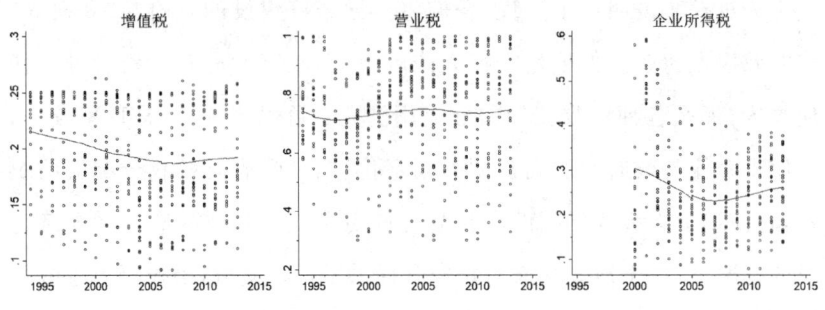

图 6-8 市县主体税收收入占相应税种收入的比重

更重要的是,从地方税收所对应的税基看,它主要来自企业产出(营业税)、增加值(增值税)和利润(企业所得税)。因此,只要企业扩张,并且按生产地原则分配税收,地方政府的税收就会增长。对此,**这里提出"生产性税基"的概念:当地方政府税基来自企业生产并按生产地原则分配税收的,则称为生产性税基;反之,则称为非生产性税基。**

生产性税基对地方政府的行为有着重要影响,它使得地方政府有很强的动力推动企业发展。为说明这一点,我们可以将对立的两个假设作为对照。

第一,如果地方政府的税基是非生产性的,例如,它来自居民消费(如美国的零售税和日本的消费税),或来自居民个人所得(如个人所得税),或来自居民财产(如房地产税),那么,地方政府从增加税收角度考虑,会积极为辖区居民提供好公共服务,如完善消费基础设施(吸引居民消费)、改善劳动力市场(吸引就业)、改善城市公共服务(提高房产价值)。

第二,如果地方政府分得的税收是按消费地原则分配,例如按人口或按居民消费额分配,那么地方政府也会积极提供公共服务以吸引就业和增加消费。这两种情况下,地方政府对促进企业生产的兴趣会降低很多。

由于生产性税基的制度设计,地方政府热衷吸引工业和房地产业投资:工业在制造环节交纳的增值税多,地方政府千方百计吸引工业到本地投资;房地产业交纳的税收主要是营业税,该税全归地方政府所有,地方政府竭力推动房地产业快速发展。

地方政府追求投资扩张的原因,除了财政激励之外,还有经济激励。为在激烈的政绩竞争中胜出,中国政府从上到下普遍存在制定经济增长目标的做法。地方政府每五年会制定发展规划,确立每年的 GDP 增长目标。既然投资扩张同时带来财政收入和经济增长,地方政府官员有什么理由拒绝呢?

(二) 土地财政问题的产生及激励作用

在地方政府财政利益格局中,除了税收外,不能忽视土地出让收入的作用。

分税制改革后,伴随着中国工业化和城市化进程,由出让土地取得的收入对地方政府越来越重要,由此产生了社会关注的"土地财政"问题。土地财政问题的产生,与我国土地管理制度的变革联系在一起。与欧美国家的土地私有制不同,根据 1986 年颁布的《土地管理法》,我国的土地根据类型归国家或集体所有,县级和市级政府被赋予征用、开发等相关土地管理权力。之后 1990 年颁布的《中华人民共和国城镇国有土地使用权出让和转让的暂行条例》(国务院令第 55 号),规定土地使用权可以出让,这为地方政府通过土地融资扫平了法律障碍。

进入 2000 年后,土地出让收入成为地方政府重要收入来源。2019 年全国土地出让收入达到 70082.35 亿元,且呈持续增长趋势,土地出让收入与地方一般预算收入的相对比例也一直居高不下,自 2003 年开始该比例几乎未曾低于 40%(见图 6-9)。

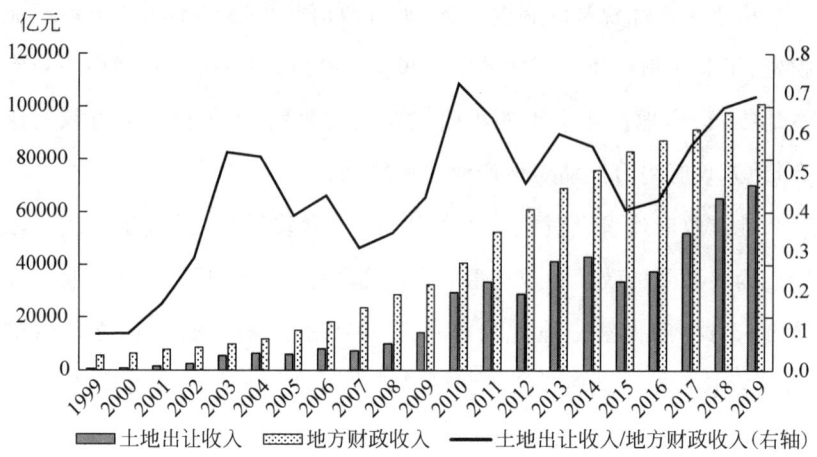

图 6-9 地方政府土地出让收入与财政收入

注:财政部自 2007 开始公布土地出让收入,2007 年后数据来自财政部公布的全国土地出让收入,2006 年前数据用《国土资源统计年鉴》中的土地出让成交款代替。

土地出让收入完全归地方政府,中央不参与土地出让收入的分成。对地方政府而言,土地出让带来的财政收益是多样的。它不仅包括短期的土地出让收入,还包括土地出让、开发后潜在的营业税收入、规费收入,企业产出扩大带来的企业所得税和增值税收入等。

从图 6-10 可以看出,企业所得税、增值税、营业税、土地出让收入之间,存在一个影响传递的链条:地方政府拥有增值税和企业所得税的收入分成后,会有动力发展工业;工业发展后,会带动运输、仓储、设计

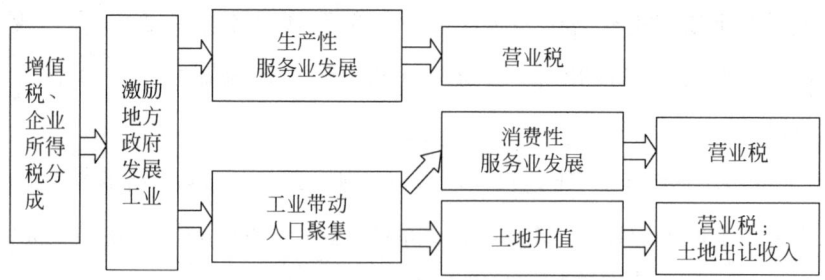

图 6-10 分税制、土地财政与地方政府财政利益

等生产性服务业发展,进而带来营业税增长;同时,工业发展带来人口聚集,推动城市化进程,由此带来餐饮、住宿等消费性服务业发展和相应税收增长;同时,人口聚集带来土地升值,推动建筑业和房地产业发展,由此会带来营业税和土地出让收入的增长。

(三) 地方政府差异化经营土地策略

分税制下,地方政府对土地采取差异化经营策略。

现行法律框架下,土地使用权的出让由市县人民政府负责。在土地的一级市场上,市县级政府是土地的唯一提供者,它们垄断了土地的供应。对于出让的地块、用途、年限和其他条件,市县级政府也有很大的决定权。

被政府垄断供应的土地,根据其在生产中的作用分为两类。其中一些土地与物质生产紧密联系在一起,并作为要素投入生产之中,这样的土地可以称之为城镇生产用地。如工业厂房的所在土地,他们与资本和劳动一起创造产出。另外的土地并不直接进入物质生产,却能根据其承载的建筑目的的不同来直接满足不同居民需求(如住宅,游乐场,理发店,停车场等),这些土地可以称之为城镇非生产用地。

土地的种类与出让方式有密切的关系,协议出让土地便于操作,经常被用来招商引资,它们一般是直接进入生产过程的生产要素,因而主要是城镇生产用地。那些通过招拍挂出让的土地由于主要是为了出让收入和各种经营性目的,带来的是居民效用的直接增加,因此主要是城镇非生产用地。同时我们观察到,招拍挂出让收入和协议出让收入有较为明显的差别。图6-11反映了这一差别。

地方政府出让土地一般有两种方式:招拍挂(招标、拍卖、挂牌)出让和协议出让。从法律上看,土地供应方式包括出让、租赁、划拨等,但出让为私人部门获得用地使用权的主要途径。两种出让方式对应的土

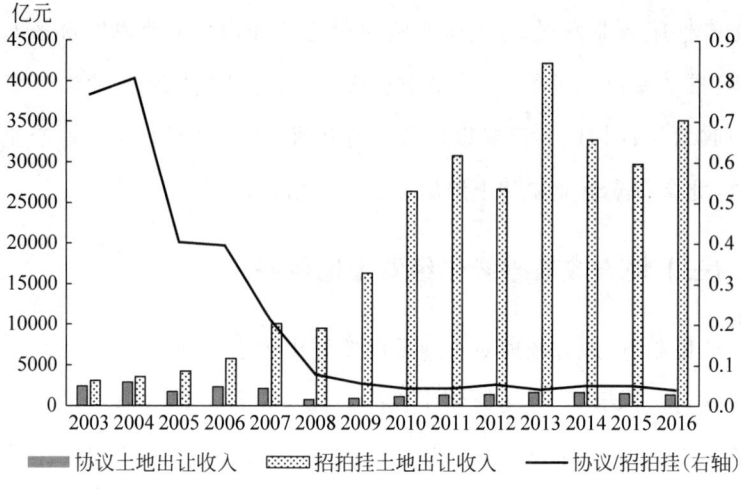

图 6-11 招拍挂出让收入与协议出让收入的比较

地用途有很大不同：协议出让的土地多用于工业生产，招拍挂出让的土地多用于城市商业经营。根据其实际用途，地方政府对这两类土地出让采取不同定价策略：一般而言，协议出让的工业用地为低价，有时甚至为"零价""负价"；对招拍挂出让的商用和住宅用地，则尽可能地制定高价。

（四）分税制、土地制度对经济增长的影响机制图解

分税制与土地制度一起，成为中国经济增长的重要发动机。在图 6-12 中，展现了它们对经济的影响机制。

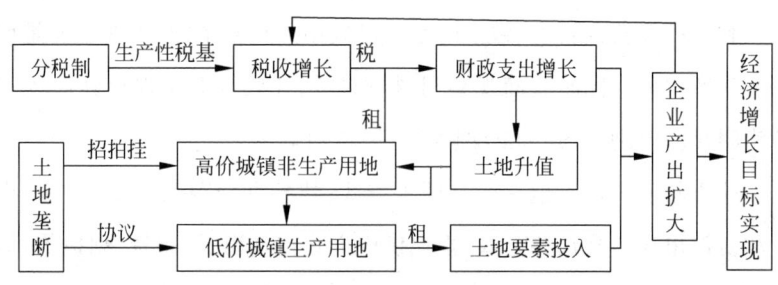

图 6-12 分税制度和土地制度对经济增长的影响机理

第一,中国地方政府普遍存在着发展经济的强烈愿望,实现愿望的常见做法是实现一定的经济增长目标。

第二,1994年分税制改革,以及之后的税收分享调整,使得地方政府重要财政收入来源自生产性税基的税收弹性分成,地方政府发展生产不但有利于当地GDP增长,也有利于地方政府财政收入增长,因此,分税制激励地方政府吸引生产企业到辖区投资,并推动企业规模扩张。

第三,地方政府可通过改善公共产品供给(如完善交通基础设施)使得土地利用价值提高。

第四,地方政府垄断着城镇生产用地和非生产用地的供给,生产性税基的分成比例提高,促使地方政府通过调整城镇生产用地(主要是工业用地)的出让价格,减少生产企业用地租金。土地要素使用成本降低有利于吸引生产企业投资,带来GDP和税收增长。

第五,由于税基整体为生产性税基,因此对地方政府来说,提高城镇非生产用地(主要为商业用地)租金远大于由此带来的税收,地方政府倾向提高城镇非生产用地土地出让收入。

第六,企业税收增长与城镇非生产用地租金一起,为地方政府财政支出提供强有力的财政支撑,财政支出的外部性和低价城镇生产用地一起,推动企业产出扩大,进而推动经济增长目标的实现。

(五)地方政府实现其政策目标的其他工具

改变政府间财政利益边界、实行政府间弹性税收分成是调动地方政府积极性的重要措施,这只能说是调动了地方积极性,地方政府要实现其经济发展目标还需要有灵活的工具配合,并且这些工具必须能够达到足以干涉市场、撬动经济的效果。那么,这些工具是什么呢?它集中体现在以下五个方面。

第一,税收返还。地方政府可以将进入地方财政库的税收收入返还给企业,现实中,各种比例的、忽明忽暗的、变相的税收返还与奖励在各县(市)的招商引资中盛行,这实际上是改变了企业的实际税率水平。例如,西安市政府为支持西安金融商务区的建设,出台了《西安市人民政府关于支持西安金融商务区发展的实施意见》(市政发〔2010〕5号),其中规定,"金融机构纳税年度起三年内,全额返还企业上缴所得税地方留成部分,第四至五年,返还企业上缴所得税地方留成部分的50%"。

第二,工业土地出让。工业用地普遍实行协议出让的方式,地方政府可以对青睐的企业收取较低的土地出让收入,甚至替企业盖好厂房来招引企业进驻,美其名曰"筑巢引凤""花开蝶来"。

第三,放松税收征管。前文指出,地方政府实际上可以在一定程度上干涉税务局税收征管,地方政府常常以创造"宽松招商环境"为由,要求税务局放松税收征管力度,例如放松税收稽查,批准企业缓税,默许企业包装成为高新技术企业,从而获得相应的税收优惠等。

第四,放松环境和食品监管。为吸引外地企业到本地投资,一些地方政府不惜采取放松环境管制,或者食品监管,纵容污染企业生产的手段,以达到降低企业成本的效果,一些领导干部甚至提出"宁可病死,不能穷死"的口号。

第五,变相发放地方债。地方债有显性和隐性之分,显性的是地方政府在公开市场上发行的债务,隐性的如地方政府建立融资平台后向银行贷款所产生的债务,地方债可使得地方政府筹集到建设资金以完成政府目标。

可以看出,这些手段集中体现在财政工具上,政府综合利用这些手段,通过调整政府与企业之间的利益边界,以达到改变企业成本和利益的效果,除发放地方债外,另外四种工具的契约性质实际上就是前文所说的"弹性分成"。由于主要是由市县级政府实施这些财政手段,因此张五常(2009)才认为县级政府的竞争是中国经济增长的关键。

那么，上级政府知不知道下级政府这些行为呢？上级政府很清楚，实际上，上级政府在一定程度上还默许这些行为的存在，只有当这些行为引发较大的问题时，例如地方债扩大引发整体经济风险、环境破坏导致生态危机等，上级政府才会通过严厉的检查和惩罚来制止这些行为。为什么如此？俗话说："手里没把米，叫鸡都不来"，不让下级政府手里有这些灵活的财政工具（"米"），怎能吸引企业（"鸡"）呢？

因此，总结政府为实现目标的激励机制，无非是两方面：一是上级政府通过税收弹性分成契约来激励下级政府，它处理的是"政-政"关系；二是直接面向市场的政府，通过各种财政杠杆来调整政府与企业的利益边界，它处理的是"政-企"关系。这种激励机制可以统称为"财政激励"：它既包括因为财政收入增长而对政府产生的激励机制，也包括因为政府运用财政工具去干预市场而对市场产生的激励机制。

建立在生产性税基之上的税收弹性分成契约，调动了地方政府发展经济的积极性，在地方政府拥有多种撬动经济的工具背景下，它有效地推动了分税制以来中国经济的增长。这便是"张五常之问"的答案！"财政激励制"可作为解释中国经济增长之谜的一种答案。

五、总结

本章解释分税制的深层次契约结构，并以此解释它对中国经济增长的巨大推动作用。主要结论为：

第一，分税制的典型特点是各级政府围绕财政收入进行分配。本章测算了各级政府间财政收入分配的规律，总结为：（1）在税收收入以及税收收入的增值税、企业所得税与个人所得税收入的分配中，分配比例最高的层级都是中央；（2）在省以下非税收入、增值税、营业税和个人所得税收入的分配中，县级占比最大、市本级次之、省本级最小；（3）在各个层级中,省本级的总体税收收入占比稳定性最强。

第二,分税制整体上属于"弹性分成"契约系统。(1)税收是投资者与政府之间的无弹性分成契约,土地出让收入是可变的定额契约,税收返还属于有弹性的分成契约或定额契约,它们结合在一起,成为有弹性的税收分配契约;(2)省级以下地方政府存在多种形式的税收分配契约,建立在上下级政府讨价还价基础上的税收分配契约也具有弹性;(3)中央政府与地方政府之间,增值税和企业所得税分配属于无弹性的分成契约、营业税分配属于分税契约、转移支付分配属于可变的定额契约,这些契约组合在一起成为有弹性的契约集合。这些形形色色的子契约结合在一起,构成了一个激励系统,使得分税制整体上呈现弹性分成性质。

第三,分税制与土地财政存在相互作用机制,该机制对地方经济发展起到关键作用。分税制下,地方政府税收主要来自生产性税基的分成,这使得地方政府热衷于吸引企业到本地投资;地方政府为实现经济增长目标,倾向降低城镇生产用地租金,抬高城镇非生产用地租金,税收分成比例会影响地方政府对两类土地租金抽取程度;企业税收增长与城镇非生产用地租金一起,为地方政府财政支出提供强有力的财政支撑;财政支出的外部性和低价城镇生产用地一起,推动企业产出扩大,进而推动经济增长目标的实现。

第四,"财政激励制"是中国经济增长之谜的一个可信解释。上级政府通过税收弹性分成契约来激励下级政府,它处理的是"政-政"关系;下级政府运用各种财政杠杆来激励企业,它处理的是"政-企"关系。税收弹性分成调动了地方政府发展经济的积极性,地方政府有丰富的政策工具让积极性得以发挥,例如:税收返还、放松税收征管、工业土地出让、放松环境和食品监管、变相发行地方债。财政激励与政策工具相结合,有效地推动中国地方经济的增长。

第七章 中国经济增长之谜解释之二：目标动员制

发扬钉钉子的精神，一张好的蓝图一干到底。

——习近平（2018）

郡县制传统下的中国，一旦政治进入正轨，其超强的组织动员能力马上显现出来。这种能力有其巨大价值，一方面它能够有效地应对外部风险冲击，带领中国走过一个个急流险滩，正像中国在2020年应对新冠肺炎疫情中的出色表现那样；另一方面能够动员起内部力量，长远谋划，逐级发动，以精卫填海、愚公移山的精神，一步一个脚印完成政府战略目标。这可以说是中国经济增长的另一种解释：目标动员制！

一、目标动员的层次：战略、规划与计划

（一）长期战略：宏伟蓝图，凝聚共识

大到一个国家，小到组织和个人，都要有长远的战略目标。有了战略目标，行动才会有方向性，资源才会得到有效组织。新中国刚成立的时候，面对的是千疮百孔的经济，人们胸中激荡着自鸦片战争以来的百年悲情，那时许许多多的人心中都有一种愿力：让中国强大起来！

要实现这个宏观目标，就要有战略构想，通过清晰的战略来凝聚全

党全国人民的意志,最大限度地调动各方力量。新中国成立以来,我国的战略目标主要有三个,这三个目标不是那种政党轮替背景下经常更换的方式,而是前后相继、一脉相承的关系。

1. "四个现代化"战略目标

在计划经济时代,我国国家战略目标定位为实现"四个现代化":农业、工业、国防和科学技术的现代化。期间虽然经过多次政治运动,经济上也起起落落,但这个战略目标一直是很清晰的。

"四个现代化"战略目标的提出有一个发展过程。1957年3月,毛泽东在中国共产党全国宣传工作会议上的讲话中,提出了三个现代化:"我们一定会建设一个现代工业、现代农业和现代科学文化的社会主义国家。"之后毛泽东又加上国防现代化目标。1964年三届全国人大、1975年四届全国人大的政府工作报告,均明确提出实现四个现代化的口号。

进入改革开放时代后,邓小平作为改革开放总设计师,继续坚持实现四个现代化的奋斗目标。1980年他指出:"我们从八十年代的第一年开始,就必须一天也不耽误,专心致志地、聚精会神地搞四个现代化建设。"并上升到"政治路线"的高度,他指出:"我们党在现阶段的政治路线,概括地说,就是一心一意地搞四个现代化。这件事情,任何时候都不要受干扰,必须坚定不移地、一心一意地干下去。"

四个现代化战略目标的提出,为当时全国人民描绘了一个国家发展的宏观蓝图,成为鼓舞我国亿万人民团结奋斗的目标基础和精神动力。

2. "三步走"战略目标

随着改革开放的逐步深入,邓小平认识到要真正实现四个现代化,还必须有一整套与之相配合的发展战略。为此,他在1987年设想了现代化发展"三步走"战略,即:第一步,从1981年到1990年,国民生产总值翻一番,实现温饱;第二步,从1991年到20世纪末,再翻一番,达到小康;第三步,到21世纪中叶,达到中等发达国家水平。前两步目标在2000年已胜利实现。

随着原来目标的实现,继任者对"三步走"战略目标进行调整。江泽民同志在党的十五大上指出:21世纪我们的目标是,第一个十年实现国民生产总值比2000年翻一番,使人民的小康生活更加宽裕,形成比较完善的社会主义市场经济体制;再经过十年的努力,到建党一百年时,使国民经济更加发展,各项制度更加完善;到世纪中叶建国一百年时,基本实现现代化,建成富强民主文明的社会主义国家。这实际上提出了一个新的"三步走"发展战略,它以我国上世纪末进入小康社会为起点,将分2010年、2020年、2050年三个阶段,逐步达到现代化的目标。

3. "两个一百年"战略目标

随着"三步走"中第一步目标的实现,我国发展战略目标调整到"两个一百年"战略目标,"两个一百年"分别对应中国共产党成立一百年和中华人民共和国成立一百年,时间节点为2020年和2050年。

2011年,胡锦涛总书记在庆祝中国共产党成立90周年大会上的讲话中提出:"在本世纪上半叶,我们党要团结带领人民完成两个宏伟目标,这就是到中国共产党成立100年时建成惠及十几亿人口的更高水平的小康社会,到新中国成立100年时建成富强民主文明和谐的社会主义现代化国家。"

2017年,习近平总书记在十九大报告中指出:"到建党一百年时建成经济更加发展、民主更加健全、科教更加进步、文化更加繁荣、社会更加和谐、人民生活更加殷实的小康社会,然后再奋斗三十年,到新中国成立一百年时,基本实现现代化,把我国建成社会主义现代化国家。"并清晰擘画了时间表和路线图,即在2020年全面建成小康社会、实现第一个百年奋斗目标的基础上,再奋斗 15 年,在 2035 年基本实现社会主义现代化。从 2035 年到本世纪中叶,在基本实现现代化的基础上,再奋斗 15 年,把我国建成富强民主文明和谐美丽的社会主义现代化强国。

这三个战略目标清晰地展现了中国人民在追求民族富强道路的脚印:解决人民温饱问题(1990)—人民生活总体上达到小康水平(2000 年)—全面建成小康社会(2020 年)—基本实现社会主义现代化(2035 年)—建成社会主义现代化强国(2050 年)。这是一场移山填海、改天换地的伟大奋斗!这是一篇波澜壮阔、山河易色的宏伟史诗!

(二)中期规划:五年为期,纲举目张

有了长远战略目标后,还要设置阶段性方向和目标,这就是五年计划,2006 年后改称五年规划,全称为中华人民共和国国民经济和社会发展五年计划(规划)纲要。中国从 1953 年开始,学习苏联制订并实施第一个五年计划,到 2020 年结束已经完成总共 13 个五年计划/规划。

制定综合性发展规划是很多发展中国家曾采用的做法,但是基本没有其他国家像中国的规划一样兼具综合性、长期性、可实施性的特点。在计划经济时代,五年计划带有很强的指令性,随着我国从计划经济向市场经济转轨,计划的指令性色彩越来越淡化,而其协调公共政策的功能越来越显现,从"十一五"开始,计划就改称为规划。2005 年国务院颁布的《国务院关于加强国民经济和社会发展规划编制工作的若干意见》,将国家发展规划明确定位为"战略性、纲领性、综合性"的规划。

五年规划与中国经济发展进程紧密结合,在不同时期呈现出鲜明的阶段性特征。"一五"计划(1953—1957)到"四五"计划(1971—1975)为第一个历史时期,这一时期我国受重工业优先发展战略思想引导,计

划主要围绕提升工业化水平和速度而展开。"五五"计划(1976—1980)到"八五"计划(1991—1995)为第二个历史时期,这一时期我国开始追求国民经济全方面健康发展,同时,社会发展问题也开始受到关注,五年计划开始成为国民经济与社会发展的双重规划,这标志着发展标准的重要转变。"九五"计划(1996—2000)到"十一五"规划(2006—2010)是第三个历史时期,这一时期强调以人为本的科学发展观。"十二五"规划(2011—2015)到"十三五"规划(2016—2020)是第四个历史时期,这一时期强调经济增长方式的转变。各个时间的计划或规划指导思想的演变见表7-1。

表7-1 中国历次五年计划(规划)及指导思想

计划(规划)	时间	指导思想
"一五"	1953—1957	工业化和对农业、手工业、资本工商业的社会主义改造
"二五"	1958—1962	鼓足干劲,力争上游,多快好省地建设社会主义
"三五"	1966—1970	以三线建设为核心的备战、备荒、为人民
"四五"	1971—1975	以阶级斗争为纲,狠抓备战,促进国民经济新飞跃
"五五"	1976—1980	建成独立的、比较完整的工业体系与国民经济体系
"六五"	1981—1985	调整、改革、整顿、提高
"七五"	1986—1990	继续推进经济发展战略和经济管理体制由旧模式向新模式的转变
"八五"	1991—1995	从强调治理整顿、深化改革到"双加快"
"九五"	1996—2000	抓住机遇、深化改革、扩大开放、促进发展、保持稳定
"十五"	2001—2005	全面、协调、以人为本的发展方针
"十一五"	2006—2010	全面、协调、可持续发展,"五个统筹"
"十二五"	2011—2015	加快转变经济发展方式
"十三五"	2016—2020	供给侧结构性改革
"十四五"	2021—2025	立足新发展阶段,贯彻新发展理念,构建新发展格局

全国五年规划(计划)是国民经济和社会发展的总体规划,以它为中心,我国各级政府和各个部门制订了多种形式规划,它们彼此之间有分工、有衔接、有协调,形成一个丰富的规划体系。按照2005年国务院的概括,我国的规划体系为"三级三类规划管理体系":三级是指国民经济和社会发展规划按行政层级分为国家级规划、省(区、市)级规划、市县级规划;三类是指按对象和功能类别分为总体规划、专项规划、区域规划。其中,专项规划是以国民经济和社会发展特定领域为对象编制的规划,是总体规划在特定领域的细化。区域规划是以跨行政区的特定区域国民经济和社会发展为对象编制的规划,是总体规划在特定区域的细化和落实,见表7-2。

表7-2 我国"三级三类规划管理体系"

规划类别	规划范围	定位	编制单位	审批机关
国家发展规划	全国	全国经济社会发展的纲领	国务院	全国人大
全国主体功能区规划	全国	全国国土空间开发的依据	国务院	全国人大常委会
全国城镇体系规划	全国	全国城镇体系建设的依据	城市规划及相关部门	国务院
国家级专项规划	全国特定区域	全国特定区域发展的依据	相关部门	国务院或其授权部门
国家级区域规划	规划区域	区域国土空间开发的依据	国家发展改革及相关部门	国务院
省级发展规划	全省(区、市)	省域经济社会发展的纲领	省级政府	省级人大
土地利用总体规划	全省(区、市)	省域土地用途依据	省级政府	国务院
省域城镇体系规划	省城	省域城镇体系建设的依据	省级政府	国务院

续表

规划类别	规划范围	定位	编制单位	审批机关
直辖市城市规划	城市规划区	城市建设的依据	直辖市政府	国务院
省级主体功能区规划	全省（区、市）	省域国土空间开发的依据	省级政府	省级人大常委会
省级专项规划	全省特定领域	省域特定领域发展的依据	省级相关部门	省政府或其授权部门
省级区域规划	规划区域	区域国土空间开发的依据	省级发展改革部门	省政府
市县级空间发展规划	全市（县）	市县域经济社会发展纲领和国土空间开发的依据	市县级政府	省级人大
土地利用总体规划	全市（县）	市县域土地用途依据	市县级政府	国务院或省级政府
城市规划	城市规划区	城市建设的依据	城市政府	国务院或省级政府
镇规划、乡规划、村庄规划	乡村集镇建成区	乡村集镇建设的依据	市县级建设部门	市县级政府

资料来源：杨伟民：《发展规划的理论与实践》，清华大学出版社，2010年。

"三级三类规划管理体系"全方位地确立了国家阶段性战略目标，它们的关系如2018年《中共中央 国务院关于统一规划体系更好发挥国家发展规划战略导向作用的意见》所指出："下位规划服从上位规划、下级规划服务上级规划、等位规划相互协调，建立以国家发展规划为统领，以空间规划为基础，以专项规划、区域规划为支撑，由国家、省、市县各级规划共同组成，定位准确、边界清晰、功能互补、统一衔接的国家规划体系。"

显然，"三级三类规划管理体系"要依靠强大的国家组织动员能力才能得以实现。从中央到市县，从政府到各部门，一个个规划的设计与落实,确保了国家在现代化征途中一个个阶段性目标的实现。正如韩博天(Heilmann,2019)在《红天鹅》一书中总结的,新型发展规划主要起如下作用。

战略协调:从预期性、长期性、综合性的角度来确定国家政策优先顺序,并对其进行协调。

配置资源:根据政策制定者对经济、社会和环境可持续发展的判断,调动和集中有限的资源对经济结构进行必要的调整。

宏观调控:为了实现预定的发展目标,避免剧烈的经济周期波动,遏制因全球贸易金融体系导致的外部冲击,国家将控制主要经济变量的增长和变化。

(三) 短期目标:一年一考,充分动员

确定阶段性发展目标后,中国政府就会层层设计年度目标,自上而下动员至社会各个角落。自中央而省,自省而市,自市而县,自县而乡,上级政府将确定的经济发展、社会治理和政治治理目标,化解为一个个硬性指标层层下达。地方首长将指标下达给各部门,各部门领导再将指标下达到具体个人,指标完成质量作为官员考评或奖惩依据。有时为推动目标责任制落实,上级要求下级签订"责任状",甚至实行"一票否决制"。

每年各级政府工作目标的集中体现,是在政府向当地人民代表大会作的政府工作报告中,下面段落摘自 2018 年苏州市政府政府工作报告,以此管窥政府是怎样进行动员的。

> 2018 年,全市经济社会发展的主要预期目标是:地区生产总值增长 7% 左右,一般公共预算收入增长 8% 以上,全社会固定资产投资与上年持平,社会消费品零售总额增长 8%,进出口总额保

持稳定,服务业增加值占地区生产总值比重提高0.5个百分点以上,全社会研究与试验发展经费支出占地区生产总值比重达到2.9%左右,企业研究与试验发展经费投入增长10%左右,万人有效发明专利拥有量50件以上,全员劳动生产率增长7%以上,工业增加值率提高0.5个百分点左右,居民人均可支配收入增长高于地区生产总值增幅,居民消费价格总水平涨幅控制在3%左右,城镇登记失业率控制在3%以内,单位地区生产总值能耗下降、主要污染物排放总量削减完成省下达任务。

在新的一年里,我们将重点做好八个方面工作:1.着力促进经济提质增效(共七项要点和指标,略);2.着力加快科技创新步伐(共五项要点和指标,略)。3.着力增强发展动力活力(共八项要点和指标,略);4.着力推进城乡融合发展(共六项要点和指标,略);着力加强生态文明建设(共五项要点和指标,略);着力提高人民生活质量(共三项要点和指标,略);着力推动社会和谐进步(共三项要点和指标,略);着力打造为民清廉政府(共四项要点和指标,略)。

这简直就是政府整体行政动员令!可以看出,政府设置的目标非常多和非常细致,一旦设置目标后,上上下下都要围绕这些目标而展开,这实际上是资源不断进行重新配置的过程。

正像苏州市政府工作报告所展现的那样,地方政府作为拥有公共权力进行社会治理的组织,其施政目标必然是多样的。在多样性目标中,地方政府的关注点有重有轻,它体现了时代要求的变化。

在古代中国,在以小农经济为基础的社会背景中,政府主导经济发展的意愿不强,地方政府目标主要偏重社会治理方面,如《清史稿》所概括县级长官职责为:

知县掌一县治理，决讼断辟，劝农赈贫，讨猾除奸，兴养立教。凡贡士、读法、养老、祀神，靡所不综。

显然，地方政府历来是多目标治理，且有所侧重。如瞿同祖在《清代地方政府》一书中所言："州县官各类职责并非不分轻重，这无需赘言。除了维护治安这一首要职责以外，最重要的是征税和司法。"

改革开放后，中国发展战略是以经济建设为中心，政府具有很强的意愿发展经济，地方政府目标自然偏重经济治理方面，如对GDP、财政收入、投资等经济指标均提出了较高的增速或数额目标。1993年党的十四届三中全会召开，标志着中国由计划经济转向社会主义市场经济体制，为了调节市场经济运行、保持经济社会平稳健康发展，国家开始实施宏观调控，地方政府也相应地增加了失业率和CPI目标。后来随着经济的迅速发展，一些社会问题和矛盾逐渐凸显，如生态环境恶化、自然资源浪费、城乡差距和收入差距拉大，2007年，党的十七大提出"科学发展观"，强调以人为本，树立全面、协调、可持续的发展观，促进经济社会和人的全面发展。在这一重要指导思想下，地方政府目标逐渐从主要偏重经济治理方面转向经济社会治理两方面并重，并相应地增加了节能减排等目标。2013年以来，在"五位一体"的国家治理理念下，地方政府进一步增加生态建设和资源环境目标。

二、政府目标动员的规律

目标治理包含着丰富的中国政府行为密码，为观察它们的内在规律，本节进行详细的数据分析。

相对于五年规划目标，年度目标更有助于观察地方政府经济行为的规律，原因不仅在于年度目标的样本量更大，更在于现实中度量地方政府经济行为的指标通常是年度数据,年度目标与之更为匹配。因此,本书通过年度目标,揭示中国地方政府多目标治理的事实与规律。数据来源2000—2018年各省、自治区(方便起见,以下简称省级),和各地级市、州、盟、地区(方便起见,以下简称市级)每年政府工作报告,所整理的省级、市级目标的样本量分别为2352和22322个。

(一) 目标的向下扩张性:层层加码的程度如何?

目标的向下扩张性是指,下级政府的目标在上级目标基础上放大。

目标的向下扩张性产生的制度背景是,当上级政府主导下级政府的政绩评价时,下级政府的目标会主动在上级政府目标基础上"加码",即"上有所好,下必甚焉"。而如果下级政府独立性比较强,或者指标对政绩影响不明显,那么目标向下扩张性就会不明显甚至失去。

观察下级政府的目标扩张性的角度分为两大类:第一,对经济发展指标而言,下级相对上级的目标增速越大,越能体现政绩,意味着扩张性越强;第二,对于民生发展指标而言,下级相对上级的目标数值越小,越能体现政绩,意味着扩张性越强。度量方式是计算下级与上级政府的各目标差值(包括省级目标与中央目标差值、市级目标与省级目标差值),其描述性统计与相关比例见表7-3。

1. 省级目标对中央目标的扩张性分析

表7-3显示,各经济发展指标均呈现明显的向下扩张性。其中,GDP、财政收入、投资的扩张程度均为0.021,即各省目标平均在中央目标基础上增加2.1%。进一步比较,省级目标与中央目标差值大于0的比例以GDP为最高,高达94.35%。就民生发展目标而言,省级物价目标与中央目标持平,失业率目标比中央目标略低,说明民生发展目标没有呈现明显的向下扩张性。

表 7-3 下级与上级政府各目标差值的描述性统计与相关比例

	变量	观测值	均值	标准差	最小值	最大值	大于 0 比例	等于 0 比例	小于 0 比例
省级目标 — 中央目标	GDP	513	0.021	0.014	−0.01	0.07	94.35%	3.31%	2.34%
	财政收入	253	0.021	0.037	−0.106	0.14	64.43%	10.28%	25.30%
	投资	399	0.021	0.053	−0.112	0.41	60.90%	13.28%	25.81%
	失业率	486	−0.002	0.004	−0.021	0.018	8.23%	35.80%	55.97%
	CPI	474	0	0.006	−0.03	0.02	16.88%	68.99%	14.14%
市级目标 — 省级目标	GDP	5383	0.018	0.021	−0.071	0.22	80.57%	13.28%	6.15%
	财政收入	2336	0.018	0.041	−0.44	0.33	65.70%	19.44%	14.86%
	投资	4963	0.028	0.07	−0.317	1.08	62.00%	20.98%	17.03%
	工业增加值	987	0.026	0.036	−0.05	0.27	77.93%	13.14%	8.93%
	失业率	4267	−0.003	0.004	−0.027	0.017	6.12%	39.82%	54.07%
	CPI	2477	0	0.004	−0.03	0.04	8.52%	78.14%	13.34%

为了进一步观察省级目标扩张性的动态规律,我们计算了省级目标与中央目标的差值按年份分组的均值(图7-1)。可以看出,GDP目标在2013年后扩张性明显降低;财政收入目标的扩张性在2013年前波动剧烈,2013年后也明显下降;投资目标的扩张性无明显规律性变化。

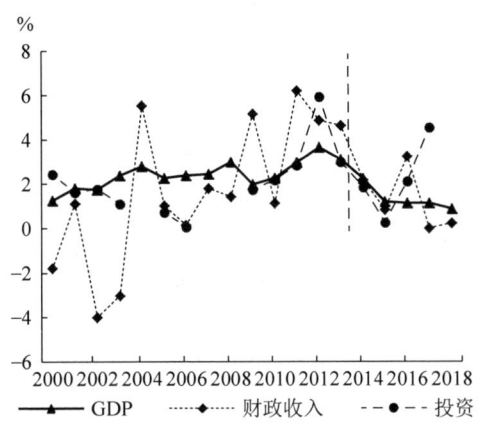

图7-1 省级目标对中央目标的平均扩张性

2. 市级目标对省级目标的扩张性分析

表7-3显示,市级经济发展目标也呈现出明显的向下扩张性。就扩张程度而言,其排序为:投资(0.028)>工业增加值(0.026)>GDP和财政收入(0.018)。就体现出扩张性的样本数量而言,其排序为:GDP(80.57%)>工业增加值(77.93%)>财政收入(65.7%)>投资(62%)。就民生发展指标而言,它的扩张性与省级目标扩张性一样不明显。图7-2呈现了市级目标扩张性的动态规律,可以看到,在2013年后,目标扩张性明显下降。

总体分析,可以得出两点认识:地方政府的各个经济发展指标均呈现明显的向下扩张性,而民生发展指标体现不明显;2013年后,地方政府的目标向下扩张性减弱。

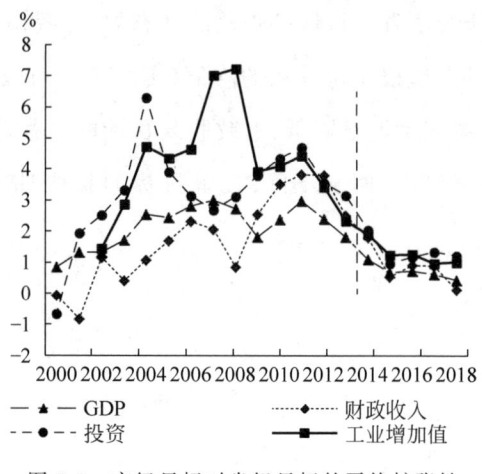

图 7-2 市级目标对省级目标的平均扩张性

（二）目标的约束性：目标实现度如何？

目标的约束性是指，在年初设定目标后，政府要严格按目标执行。

目标的约束性与实践中大量的政府考核有关。尽管在政府工作报告中，政府将这六大目标定位为"预期性目标"，但是大部分报告有相当大的篇幅论述为实现目标所要完成的工作任务。在地方两会之后，为确保目标任务落到实处，政府进一步制定详细方案，将目标分解到本级政府组成部门和下级地方政府，并以正式文件下发通知，以此作为各部门、各地方的考核办法，并且，在下一年的目标责任考核大会上政府会通报结果，排名靠前的地方有奖励，而排名靠后的地方则可能会被上级约谈。这种运行机制必然使得预期性目标体现出约束性特征。另一方面，目标约束性又与党的考核导向的变化有关，例如，当党的十八大后更注重生态文明建设，放松经济增长速度考核时，目标的约束性又可能降低。

分析目标约束性的方法是计算指标的实现值与目标值的差。对经济发展指标而言，差值大于等于 0 视为指标实现，对民生发展指标而言，差值小于等于 0 视为指标实现。

1. 省级目标的约束性分析

直观显示结果见图 7-3。分析结果有点出人意料,经济发展指标实现度均低于 80%,工业增加值目标实现度甚至不足 60%。尽管印象中人们认为,在考核压力下,政府会充分调动资源,甚至签订"责任状"或"责任书"来完成目标,但是实际上目标实现度并不非常高,代表性的 GDP 指标实现度也就 76.6%。

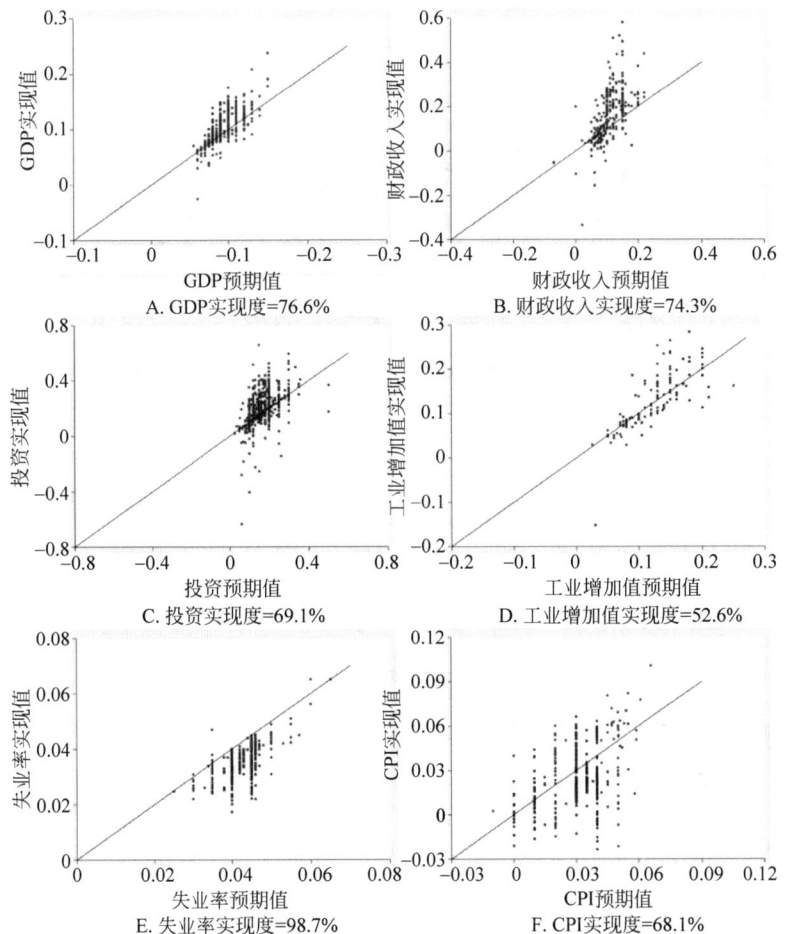

图 7-3　各省级目标实现值与预期值的散点图(当中直线为 45°角线)

注:图中纵轴是实现值,横纵是预期值,对经济发展指标而言,实现值位于预期值上方表示目标实现,对于民生发展指标而言,实现值位于预期值下方表示目标实现。

为什么会是这样呢？可能的解释是：一是地方设定目标更多是发出信号、坚定方向、发挥组织效力的手段，而对实现目标的硬性要求并不是非常高；二是党的十八大后目标的约束性降低。图 7-4 展现出全部省在经济发展类指标的平均实现度变化，可以看到，2013 年后，的确各指标普遍未得以实现。

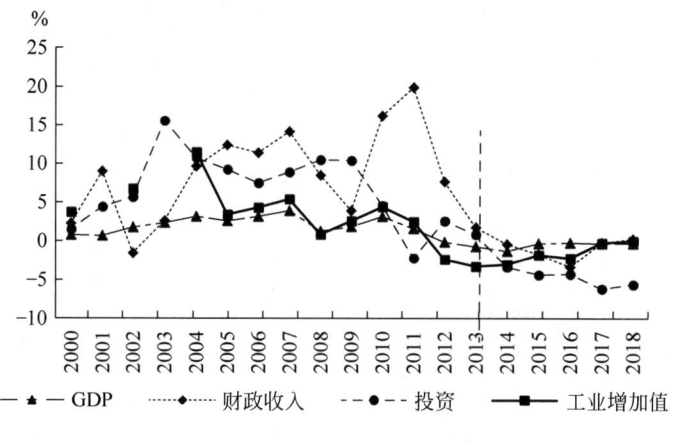

图 7-4　2000—2018 年各省级目标的实现情况动态

2. 市级目标的约束性分析

市级目标实现情况的直观显示结果见图 7-5。可以看出，民生发展目标实现度大大高于经济发展指标，工业增加值目标实现度甚至不足 50%，并且，市级的经济发展目标实现度普遍低于省级，代表性的 GDP 指标实现度相差近 20%。

市级的经济发展目标在 2013 年后是否也普遍未实现呢？图 7-6 展现出全部地级市在经济发展指标的平均实现度变化，可以看到，2013 年后，各指标确实普遍未得以实现。

总结这部分分析，可以得出三点规律性认识：地方目标实现度历年

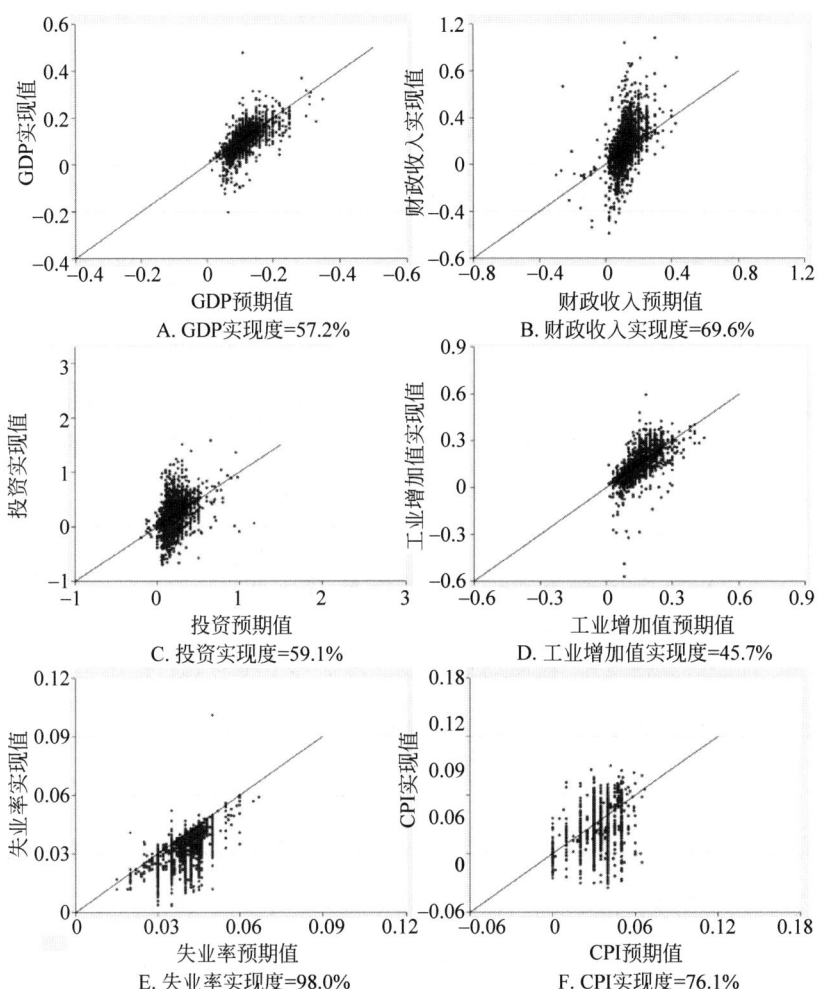

图 7-5 各市级目标实现值与预期值的散点图（当中直线为 45°线）

注：图中纵轴是实现值，横纵是预期值，对经济发展指标而言，实现值位于预期值上方表示目标实现，对于民生发展指标而言，实现值位于预期值下方表示目标实现。

平均在 50% 以上；市级的经济发展目标实现度普遍低于省级；2013 年后，地方经济发展目标普遍未得以实现。

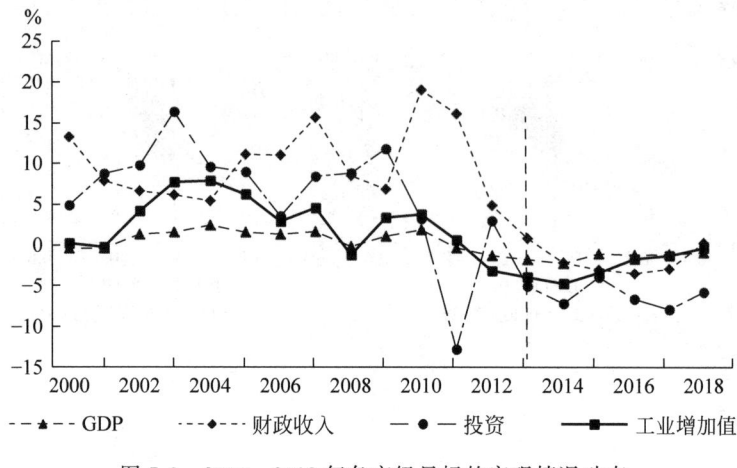

图 7-6　2000—2018 年各市级目标的实现情况动态

（三）目标差异性：地区间目标差异大吗？

目标差异性是指，地区间各指标是否因为上级政府目标影响、地区间经济差异和竞争激烈等因素，在地区之间表现出很大差异性？

测度目标差异性有其制度和经济背景：在垂直领导体系下，下级政府发展目标不可避免地会在较大程度受上级政府目标影响，如果下级政府目标趋同于上级政府目标时（如 CPI），那么地区间目标差异性就小；同时，如果地方政府之间经济差异较大，经济竞争激烈（如 GDP），那么地区间目标差异性就大。测算目标差异性可以提供一个观察地方政府施政行为差异的窗口。

我们用各地区指标的标准差来度量目标差异性，并分别按省、市两个维度度量，见表 7-4。从中可得出三点规律性认识：

第一，经济发展指标的地区差异性高于民生发展指标。不论是省级指标还是市级指标，目标差异性的排序均为：投资＞财政收入＞工业

表 7-4　2000—2018 年各省级、市级目标的标准差　　　（%）

年份	省级						市级					
	GDP	财政收入	投资	工业增加值	失业率	CPI	GDP	财政收入	投资	工业增加值	失业率	CPI
2000	0.84	2.62	4.46	—	0.43	0.68	1.28	2.71	4.88	1.10	0.40	0.61
2001	0.97	2.69	5.53	—	0.53	0.91	1.21	1.83	5.49	0.71	0.41	0.62
2002	0.92	2.31	3.33	1.38	0.51	0.77	1.41	1.66	4.97	2.06	0.52	0.60
2003	0.94	0.68	3.40	1.53	0.46	0.38	1.55	1.87	5.87	1.57	0.40	0.23
2004	1.12	2.41	4.79	1.41	0.57	0.38	1.68	2.27	6.94	2.08	0.40	0.56
2005	1.17	2.32	4.21	1.97	0.46	0.49	1.92	3.15	5.36	2.44	0.39	0.40
2006	1.25	1.99	4.89	2.99	0.37	0.33	1.61	2.35	7.05	4.07	0.32	0.41
2007	1.22	2.86	5.26	3.22	0.32	0.22	1.68	3.08	5.78	4.36	0.38	0.20
2008	1.30	2.83	4.17	1.52	0.29	0.67	1.73	3.46	6.54	3.75	0.38	0.42
2009	1.29	3.48	6.24	1.26	0.24	0.54	1.48	3.77	6.76	3.25	0.31	0.39
2010	1.38	3.14	5.78	2.15	0.24	0.50	1.54	2.87	6.19	3.21	0.29	0.33
2011	1.29	3.51	5.19	2.43	0.29	0.37	1.69	3.25	7.28	3.34	0.32	0.19
2012	1.43	3.33	7.36	3.84	0.39	0.42	1.68	3.40	4.93	2.81	0.30	0.26
2013	1.41	3.08	4.63	2.94	0.46	0.33	1.32	2.59	4.66	2.65	0.30	0.19
2014	1.19	2.54	3.87	3.15	0.42	0.15	0.98	2.89	4.70	2.47	0.29	0.15
2015	1.35	3.41	3.98	1.98	0.31	0.34	0.95	2.73	3.43	1.83	0.30	0.17
2016	1.05	4.25	3.35	2.32	0.41	0.23	0.94	1.88	3.01	1.49	0.26	0.15
2017	1.11	2.08	8.16	1.27	0.38	0.23	0.79	2.26	2.84	1.28	0.27	0.12
2018	1.05	1.36	3.34	1.96	0.41	0.24	0.70	2.15	2.13	1.26	0.30	0.12
历年均值	1.17	2.68	4.84	2.20	0.40	0.43	1.38	2.64	5.20	2.41	0.35	0.32

注:市级各指标的目标标准差的计算分为两步,第一步计算各省市级目标标准差,第二步求各省平均值。

增加值>GDP>失业率和 CPI。投资目标差异性远远高于其他目标,而 CPI 和失业率目标差异性非常低。

第二,市级经济发展指标的差异性普遍高于省级。与省级目标差异性相比,市级投资目标差异性高出 0.36 个百分点,GDP 目标差异性高出 0.21 个百分点,工业增加值目标差异性高出 0.002 个百分点。而在民生发展目标差异比较中,市级略低于省级。

第三,2002—2013年经济发展指标的差异性高于其他区间。仔细观察表7-4,可以发现在2002—2013年,以投资为代表的经济发展指标的差异性明显较高,这段时间正是中国从加入世贸组织到经济步入新常态的区间,在此区间内,中国经济处于迅猛发展阶段。这意味着在高速增长期,地区间目标差异性也会上升。

(四) 目标延续性:当期目标受上期影响程度如何?

目标延续性是指,地方政府各个发展指标是否会受到上期较大影响,从而显现出连续性特征?

测度目标延续性的制度和经济背景是,地方目标会受五年规划的影响,但是在实际执行中会根据实际情况进行调整。我国从中央到地方,每五年制订发展规划,五年发展规划会分解到每年的计划中,这样会使每年目标会受到五年规划的影响,这容易导致目标有较强的延续性。例如,中央政府做出全国GDP增长目标,在1999—2004年、2005—2011年、2012—2015年均保持不变。不过,五年规划毕竟是指导性文件,经济社会形势经常发生变化,地方目标必须要根据变化进行调整,这又降低了目标延续性。

一个典型例子是财政收支预算制订。财政预算一直有增量预算和零基预算的两种预算方式,增量预算是指以基期水平为基础做出的预算,零基预算是指在每一个新的期间重新判断所有的费用后做出的预算。显然,如果坚持增量预算方式,那么财政收入目标会体现出较强的延续性,反之则体现出较弱的延续性。

1. 省级目标的延续性

为了考察省级目标的延续性,本文以目标的当期值为被解释变量,滞后一期作为解释变量进行回归分析,以此来观察滞后一期目标对当期目标的影响。各目标的估计结果见表7-5。

表7-5 省级目标的延续性估计结果

	GDP	财政收入	投资	工业增加值	失业率	CPI
被解释变量的一阶滞后项	0.679*** (0.045)	0.508*** (0.057)	0.520*** (0.089)	0.511*** (0.107)	0.583*** (0.0834)	0.176** (0.054)
地区和年份固定效应	控制	控制	控制	控制	控制	控制
N	486	213	470	75	445	428
R^2	0.823	0.805	0.648	0.941	0.749	0.882

从表7-5中可以看出,各指标在省级层面存在显著的目标延续性,但是延续性程度差异很大。各指标一阶滞后项的回归系数均显著为正,按系数大小排序为:GDP>失业率>投资>工业增加值>财政收入>CPI。

2. 市级目标的延续性

从表7-6可以看出,与省级目标的延续性类似,各指标在市级层面也存有显著的目标延续性,延续性程度差异也很大。各指标一阶滞后项的回归系数均显著为正,按系数大小排序为:GDP>工业增加值>财政收入>失业率>投资>CPI。

表7-6 市级目标的延续性估计结果

	GDP	财政收入	投资	工业增加值	失业率	CPI
被解释变量的一阶滞后项	0.556*** (0.024)	0.413*** (0.04)	0.294*** (0.029)	0.418*** (0.036)	0.402*** (0.034)	0.079** (0.037)
地区和年份固定效应	控制	控制	控制	控制	控制	控制
省虚拟变量*年份趋势项	控制	控制	控制	控制	控制	控制
N	4920	2412	4500	1443	3700	1795
R^2	0.811	0.723	0.525	0.873	0.792	0.772

总结这部分分析，可以认为，地方目标存在显著的延续性，其中，GDP 的延续性最大，CPI 的延续性最小。

（五）目标阶段性：目标的历史变化特征如何？

目标阶段性是指，地方发展目标在不同历史发展阶段表现出不同的特征。

目标阶段性的制度和经济背景是，地方发展目标既受党政领导干部考核办法的影响，也受经济形势变化的影响。影响地方发展目标的导向性制度是中组部在各个时期发布的党政领导干部考核办法，主要有：1998 年中组部出台《党政领导干部考核工作暂行规定》，它比较强调经济工作实绩考核；2006 年和 2009 年中组部出台了体现科学发展观要求的领导干部考核办法；2013 年党的十八届三中全会强调"完善发展成果考核评价体系，纠正单纯以经济增长速度评定政绩的偏向"，当年中组部又修改了相关考核办法，它强调"五位一体"的国家治理理念，考核内容更加丰富。就经济形势变化而言，我国自 2001 年底加入世界贸易组织后，经济出现了较长的高速增长期；2008 年经济受到了国际金融危机的冲击；2013 年后经济步入新常态时期。这种经济形势变化势必反映到地方发展目标上。

为此，我们计算了 2000—2018 年省级和市级政府六大目标按年份分组的均值（图 7-7 和图 7-8），从中可以看出，无论是省级还是市级，2000—2018 年各经济发展目标大体呈现出先上升再下降的运行态势，而居民生活类指数阶段性特征不明显。2013 年是制度变革和经济形势的交汇点，因而，我们以 2013 年为分界线，分上升和下降两个阶段进行分析。

第一个阶段是 2000—2012 年，经济发展目标大体处于上升阶段。这一阶段初期，中国成功克服了亚洲金融危机的不利影响，初步建立

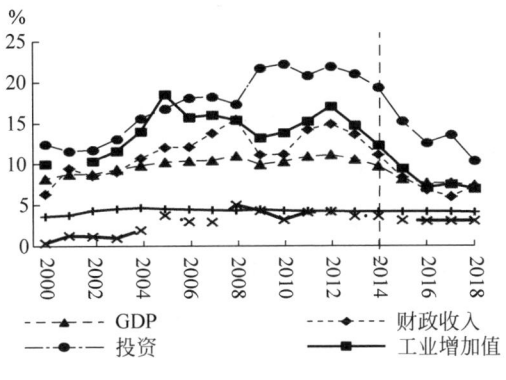

图 7-7　省级政府各目标的均值

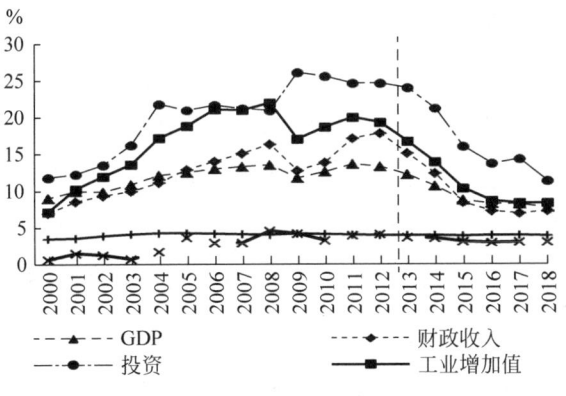

图 7-8　市级政府各目标的均值

了社会主义市场经济体制,具备了良好的发展基础,国家发展处于重要战略机遇期。在这一有利背景之下,各级政府努力发展经济,不断提高目标。2008年国际金融危机发生后,中国经济面临较大下行压力,2009年地方政府开始调低GDP、财政收入和工业增加值目标,但是投资目标大幅度上升,这反映当时以"四万亿"投资刺激经济的背景。2009年后投资目标连续3年保持在高位,这带动其他经济目标的上升。

第二个阶段是2013年以来,各经济发展目标大体处于下降阶段。

在这一阶段,中国经济由高速增长阶段转向高质量发展阶段,为了更好地解决发展中所遇到的矛盾和问题,实现经济高质量发展,地方政府开始转变经济发展方式,不再过于追求经济速度增长,而是更为注重提高经济质量,这导致各经济发展类指标目标值下降。

总结目标阶段性特征为:地方经济发展目标自2000年后处于上升期,2008年受金融危机影响,投资目标大幅度上升,2013年后各经济发展目标持续下降,民生发展指标无明显目标阶段性特征。

(六)目标的政治周期性:目标随领导任期变化吗?

目标的政治周期性是指,地方各个发展指标与地方主政领导的任期可能存在密切联系。

目标的政治周期性的制度背景是,由于地方主政领导对地方各发展指标的预期设置有很大的影响,他们的任期可能会影响目标。在中国,地方党委书记作为地方领导班子"一把手",主导地方发展战略并决定地方发展目标。因而,党委书记的任期有可能影响目标。

市委书记任期影响目标的可能机制为:一方面,市委书记在新上任之时可能有很大的工作激情,倾向于设定一个较高的目标,随着任期的延长,这种热情不断降低,目标也随之下降,但如果任期过长或者将要离任之时,可能会"奋力一搏"设定较高的目标,从而目标与任期存在U型关系;另一方面,市委书记在新上任之时可能并不熟悉当地各项工作,倾向于设定一个较低、比较容易完成的目标,随着工作的熟悉和经验的积累,便逐步提高目标,但如果任期过长或者将要离任之时,就没有很大的积极性再设定过高的目标,从而目标与任期存在倒U型关系。一些文献研究认为市委书记与目标存在某种规律(马亮,2018),那么,当我们扩大样本后,这种规律还存在吗?

为了考察这种目标的政治周期性规律,我们作出各市级目标关于市委书记任期的散点图(图 7-9)。在图 7-9 中,各目标与市委书记任期的二次曲线拟合基本是水平线,并未呈现 U 型或倒 U 型关系。为进一步观察两者关系,我们将市委书记的任期分为三类:任期的第一年称为新任、任期的最后一年称为将离、任期的其他年份称为在任,计算

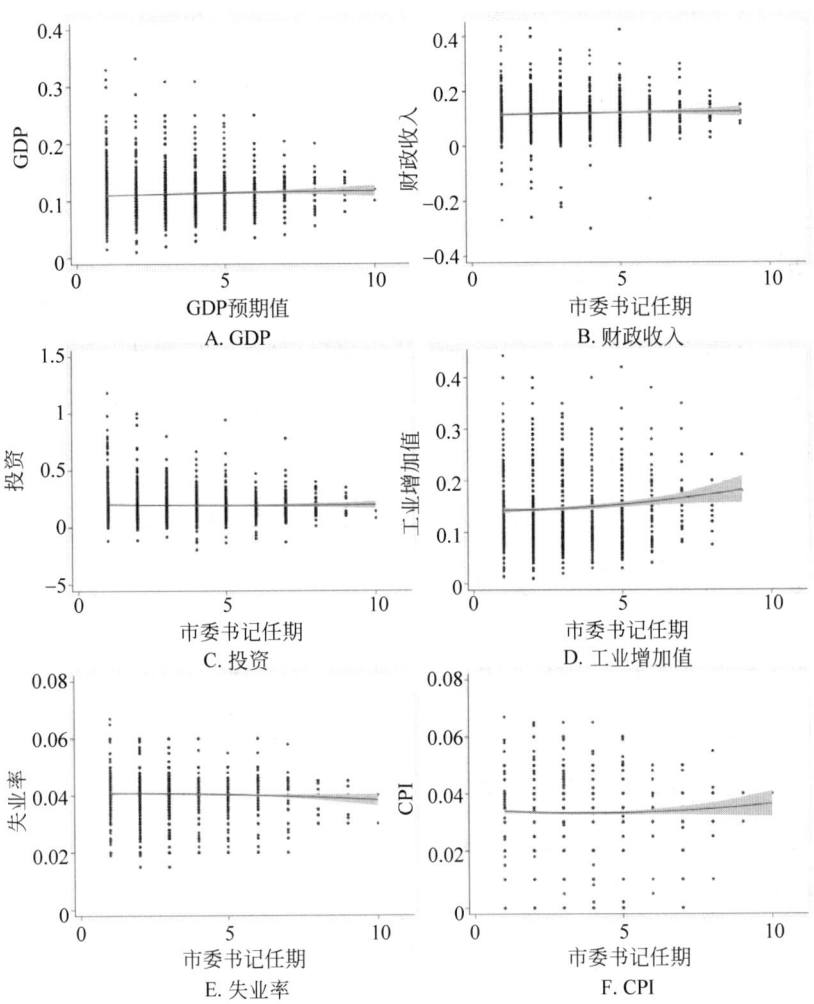

图 7-9　各市级目标关于市委书记任期的散点图
注:图中曲线是各点的二次曲线拟合,阴影表示 95% 的置信区间。

得到不同任期类别下各目标的平均值和中位数(表 7-7)。从表 7-7 可以看出,各目标在这三类任期的均值和中位数虽略有差异,但差异很小。

表 7-7 各目标关于不同任期类别的平均值和中位数

	平均值			中位数		
	新任	在任	将离	新任	在任	将离
GDP	0.111	0.113	0.110	0.11	0.11	0.11
财政收入	0.118	0.120	0.114	0.11	0.12	0.11
投资	0.200	0.195	0.190	0.2	0.2	0.18
工业增加值	0.143	0.150	0.141	0.134	0.145	0.13
失业率	0.041	0.040	0.040	0.042	0.04	0.04
CPI	0.035	0.033	0.033	0.035	0.03	0.032

总结这部分分析,我们倾向于认为,目标的政治周期性并不存在。这或许是因为市委书记任期是由上级决定的,地方领导人面对的任期实际上是不确定的,有研究表明地级市市委书记平均任期为 3.6 年(耿曙等,2016),这种情况下很难保持目标的一致和连贯。

总结这部分分析,可以发现地方政府目标治理具有五个特性。

第一,目标的向下扩张性。地方政府的各个经济发展指标均呈现明显的向下扩张性,而民生发展指标体现得不明显;2013 年后,地方政府的目标向下扩张性减弱。

第二,目标的约束性。地方目标实现度历年平均在 50% 以上;市级的经济发展目标实现度普遍低于省级;2013 年后,地方经济发展目标普遍未得以实现。

第三,目标地区差异性。经济发展指标的地区差异性高于民生发展指标;市级经济发展指标的差异性普遍高于省级;2002—2013 年经济发展指标的差异性高于其他区间。

第四,目标延续性。目标存在显著的延续性,其中,GDP 的延续性最大,CPI 的延续性最小。

第五,目标阶段性方面。地方经济发展目标自 2000 年后处于上升期,2008 年受金融危机影响,投资目标大幅度上升,2013 年后各经济发展目标持续下降,民生发展指标无明显目标阶段性特征。

三、干部考核制度对目标实现的保障作用

要实现政府的预期目标,必须有一套制度作保障。制度有效的关键在于两点:一是激励,二是约束。这种制度就是干部考核制度:对追求晋升的官员来说,制度发挥的主要是激励作用,官员不但要积极完成目标,而且最好要超额完成目标;对于那种晋升无望的官员来说,完成不了目标不但意味着无法晋升,而且可能意味着要被摘下乌纱帽,意味着整个地区或部门的工作被否定,这对官员来说,是根本无法接受的。

用通俗的话说,干部考核制度就是"胡萝卜加大棒"政策,胡萝卜激励追求晋升的官员,"大棒"用来威慑不努力的官员。党的十九大报告,明确提出"坚持严管和厚爱结合、激励和约束并重,完善干部考核评价机制,建立激励机制和容错纠错机制"。激励与约束,正是干部考核制度发挥作用的关键。

自新中国成立起,我国就探索对领导干部的考核制度,它的发展过程可分为四个阶段(戴晓曙,2020)。

(一) 1949 年至 1978 年,以政治态度为导向

这一阶段关注的主要是干部的"德""能""勤"。新中国成立初期,还延续着革命战争年代对领导干部的考核要求,采取的是年度鉴定的方式。年度鉴定强调对干部立场、观点、作风、掌握政策、遵守纪律、联

系群众、学习态度等多个方面的考核。对于新干部，考核的重点放在划清敌我界限以及树立革命的人生观上。

1951年，中组部提出要以政治体制和业务能力为主要内容，增加对干部日常表现的鉴定。鉴于当时干部管理体制的限制，下管干部过多，这使得一年一度的鉴定工作开展过程并不顺利。

1956年，中央决定取消一年一度的鉴定制度，改为在干部调动时进行一次鉴定，对于长时间不调动的干部，每3至5年进行一次鉴定。这一改动持续到了1962年，而后又恢复为一年一次的鉴定。"文化大革命"时期，干部考核制度受到了极大的破坏，丧失了原有的作用。

显然，新中国成立后至改革开放之前的这一阶段，出于对巩固革命成果的需要，尽管考核中涉及干部的工作与日常表现，但考核重点却在政治领域。同时，由于这一阶段的政治并不稳定，此时的考核制度也难有规范的形式。

（二）1978年至2002年，以工作实绩为导向

在这一阶段，我国中心任务是推动经济快速增长，"发展才是硬道理"的思路也由党的方针具体化为国家意志，并通过干部考核引导领导干部思维模式的转变，并最终形成了以工作实绩为考核重点的考核体系。

1979年，《中共中央组织部关于实行干部考核制度的意见》印发，这标志着全党干部考核工作的正式开始，该意见首次正式提出了考绩的要求，即对"绩"的考核，将原来的考核内容扩展为"德""能""勤""绩"四个考核方面，要求实行一年一次或两年一次的定期考核。同时，该意见还对干部考核达标与未达标的情况给出了具体的奖惩措施。对于"达到考核标准、工作成绩显著的干部，要给予精神鼓励或物质鼓励。

对大公无私、精通业务、有组织才能和办事效率高的优秀分子,要选拔到领导岗位上来。"对未达标的干部要限期改正,两次考核均不达标的则需将其调离现职或降职使用。

经历了一段时间的试点与推广后,1983年党中央批转同年7月召开的全国组织工作座谈会的会议报告,提出要着重对工作实绩的考核,以此作为考核的重要原则。1988年,中组部发出《中央组织部关于试行地方党政领导干部年度工作考核制度的通知》(中组发〔1988〕7号),要求试行《县(市、区)党政领导干部年度工作考核方案(试行)》和《地方政府工作部门领导干部年度工作考核方案(试行)》,再次强调实绩是考核重点,并指出"考核结果作为组织对干部实行奖惩、升降、调整、培训的重要依据"。1993年《国家公务员暂行条例》颁布,确认了注重考核工作实绩的要求。

不过,由于各地具体考核内容与指标设定过于简单直接,在经过认真研究后,1995年中组部下发《关于加强和完善县(市)党委政府领导班子工作实绩考核的通知》,决定从县(市)党委、政府领导班子开始加强和完善工作实绩考核,要求各地制定考评细则与标准,并陆续在全国范围内选择试点试行推广,为以后的进一步改革积累经验。1996年,中组部制定了《县(市)党委、政府领导班子工作实绩考核试行标准》以供各地参考,该试行标准构建了包括经济建设、社会发展和精神文明建设以及党的建设共3大项16小项的考核体系。试行标准中的具体项目与指标设置也成了之后各地设置经济社会发展考核标准的重要参考,构成了现行经济社会发展绩效考核指标体系的雏形。

表 7-8　1996 年颁布的《县(市)党委、政府领导班子工作实绩考核试行标准》

考核项目	考核指标	定性要求
(一) 经济建设		
1. 经济总量、发展速度和人均水平	国内生产总值及增长率；人均国内生产总值及增长率	根据国家调控的总体目标，按社会主义市场经济规律和客观实际确定当地发展目标，把重点转到调整结构、提高经济增长质量和效益上来
2. 国家税收与地方政府财力	中央税收及增长率；地方财政收入及增长率	完善分税制，增加中央和地方财政收入，收支平衡
3. 城乡居民生活水平	农民人均纯收入及增长率；贫困人口脱贫率；城镇人均生活费实际收入及增长率；社会零售物价指数；居民消费价格指数	逐步增加城乡居民收入，坚决控制物价上涨幅度，保障市场供给
4. 农业生产与农村经济发展	耕地保有量；粮食等主要农产品产量及增长率；农田灌溉面积	增加农业投入，改善农业生产条件，推广先进技术，提高单产，增加总产，优化农业结构，增加农产品有效供给
5. 国有资产管理	国有资产增值率	建立健全国有资产经营责任制和保值增值考核体系，防止国有资产流失
6. 企业经营与管理	国有企业盈利面；国有企业利税增长速度；乡镇企业上缴税收额	转换国有企业经营体制，提高经济效益，大力发展乡镇企业，合理引进和利用外资
7. 交通、能源、通信、城镇建设，农田水利等基础设施建设	基础设施投资率(额)	改善生产和生活条件，提高工农业生产保障能力

续表

考核项目	考核指标	定性要求
(二) 社会发展与精神文明建设		
1. 人口与计划生育状况	计划规定的人口出生率	控制人口过快增长,提高人口素质
2. 社会稳定与治安状况	案件下降率;重大案件破案率	加强社会治安综合治理,禁止"黄、赌、毒"和封建迷信活动,保障社会稳定和人民生活安定
3. 教育、科技、文化、卫生、体育状况	九年义务教育普及率;青壮年文盲扫除率;科技进步贡献率;农业三级医疗预防网普及率	落实教育优先发展战略,增加教育投入,促进科技成果转化,提高国民身体素质
4. 环境保护与生态状况	"三废"治理达标率;森林和绿地覆盖率	环境建设与经济建设同步规划、同步实施、同步发展,治理和减少环境污染
(三) 党的建设		
1. 思想政治建设		组织干部和党员学习掌握党的基本理论、基本路线和基本知识,提高思想政治素质
2. 领导班子和干部队伍建设		注重考核领导班子提高素质,改善结构情况
3. 民主集中制建设		注重考核重大决策取得明显成效或导致严重失误情况
4. 党的基层组织建设		注重考核基层党组织建设、责任制建立和执行情况
5. 党风廉政建设		注重考核领导干部廉洁自律有关规定的执行情况

1998年,中组部下发《关于印发〈党政领导干部考核工作暂行规定〉的通知》(中组发〔1998〕6号),建立起了包括平时考核、任职前考核、定期考核在内的规范考核体系,以及思想政治素质、组织领导能力、

工作作风、工作实绩和廉洁自律五方面对领导干部的考核内容。2000年《深化干部人事制度改革纲要》发布,作为干部人事制度改革的一部分,完善党政领导干部考核制度被列入纲要之中,并强调了要研究制定以工作实绩为主要内容的考核指标体系。

以创造政绩(特别是经济绩效)为考核和奖惩标准极大地调动了干部积极性,起到了"鞭打快牛"的效果,各级政府掀起了一股大力发展经济的浪潮。但同时它也产生了反面作用,它促使官员追求短期行为而忽视长期发展,追求经济发展而忽视民生投入,如很多地方为了发展经济毫不顾及本地生态环境的承载力。因此以政绩为导向的干部考核制度需要作进一步改革。

(三)自2002年至2013年,以科学发展观为导向

这一阶段是中国经济的高速发展期,但也是环境污染、资源浪费、社会矛盾突出等问题的爆发期。此时期,党中央在治国理念上强调"坚持以人为本,树立全面、协调、可持续的发展观,促进经济社会和人的全面发展",干部考核制度也随之作出了相应调整。

在科学发展观的大背景下,我国在2005年通过了《公务员法》,它对领导干部的考核方法实现了从规定、条例上升为法律的跨越。科学发展观在该法中有所体现,该法不只是单纯地强调"以经济建设为中心",而是强调了以可持续发展战略为基点的和谐社会建设及综合测评。对领导干部考核的指标也在"德、能、勤、绩"中增加了"廉"。

2006年,中组部制定了《体现科学发展观要求的地方党政领导班子和领导干部综合考核评价试行办法》,该办法从2004年开始起草,经过结合试点结果多次修改后形成,增加了"二次推荐""延伸考察"和"集体面谈"等新方法,对干部综合考核方式、程序等作了进一步的完善。

2009年,中共中央办公厅印发《关于建立促进科学发展的党政领导班子和领导干部考核评价机制的意见》(中办发〔2009〕30号),随后,经中央批准,中组部下发《关于印发〈地方党政领导班子和领导干部综合考核评价办法(试行)〉、〈党政工作部门领导班子和领导干部综合考核评价办法(试行)〉、〈党政领导班子和领导干部年度考核办法(试行)〉的通知》(中组发〔2009〕13号),干部考核制度向更加科学的方向继续迈进。

(四) 2013年后,以分类考核为导向

随着中国经济社会的进一步发展,国家治理面临着更加错综复杂的局面,改革开放的总目标也由1993年党的十四届三中全会提出的"建立社会主义市场经济体制"和2004年党的十六届三中全会提出的"完善社会主义市场经济体制",转为2013年十八届三中全会提出的"推进国家治理体系和国家治理能力现代化"。要实现这个总目标,就需要干部队伍具有更加综合的素质,以及干部有更明确的职责分工。

2013年《中共中央关于全面深化改革若干重大问题的决定》,明确指出要"完善发展成果考核评价体系,纠正单纯以经济增长速度评定政绩的偏向,加大资源消耗、环境损害、生态效益、产能过剩、科技创新、安全生产、新增债务等指标的权重"。同年,中组部印发了《关于改进地方党政领导班子和领导干部政绩考核工作的通知》提出要"强化约束性指标考核,加大资源消耗、环境保护、消化产能过剩、安全生产等指标的权重。更加重视科技创新、教育文化、劳动就业、居民收入、社会保障、人民健康状况的考核"。

对此,这一时期干部分类管理在党政机关干部、事业单位工作人员、国有企业经营管理人员"三支队伍"分类序列的基础上,进一步细化,努力实现"五个区别":工作性质区别、任用方式区别、行政层次区

别、不同区域及不同发展阶段区别、岗位责任区别。

这一时期党中央提出了"新时期好干部标准""显绩潜绩相统一"等思想,强调要完善干部考核的正向激励机制、逆向约束机制、容错纠错机制等。在干部考核制度上,一方面规范干部行使公权力行为,另一方面也努力激发干部干事创业的活力,以适应全面深化改革的要求。

在中国当前现代化建设的过程中,地方政府承担着更多职责,官员的执政效果很难通过单一指标来体现,考核标准也就需要更加详细。以2015年河南省委、省政府印发的《河南省市县经济社会发展目标考核评价工作办法》为例(见本章附录),其定量考核指标体系由三大部分组成:经济规模质量效益方面,考核地区生产总值及增长速度、公共财政预算收入及增长速度、固定资产投资总额及增长速度、高新技术产业增加值占规模以上工业增加值比重及增长速度、粮食总产量等指标、产业集聚发展水平;二是社会发展和民生改善方面,考核居民人均可支配收入及增长速度、城镇化率及提高幅度、社会保障覆盖率等指标;三是生态环境和可持续发展能力方面,考核节能减排、环境质量达标率等指标。每个指标都有详细的数据说明,并可能由更多的子指标构成。

四、目标动员制:中国经济增长之谜的第二种解释

本书第三章指出,国家能力体现为组织动员能力和市场增进能力,而目标动员制的实行,实际上就是国家超强的组织动员能力的展现。

本书第二章指出,中国具有很强的郡县制传统,它通过官员选拔、任免、考核制度,来完成对官员行为的引导和控制,可以说,郡县制传统下的中国,历来就不乏超强的对经济社会的组织动员能力,而进入改革开放时代后,这种能力就充分发挥出它的能量,其做法也很简单,那就

是:实行目标动员制!

目标动员有很多种,可以根据现实情况灵活设置。目标动员可以分为三个时期分析:

一是自1978年至2003年,此时目标动员以经济增长为主。"文化大革命"十年动乱后,中国打开国门,猛然发现经济发展水平远远落后于世界,"再不发展经济,就要被开除球籍"的危机感油然而生。邓小平提出的"以经济建设为中心","坚持一百年不动摇",在很大程度上成为全党全国人民的共识,此时目标考核的偏向经济指标,在计划经济还发挥重要作用的80年代,考核指标可以是企业产值和利润;而在90年代国民经济核算体系建立后,考核指标可以是GDP。

二是自2004年至2012年,此时社会治理成为政府治理的重要目标。当经济发展后,社会治理问题比较重要时,国家就开始重视社会稳定和谐,此时的考核指标就会偏向社会指标。2004年召开的中共十六届三中全会,提出社会发展战略目标是建设和谐社会,它指的是一种和睦、融洽并且各阶层齐心协力的社会状态。

三是2013年以后,此时国家治理强调"五位一体"的综合目标。伴随着中国现代化进程的推进,国家治理的综合性与复杂性日益凸显。2013年中共十八届三中全会通过《中共中央关于全面深化改革若干重大问题的决定》,这份文件被舆论解读为"中国改革新程的总纲领",它强调建设中国特色社会主义的总体布局是经济建设、政治建设、文化建设、社会建设、生态文明建设五位一体。"五位一体"的国家治理体系在中共十九大得到进一步强调。

伴随着国家治理目标的变化,目标动员制的目标动员方向和方式均发生了很大的变化。在2013年前,目标动员制在推动中国经济增长方面具有重要作用,一个重要表现是历年全国GDP实际增长率普遍超过增长目标值,见图7-10。但在2013年后,目标动员制呈现出更加丰富性的特点,对提高 GDP 增长率的动员力度下降。典型表现是在 2017 年中共十九大提出在三年内打好"三大攻坚战":防范化解重大风险、精准脱贫、污染防治。各级政府为此围绕该部署而开展目标设计和动员。而在 2020 年猝然面临新冠肺炎疫情冲击时,各级政府又迅速转变工作目标和重点,将防治疫情变为工作重心。这种目标动员制能有效地集中力量应对各种挑战,克服中国现代化征程中一个个困难。

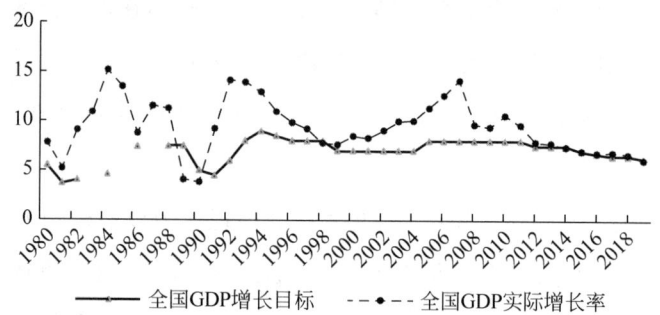

图 7-10 全国 GDP 增长目标与实际增长率比较

注:缺失数据为当年没有设定目标;当目标以"左右"表示时,取中间值,例如,"GDP 增长目标为 6%—6.5%",则取值为 6.25%。

这种目标动员方式,与官员追求晋升不能说一点关系也没有,但不是全部。对追求晋升的官员而言,他们不但要积极完成目标,而且最好要超额完成目标;而对于那种无望晋升的官员来说,完成不了目标不但意味着无法晋升,而且可能意味着要被摘下乌纱帽,意味着整个地区或部门的工作被否定,这对官员来说,是根本无法接受的。

目标动员制能够顺利运行的背后,是国家组织动员能力的保证。那么,这种能力来自哪里呢?它既与中国共产党在革命和建设中建立的严密组织有关,也与中国悠久的郡县制治理传统有关,郡县制下官员选拔、任免和监察机制,达到了西汉贾谊所称"令海内之势如身之使臂,臂之使指,莫不制从"的效果。只不过,封建社会下郡县制所保障的是政权稳定和危机应对,而现代社会郡县制传统所保障的是计划落实和经济增长,见图 7-11。

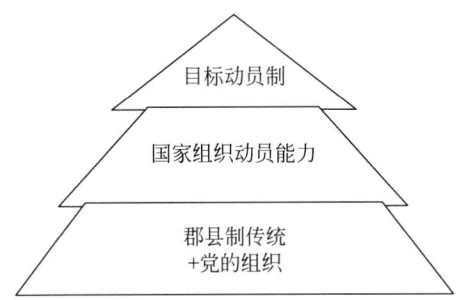

图 7-11　国家组织动员能力与目标动员制的实施

从中央到地方再到基层,从长期发展战略到中长期五年规划再到年度政府工作,目标动员制贯穿各级政府行政的各个时期。这实际上是中国追求现代化道路上的中国经验和中国制度创新!在追求现代化的道路上,中国人展现出强大的必胜信念,正像毛泽东 1954 年在第一届全国人民代表大会第一次会议上讲的一段话所言:

> 我们正在前进。我们正在做我们的前人从来没有做过的极其光荣伟大的事业。我们的目的一定要达到。我们的目的一定能够达到。

自二战以来特别是苏联式计划经济失败后,世界已经形成这样的共识,市场经济是促进资源配置的最有效经济模式。但是,这仅是在提高效率方面是成立的,市场经济是逐利的经济,逐利会驱使生产要素流向要素回报率的地方,它会调动各方积极性来不断优化资源配置。但是,人毕竟生活在社会中,社会治理的需求要大大超过经济需求,社会运行也就有诸多超过经济层面的规律。在资源有限的情况下,中国依托强大的国家组织动员能力,层层设计,层层发动,层层落实,这是在市场资源配置之外的另一种资源配置方式:资源配置的组织方式。它与资源配置的市场方式相比,不是非此即彼的关系,而是微观与宏观的关系，市场与政府的关系，自由与秩序的关系，也就是本书中反复强调的国家能力的一体两面：

市场增进能力与组织动员能力的关系！

组织动员能力在经济学中较少得到重视和研究。著名经济学家科斯（1937）和科尔奈（1985）分别在微观和宏观层面研究了这个问题。科斯在 1937 年发表了《企业的性质》这篇开创式的论文，他认为市场交易是有成本的，组织内资源配置会有效地降低交易成本，由此产生了企业这样的组织，企业的合理规模就确定在市场边际交易成本等于企业边际组织成本之处。科尔奈（1985）基于苏联和东欧计划经济经验的分析认为，经济协调机制分为行政协调机制和市场协调机制。前者主要基于纵向信息流配置资源，此时行政隶属关系占主导地位，决策高度集中化；后者则基于横向的价值交换的信息流，决策分散。这两位经济学家均认识到在市场配置资源之外，还存在着由组织配置资源的方式。

教科书中关于政府配置资源的合理性主要是基于市场失灵观点。所谓市场失灵，是指由于垄断、外部性、公共产品和不完全信息等因素的存在，市场不能实现资源的最优配置。在此前提下需要政府干预市场，其出发点仍主要是从提高经济效益的角度看待政府作用。

我认为，要强调国家的组织动员能力和组织配置资源的理由，主要基于以下两点：一是发展目标的多样性；二是发展目标的阶段性。就发展目标的多样性而言，国家治理是"五位一体"的体系，它涉及经济、政治、文化、社会、生态文明这五个方面。尤其是社会建设方面，市场经济发展会破坏原有社会秩序，为建构合理的社会秩序就需要投入大量资源。同时，全球化时代不确定性风险增加，政府也需要组织动员资源来应对风险冲击，正如 2020 年全球新冠肺炎疫情冲击下中国政府所做的那样。就发展目标的阶段性而言，中国在迈向现代化强国目标的征途中，优先发展的目标会随着历史发展阶段而变化，而推动目标转换与实现无疑需要政府组织和调动资源来实现。

然而,任何事情都会过犹不及。正像过度强调市场自由竞争会带来分配不公、社会秩序破坏一样,过度强调组织动员能力会降低市场在资源配置效率中的作用,进而导致资源配置的一系列扭曲。且不说在计划经济年代它对经济和社会的巨大扭曲,在现实中,目标动员制下的各级政府的检查考评和达标竞赛活动非常频繁,据《人民网》2013 年 9 月 11 日报道,2006 至 2009 年期间,由中央纪委牵头,人力资源和社会保障部等部门参与,全国共清查出各种达标评比、表彰项目 148405 个,最后只保留了 4218 个,总撤销率为 97.16%。

协调市场增进能力与组织动员能力的关系是贯穿本书的主题,而协调它们的制度落脚点很大程度就落脚在央地关系处理上,在本书第十章后将详细研究央地关系的制度建设方案。

五、关于官员晋升锦标赛假说的迷思

在关于中国经济增长之谜的解释中,一个长期流行的学说是"官员晋升锦标赛"假说。该假说认为,中国地方政府官员在晋升上面临着激烈的竞争,官员的晋升概率由其任职期间的经济增长业绩决定,它激发了地方官员发展经济的内在动力,这是中国改革开放以来经济增长奇迹产生的重要原因。

"官员晋升锦标赛"假说的理论源头是基于业绩排序的锦标赛理论 (rank-order tournament)。它最早由 Lazear 和 Rosen(1981)提出,用于研究科层组织中晋升机制和岗位薪酬等问题,锦标赛的特点是关注参赛代理人的相对排名而非绝对成绩,它能够有效激励代理人之间围绕委托人所设定的目标展开竞争。周黎安等(Li 和 Zhou,2005;周黎安,2007)结合锦标赛理论和中国地方官员的晋升模式提出该假说。周黎安(2007)认为该假说成立需要几个技术前提:上级政府人事权力必须集中;存在客观且可衡量的竞赛指标;竞赛成绩是相对可分离和可比较的;竞赛结果取决于参赛的政府官员努力;参与人不易形成合谋。并认为中国自中央以下各级地方政府都符合这些条件,因而以GDP为核心的晋升锦标赛可以在省、市、县、乡镇的任一层面展开。

晋升锦标赛似乎符合人们的直觉:地方官员追求晋升,为了晋升就需要经济增长表现优于其他地区。该假说从政治激励角度研究地方政府发展经济动机的关键线索,由此引发了一系列实证分析文献,它们试图从多角度验证晋升锦标赛的存在。

但是,随着研究的深入,许多学者开始对"晋升锦标赛"的存在性提出质疑。陶然(2010)对此进行了多维度质疑,可概括为:第一,中国现行的"德、能、勤、绩、廉"官员考核标准并不可量化,且上级也并不愿意制定客观考核指标,从而丧失任命的最终控制权;第二,上级清楚地知晓"官出数字,数字出官"的现象,自然也不会仅凭纸面数字提拔官员;第三,省级官员对经济的直接控制和影响较弱,省级层面的晋升锦标赛不可信。杨其静和郑楠(2013)通过实证分析,认为不存在晋升标尺赛或锦标赛,即使存在基于经济增长业绩的晋升竞争,更可能"资格赛"而非"锦标赛"。也就是说,好的政绩只是晋升的必要条件,而非充分条件。

我认为,根据晋升锦标赛理论的前提假设和中国现实的官员考核制度,晋升锦标赛的假说几乎是不成立的。 之所以说是"几乎",是因为不否认它在某些时间、局部地方有微弱的影响。原因有以下几点:

第一,中国并不存在将政治提拔和经济增长直接挂钩的晋升制度,且政治体系也不允许这样一种制度的存在。

晋升锦标赛的前提条件是存在客观且可衡量的竞赛指标,而官员晋升是一种全面、综合的考察。改革开放以来,虽然中央不断修订官员选拔任用制度,但一直以来公开的核心考核标准都是"德、能、勤、绩、廉"五个维度,并且"德才兼备,以德为先"更是一贯的原则。五个维度中,只有"绩"与晋升锦标赛所指的"围绕客观可衡量的指标竞争"相关,而 GDP 也只是政绩考核中的一部分,单凭 GDP 一个指标,根本无法决定官员能否晋升。从 1998 年最早出台的《党政领导干部考核工作暂行规定》,到 2002 年正式颁布的《党政领导干部选拔任用工作条例》,这些条例都是只规定了干部选拔任用的原则和程序,但并没有明确提出与晋升相关的指标体系,《条例》在 2014 年和 2019 年的修订中,也没有增加经济增长业绩的要求,而是越发强调将"政治标准放在首位","讲政治"是评价官员的一项重要指标。可以看出,在集权的政治体系下,上级政府出于人事控制的考量,必然会通过综合且相对模糊的晋升标准以保证自由裁量空间,指标客观单一的晋升选拔标准与中国的政治体系无法兼容。

第二,官员考核标准是多元化的,定性评价与量化指标相结合,并随着政府的政策目标不断发生变化,并不是晋升锦标赛所描述的"唯 GDP"或唯经济表现。

自 2006 年中组部颁布的《关于体现科学发展观要求的党政领导班子和领导干部综合考核评价试行办法》开始,官员考核体系才逐渐细化,但也未给出具体的量化指标,且经济增长业绩仅是考核体系中的一项,体系中还包含着大量诸如社会和谐、党风政风、工作作风和公众形象等难以量化的指标。随着中央精神的变动,考核体系的重点也会变化。改革开放初期,政绩激励体系侧重"以经济发展为中心"的要求,2007 年十七大提出"科学发展观"之后,和谐稳定成为考核重点,评价体系中综治维稳、安全生产和环境保护等指标的重要性愈发突出,而十八大以来,党风廉政建设工作受到重视。官员考核标准具有丰富、动态的特点,用 GDP 考核来认识官员晋升竞争行为失之于草率。

第三，现实中，上级政府考核地方官员的执政情况，基本上不采取横向比较，而主要是考核当地经济社会发展绩效完成情况，关注各项指标与之前相比的提升情况。

各地区会结合当年的目标和发展规划，出台年度《经济社会发展综合考核办法》对领导干部进行打分式的考核，考核成绩影响到官员的提拔。例如东营市2018年出台的《经济社会发展综合考核相关办法》明确指出，"坚持奖惩并重，正向激励累加与负向惩戒累加相结合，与干部培育、选拔、管理、使用紧密衔接，推动优者上、庸者下、劣者汰。"同时，经济社会发展的目标执行情况又是领导干部评价体系中的重要部分。如2019年宁夏回族自治区出台的《宁夏党政机关、地级市领导班子和领导干部年度考核实施办法》，当中提到，"地级市党政主要负责人年度考核结果中，自治区效能目标管理考核结果占40%，民主测评得分占20%，自治区党委和政府主要领导评价占10%，组织部门评价占30%"，"领导干部年度分类考核定位优秀等次的，在提拔、调整重要岗位时优先考虑。"

各地对领导干部的《年度考核办法》中，会根据各项指标的综合分数，评定"优秀""良好""一般"等级，并明确说明连续几年拿到优秀等级的会在提拔时被优先考虑。可见，从现实的评价考核和提拔标准来看，对领导干部的考核和提拔主要通过打分方式评定领导干部工作完成情况，考察其与过去相比的提升情况，而非与其他地区的经济发展相对排名。因此，结合现实中干部考核办法分析，"晋升锦标赛"的制度基础即使不能说绝对没有，那也可以说是很薄弱的。

第四，晋升锦标赛理论的前提条件是参赛官员能够控制和影响最终考核绩效，中国现实制度运行也并不支持这一条件。

即使官员有发展经济的意愿，单凭官员个人也未必能够真的左右一个地区的经济发展状况。考察中国官员的变动情况可以看出，虽然

2006年的《党政领导干部职务任期暂行规定》明确了一届政府官员任期为5年，但实际上我国官员的职位调动十分频繁，任期很短，平均只有3.66年（杨其静和郑楠，2013），短期内对经济发展的影响有限。对上级政府来说，通过经济增长业绩来决定官员的晋升并不可行。同时，政策发挥作用需要层层传导，依赖各个行政部门的配合和具体落实，而晋升锦标赛仅仅强调对地方长官的激励作用，并没有激励职能部门的工作人员。在中国"条条""块块"的干部管理体制下，政府部门和行政格局比较复杂，地方长官的意志如何具体落实，晋升锦标赛无法解释。仅凭地方官员一己之力，如何直接推动经济发展？并且政府层级越高，官员个人的影响越有限，尤其对于省这样面积和人口都极为庞大的行政单位，认为省长省委书记的努力就可以促进经济增长，未免过于牵强（刘伟，2016）。

第五，从历史上看，地方分等治理、综合考察官员政绩是官员升黜制度的主体，这种制度大大压缩了晋升锦标赛的存在空间。

我国自古以来就实行政区分等，历史上每个朝代依据幅员大小、人口多寡、赋税数量、行政事务繁简难易以及地理位置等因素，按照各自的标准，将政区划分为不同的等第，目的是为了便于行政管理、以等第为据选派、配备地方官员，并对其政绩进行考课，以决定奖惩升迁（周振鹤，2005）。如秦汉以县的大小和平剧（治理难易，政务繁简之分）进行分类，隋代"以所管闲剧及冲要之处以为等级"，唐宋主要依据政治地位和经济实力将县分为"赤、畿、望、紧、上、中、下"，明代开始出现以繁简之例为府州县分等，到了清代，划分标准逐渐完善，以"冲（地理位置）、繁（政务繁简）、疲（民情好坏）、难（治理难易）"四字考语划分等级。这样的政区分等，除了便于因地施策之外，更重要的一项作用是作为官员考核升黜的依据，冲繁疲难四字考语也日渐成为挑选才具适当官员的标准，"直省府州县等缺，地方之要简不同，人才之优绌各异，必人地相宜,方于吏治民生,均有裨益",这样才有利于考核和选拔合适的官员,政绩的好坏必须在同等背景下才能评定,难治之地做出政绩要比易治之地难得多,不同类型政区官员的任免升迁也必然是分别考量。

历史数据证明,越是难治要紧之地,越有利于仕途晋升。清代《缙绅录》是载录全国范围内官员信息的重要文献,所载内容包括官员姓名、官衔、籍贯、科第等基本信息,胡恒(2019)通过对《缙绅录》量化统计发现,清代官员选任晋升受到政区分等的影响,最要缺、要缺知县的晋升概率显然高过中缺和简缺:知县晋升的几率平均为10%,最要缺的县担任知县被提拔到更高一级职位的几率为18%,而要缺知县为15.8%,中缺和简缺则在9%上下。

综合分析,官员政绩考察一是地区本身而非横向比较的治理情况,二是要看综合治理而非单一指标治理情况,这两点可以说是一条历史规律。而锦标赛得以成立的重要前提是地区间可横向比较及利用简单指标考核,这与历史规律不符。

为何部分研究会认同官员晋升锦标赛模式呢? 我认为,这是误从"目标动员制"中抽出一个不完整的激励机制,片面解读为"晋升锦标赛"。完整的政绩评价制度包含党管干部、层级考核和绩效晋升三项制度组合(陈家喜,2018),目标动员制深度地融入这三项制度之中。锦标赛理论只是描绘了绩效晋升这一部分,并且还只是绩效考核体系的一个侧面。政绩评价体系包括十分丰富的指标,既有地区生产总值、财政收入、居民收入等可量化指标,也有综治维稳、安全生产和环境保护等"一票否决"的指标。仅凭GDP一个指标无法决定官员的晋升。并且,由于政绩评价体系的指标非常多样化,在晋升激励下,官员想要政绩出彩,完全可以"另辟蹊径",寻找不同的政绩突破口,而非都去争GDP政绩第一。

六、总结

央地关系的构建对国家组织动员能力有着重要影响,应用于经济发展上就产生了具有中国特色的"目标动员制",它是中国改革开放以来经济增长的一个重要解释。

第一,中国目标动员由远至近分为三个层次:长期战略、五年规划、年度计划。自中央到地方、自政府到部门,通过目标的层层发动,层层落实,一步步推动中国从落后的农业国向现代化强国迈进。

第二,地方政府目标治理具有五个特性:目标的向下扩张性、目标的约束性、目标地区差异性、目标延续性、目标阶段性。这五个特性在2013年后有了很大转变。

第三,干部考核制度是保证目标动员制实现的关键,它同时兼备激励与约束两大功能,是一种"胡萝卜加大棒"式的制度。我国干部考核制度历经四个阶段转变:1950—1978年,以政治态度为导向;1978—2012年,以工作实绩为导向;2012—2012年,以科学发展观为导向;2012年后,以分类考核为导向。

第四,"目标动员制"是关于中国经济增长之谜的第二种解释。目标动员制体现的是资源配置的组织方式,它与资源配置的市场方式是一种协同关系,它们背后分别反映着组织动员能力与市场增进能力,两大能力的并行提高才能有效推动国家发展。

第五,学界流行的用官员晋升锦标赛模式来解释中国经济增长,实际是误从"目标动员制"中抽出一个不完整的激励机制进行过度解释。晋升锦标赛至多是在某些时间、局部地区有微弱的影响,用它来解释中国经济增长是不合适的。

附录　河南省市县经济社会发展目标考核评价工作办法

［来自中共河南省委办公厅文件（豫办〔2015〕38号）］

河南省将对各县市的考核评价体系分为定量指标体系和前置类扣分因素两部分。

一、定量指标体系

它分为经济规模质量效益方面、社会发展和民生改善方面、生态环境和可持续发展能力方面，具体见下表。

指标	单位	权重			指标属性	数据来源
		4万元以上	3万—4万元	3万元以下		
（一）经济规模质量效益		50	50	50		
1　地区生产总值及增长速度	亿元/%	8	7	6	发展类	统计部门
其中：第三产业增加值占生产总值比重及增长速度	%	6	5	4	发展类	统计部门
2　公共财政预算收入及增长速度	亿元/%	4	4	4	发展类	财政部门
其中：税收收入及增长速度	亿元/%	8	8	8	发展类	税务部门

续表

指标		单位	权重			指标属性	数据来源
			4万元以上	3万—4万元	3万元以下		
	（一）经济规模质量效益		50	50	50		
3	固定资产投资总额及增长速度	亿元/%	6	7	8	发展类	统计部门
	其中：实际利用省外、境外资金总量及增长速度	亿元/亿美元/%	4	5	6	发展类	商务部门
4	高新技术产业增加值占规模以上工业增加值比重及增长速度	%	5	4	3	发展类	科技、统计部门
5	粮食总产量	万吨	9	10	11	公益类	统计、调查部门
	（二）社会发展和民生改善		32	33	34		
6	居民人均可支配收入及增长速度	元/%	12	12	12	发展类	统计、调查部门
7	城镇化率及提高幅度	%/百分点	10	11	12	发展类	统计部门
	其中：城镇新增就业人数	万人	5	5	5	公益类	人社、统计部门
8	社会保障覆盖率	%	5	5	5	发展类	人社、卫生计生部门
	（三）生态环境和可持续发展能力		18	17	16		
9	节能减排（万元生产总值能耗降低率和主要污染物排放量及可吸入颗粒物（PM10）或细颗粒物（PM2.5）浓度削减率）	%	12	11	10	控制类	发改、统计、环保部门
10	环境质量达标率	%	6	6	6	控制类	环保部门
	合计		100	100	100		

二、前置类扣分因素

主要包括影响社会安全和谐稳定的重特大事件事故、约束性专项工作完成情况两项内容。

如发生影响社会安全和谐稳定的重特大事件事故,根据性质和影响,在定量指标体系得分中,重大事件事故每项直接扣减5—7分,特别重大事件事故每项直接扣减8—10分。每年初,由主管部门负责认定该类指标,其中重特大安全生产事故由省安全监管局负责认定,重特大群体性事件和刑事治安案事件由省委政法委负责认定,重特大食品安全事故由省政府食品安全委员会办公室负责认定,重特大环境污染事件事故由省环保厅负责认定,重特大耕地保护违法事件由省国土厅负责认定。

约束性专项工作未完成的,每项直接在定量指标体系得分中扣减3—5分。每年年初,由主管部门负责认定该类指标,其中产能过剩专项工作完成情况由省工业和信息化委负责认定,政府债务是否超出合理区间范围由省财政厅负责认定,扶贫开发工作完成情况由省扶贫办负责认定。

第八章　国家组织动员能力与中国特色转移支付：人财齐用

有余者损之，不足者与之，天之道，损有余而补不足。

——《道德经》

地区间发展不平衡是一种普遍现象，为平衡地区差距就需要利用大规模转移支付来解决。实施大规模转移支付有两个约束：一是中央政府财力足够充裕，二是中央政府在"抽肥补瘦"过程，要尽量做到不损害发达地区的积极性。在这两个约束下，中国政府依托强大的国家组织动员能力，在转移支付制度中做出了创造性发挥，它包括以财为主的转移支付和以人为主的转移支付两大类，其经济实践实际上已具有新的理论元素，这值得我们深入地进行总结分析。

一、一般性转移支付：平衡中的激励

转移支付分为一般性转移支付和专项转移支付，用于缩小地区差距的主要是前者，本节对此进行分析。

（一）平衡地区差距面临的两个问题

中国作为一个大国，地区发展条件差异很大，中西部地区经济发展水平长期大大低于沿海地区。在改革开放起始的1978年，最发达地区上海GDP为272.81亿元,最不发达地区西藏为6.65亿元,前者是后者的41倍。而伴随着改革开放进程的不断推进,地区间经济竞争会逐渐激烈,沿海地区的经济优势会进一步得到强化,如果中央政府不进行干预,那么地区间经济差距会不断扩大,并会引发出一系列政治、经济和社会问题。为避免这种情况出现,政府间实行转移支付就是不可避免的。

然而,建立转移支付制度来缩小地区差距会面临两大问题。

1. 问题之一:财力约束

中央政府要平衡地区差距的话,就需要有强大的财力支持欠发达地区的发展。中央政府的财力来自何处?它来自相对发达地区贡献的税收,但是如果中央政府从相对发达地区抽走过多的税收,那么会对这些地区产生抑制作用,而我国改革开放的起始战略是要让沿海地区有足够的经济激励去发展。于是,地区发展问题就面临一个选择:效率与公平,哪个优先?

对此,邓小平在1988年提出了"两个大局"的思想,他说:

> 沿海地区要对外开放,使这个拥有两亿人口的广大地带较快地先发展起来,从而带动内地更好地发展,这是一个事关大局的问题。内地要顾全这个大局。反过来,发展到一定的时候,又要求沿海拿出更多力量来帮助内地发展,这也是个大局。

在这种背景下,从改革开放直到1994年分税制改革,央地关系处理的大方向是中央政府采取向地方"放权让利"措施。其结果就是中央政府财力一直处于比较紧张的状态,这自然很难有更多资金用于平衡地区差距。实际上,只有到1994年分税制改革,中央政府财政收入占全国财政收入比重由1993年的22%陡增到1994年的55.7%后,我国才逐渐建立起转移支付制度。

2. 问题之二：效率损失

经济学家研究认为，转移支付制度在平衡地区差距的同时，不可避免会带来一些效率损失，并引发出更多的问题。

第一，转移支付先天存在逆向激励问题。

一般性转移支付制度设计是转移支付与地区自有财力负相关，也就是说，越发达的地区得到的转移支付越少，越不发达的地区得到的转移支付越多，它自然会降低了地区发展动力（Zhuravskaya，2000；Figuieres等，2004）。我曾跟一个贫困县领导交流，该领导直言不讳地说：

> 我们这个地区不愿意招商引资，因为招商引资后，企业有没有利润还不好说，即使有利润，企业所得税我还要跟上级政府层层分成。而顶着"贫困县"帽子可以得到不少转移支付资金，这可是干货。

这是一个转移支付的逆向激励的典型例子。中国分税制改革后，基本上所有省份财政收支都出现缺口，它们都需要中央财政予以支持，这样，转移支付逆向激励问题就会成为一种普遍现象。

第二，转移支付会刺激地方政府支出规模扩张。

在转移支付实践中，人们发现，中央政府拨付的钱导致地方政府支出增加程度，一般大于本地政府税收增加带来的支出增加程度。也就是说，转移支付容易刺激地方政府支出规模扩张。

为什么会是这样？经济学家给出三种解释。第一种解释是"财政幻觉"（Oates，1979）。由于转移支付资金来自别的地方，地方政府认为转移支付资金是没有成本的，或者说即使意识到，也会以为成本低于征税带来的经济成本。第二种解释是官员追求"预算权力最大化"的影响（Filimon，et. al，1982）。官员的权力与手里掌握的财政资金相关，官员为了增加自己的权力，不会将转移支付资金用于给当地私人部门减税，而是用于增加公共支出。第三种解释是"利益集团影响"(Dougan and Kenyon,1988),利益集团的游说会影响转移支付资金的分配,他们会促使政府将转移支付资金用于他们所期待的项目上,由此导致政府支出增加。

第三,转移支付存在软预算约束问题。

在纵向的转移体制中,地方政府知道如果财政收支出现缺口,中央政府不会坐视地方政府破产,最终会通过转移支付来解决。中央政府给地方政府兜底的可能性弱化了地方政府财政约束,地方政府要么会不珍惜财政资金的使用,积极争取转移支付并用于财政扩张,这样会增加当地居民福利(Oates,2005);要么会降低征税努力,这样会给私人部门留下更多收益(Inman,1987;Peterson,1997)。

曾任过县委书记的李克军在退休后,写了一本《县委书记们的主政谋略》(2015),其中惟妙惟肖地呈现了地方政府争取转移支付资金的行为:

> 现在,每个县(市)头上都顶着一些"桂冠"。如:全国百强县、最具投资魅力百强县、扶贫开发重点县、粮食生产大县、生态建设示范县、优秀旅游城市、"双拥"模范县;奶牛之乡、水稻之乡、白瓜子之乡、版画之乡、诗词之乡,等等。这些称号,有的是政府有关部门授予的,有些是些民间评估机构送给的,无论权威性如何,都可以成为跑要资金的筹码。
>
> 跑要资金中的是"乡友"关系。中国官场,历来崇尚"反哺家乡、报效桑梓"的理念。家乡人当了大领导或在重要部门主管具体业务,一般都会寻找机会为家乡做贡献。如果"县官"们善于利用"乡友"关系,可以举重若轻、事半功倍地办成很多事,源源不断地得到国家或相关部门支持。领导者个人的战友、同学、亲属,可以

转化为公共关系,为县里提供多方面的帮助。

这段话很好地阐释了前面所述的理论逻辑。在上级部门掌握大量的转移支付资金,且分配资金的规则不固定时,地方政府并不会积极追求财政预算的平衡,而是利用各种关系来争取转移支付资金。这其中,有"财政幻觉"问题存在,认为转移支付资金是免费的,不争取白不争取;有"利益集团"问题存在,转移支付资金依赖乡友关系更容易争取成功;有预算软约束问题存在,地方政府浪费转移支付资金的现象屡见报道……

也就是说,旨在促进地区公平的转移支付制度,不可避免地会带来诸多效率损失。

(二)中国转移支付的理论与实践逻辑:在平衡中寻求激励

根据前面总结,传统理论认为转移支付的作用在于公平,但会降低经济效率。事实真的如此吗?这是一个重要理论问题,对它的回答涉及转移支付的大方向定位。

根据我与合作者的理论和实证研究(吕冰洋等,2021),转移支付并不意味着降低总体经济效率。在以下两种情况中,以"抽肥补瘦"为特征的转移支付会带动整体经济产出的提高。

第一,欠发达地区比发达地区更偏好经济增长

地方政府有多种发展目标,这些目标大致可归为经济增长与民生改善两大类。为推动经济增长,地方政府就要将更多资源用于政府投资或推动民间投资上;为改善民生水平,地方政府就要将更多资源用于教育、医疗、公共卫生、城市治理等。地方政府资源是有限的,当将资源用于经济性基础设施建设时,会比较有利于经济增长;而用于民生性支出时,会有利于提高居民福利,但是对经济增长的拉动作用可能就会

下降。

于是，我们自然就会得出一个结论：如果欠发达地区比发达地区更重视经济增长，或者说，发达地区对教育、医疗等民生性支出的偏好更强，那么增加对落后地区的转移支付会带来总体经济的增长。这样，转移支付在平衡地区发展的同时，也具备激励的功能，通过增强落后地区的发展能力，转移支付有助于实现更公平、更有效率的经济增长。

那么，在什么样的情况下，欠发达地区对经济增长的偏好会强于发达地区呢？我认为有两种情况，一是历史进程的影响，二是干部考核制度的影响。

一是历史进程的影响。在经济发展水平较低的时候，人们会比较关注经济增长，而当经济发展到一定阶段后，人们会更关心养老、医疗、教育等水平的提高，这实际上也是与人民在不同历史阶段的公共需要变化有关。对此，罗斯托（Rostow，1971）提出了财政支出增长的"经济发展阶段论"，按照此理论，东部发达地区的地方政府会逐渐将资源从推动经济增长转于促进民生改善，这样，欠发达地区对经济增长的偏好就会高于发达地区。

二是干部考核制度的影响。本书反复指出，地方政府官员与企业家、居民不同，较少受先天的偏好影响，他们的偏好来自官员任免和考核制度。在中国自上而下的领导体制下，上级政府非常容易通过干部考核制度安排来影响对官员的政绩评价，也就是影响官员的施政偏好。为缩小地区经济差距，中央政府可以对不同地区干部的政绩考核实行区别对待，如对欠发达地区干部更重视他们在推动经济增长方面的表现，对发达地区干部更重视他们在推动民生改善方面的表现。

那么，在实践中，上级政府是否真的可以设计下级政府差异化偏好来引导政府支出方向呢？根据公开文件，我国部分省份的确根据地区发展程度采取了差异化的考核办法，比如，贵州省2013年测评市县经济发展情况时区分了"经济强县"和"非经济强县",其中"经济强县"的地区生产总值增速指标、固定资产投资增速指标、工业增加值增速指标的权重设置要低于"非经济强县";2014年贵州省进一步将测评单位分成了"经济强县""非经济强县""国家扶贫开发工作重点县"三类,其中"非经济强县"的部分经济考核指标权重最高,而"国家扶贫开发工作重点县"更侧重于高效农业或生态产业考核指标;2015年河南省在第一产业增加值比重较高的地区赋予了固定资产投资总额及增速指标更高的权重。换言之,在发展经济还是改善民生、优先发展第二产业还是第三产业这些问题上,各地方政府自身是没有先天偏好的,但是地方政府在考核制度的激励下,会更有动机去完成权重更高的考核指标。因此各级政府的行动偏好可以由考核体制来引导和实现,这就在一定程度上构成了一般性转移支付整体上具有效率一面的制度基础。

第二,欠发达地区整体资本的边际生产率高于发达地区

根据经济增长理论关于生产函数的设定,经济产出主要由资本、劳动和技术决定,资本和劳动的边际生产率是递减的。从财政政策经济增长效应的空间差异性上看,如果落后地区的资本产出弹性、人力资本产出弹性高于发达地区,那么从发达地区转移资金到落后地区就会带动整体经济增长。这种情形正像国际经济学理论所讲,发达国家在资本边际回报递减到一定程度之后,就会流向欠发达国家追求更高的资本回报,在资本流动过程中,发达国家和欠发达国家的经济差距会缩小。

除此之外,传统发展经济学家所强调的"第一推动力"理论也是重要的理论支撑。发展经济学家认为,落后地区发展经济最大的问题在于没有第一推动力,缺乏资本且经济风险较大,要走上发展的道路,一定要有某种推动力量使其超越低水平均衡陷阱这一临界水平,才能使经济发展产生质变,如罗森斯坦·罗丹的大推动理论、纳尔逊的低水平

均衡陷阱理论以及莱宾斯坦的临界最小努力理论等(罗森斯坦·罗丹，1943；纳尔逊，1956；莱宾斯坦，1957)。对落后地区来说，中央政府给予的转移支付正是这样的第一推动力。

根据前面分析，我们可以总结出关于一般性转移支付的理论命题：

关于一般性转移支付的命题：虽然一般认为转移支付对经济增长存在负向激励效应，但是如果欠发达地区比发达地区更注重经济增长或者资本回报率更高，那么转移支付均等化力度提高，会带来总体经济效率的提升(即经济增长)。

二、专项转移支付：偏好错位下的积极均衡策略

(一) 不同类别转移支付的变化趋势

上一节分析的实际是一般性转移支付的作用，在一般性转移支付之外，还有专项转移支付。相比于专项转移支付，下级政府对一般性转移支付的使用具有较高的自由度。除了这两类转移支付之外，财政统计上还将税收返还作为转移支付。税收返还是为保证分税制改革的顺利运行，中央政府向地方政府返还税收利益的一种做法。该方法采用"基数法"，即中央对地方的增值税和消费税返还按照基期年份(1993年)如数返还，其后按照税收增长率的1∶0.3系数递增返还额。不过，严格来说，税收返还从性质上看并不能称为转移支付。

图8-1呈现三类转移支付的结构性变化。一般性转移支付占转移支付的比重在2000年之前增长较为平缓，由1994年的9.84%缓慢增长到1999年的13.44%，之后占比越来越高，2018年达到55.6%。专项转移支付占比在2009年前经历持续上升时期，之后缓慢下降。分税

制初期,税收返还在调节上下级政府间财力时发挥了主要作用,即使在1999年,税收返还占转移支付的比重仍高达52.0%,之后逐年下降。

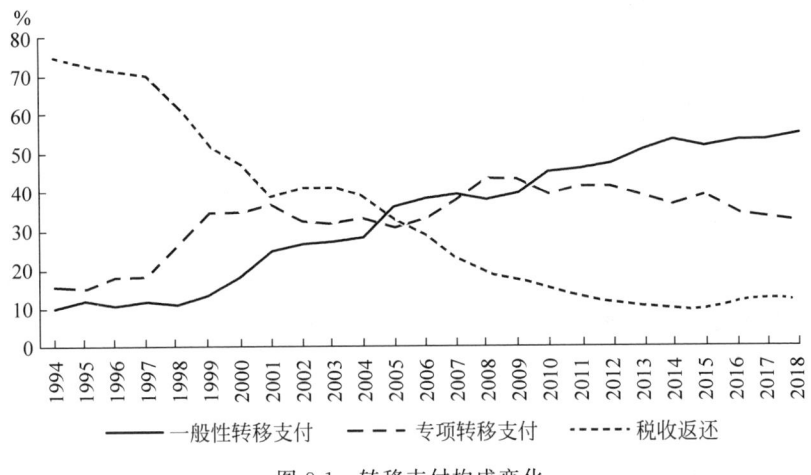

图 8-1 转移支付构成变化

资料来源:历年中华人民共和国财政部编:《中国财政年鉴》,中国财政杂志社。

2019年后,转移支付口径有很大的变化,这使得各类转移支付与前期不可比。2019年,转移支付总体上分为一般性转移支付和专项转移支付两大类,分别为66798.16亿元和7561.70亿元。

(二)专项转移支付变动的理论逻辑:偏好错位下的积极均衡策略

传统理论认为,专项转移支付的作用是解决公共产品提供的外部性问题。例如,甲地区的生产企业排放污染空气,这会影响到乙地区的空气质量。甲地区政府在管理污染企业时,是按照边际成本等于边际收益的原则进行的,企业的收益体现在甲地区,而污染带来的损失却由甲乙两个地区承受,企业的产出会超出最优产出量。为了解决这个问题,上级政府可以给甲地区一笔专项转移支付,用于弥补甲地区政府治污带来的损失,这使得甲地区有动力去限制企业产量。

但是,专项转移支付在中国还有另外的理论逻辑。第三章指出,自上而下的治理使得地方政府容易出现偏好错位问题,即辖区居民偏好与地方政府的偏好错位(有时也会有上下级政府间的偏好错位)。如果中央政府要纠正这种错位,那么专项转移支付就是一个有力的手段。

为说明这点,我们可以把地方政府的偏好分为两类,由此对应着两类财政支出。一是经济偏好和生产性财政支出,当地方政府比较重视经济发展时,经济发展的主要推动力来自企业产出增加,地方政府会将财政资金用于交通建设之类的经济性支出;二是民生偏好和民生性支出,当地方政府比较重视教育、医疗等改善为代表的民生发展时,地方政府会将财政资金用于民生支出。

地区发展差距也分为两种,一是经济发展水平差距,二是公共服务差距。中央政府均衡地区发展差距的目标也分为这两种,不同目标使得中央政府做出的选择也不同。下面分别进行分析。

第一,中央政府目标:缩小地区经济发展水平差距

中央政府为均衡地区经济发展,可采取以下两种措施:一是加大一般性转移支付的均等化力度;二是加大对欠发达地区政府生产性支出的专项转移支付。

这两种措施的效果有何区别?改变一般性转移支付力度所产生的结果是:欠发达地区财政收入增加——用于生产性支出——财政支出发挥正外部性——经济增长。但是,一般性转移支付会产生两个问题:一是前文所讲的逆向激励,经济越发展得到的转移支付越少,地方政府会降低发展经济的动力;二是地方政府有可能不将财政资金用于能够促进经济增长的方向。在这种情况下,一般性转移支付难以产生均衡地区经济差距的效果。

与之相比,专项转移支付的好处是,中央政府可以直接限定资金用

途,达到拉动欠发达地区经济的效果。

例如,2000年《国务院关于实施西部大开发若干政策措施的通知》强调,加大对西部地区的基础设施建设投资力度,在原有基础上增加对西部地区的财政转移支付,特别是专项转移支付方面向这些地区倾斜,同时大型的重点项目也向西部倾斜等,将西部地区建成一个经济繁荣、社会进步的新西部。这样的专项转移支付无疑会大大推动西部地区的经济发展。

第二,中央政府目标:缩小地区公共服务差距

假如中央政府的目标是缩小地区公共服务水平的差距,那么增加一般性转移支付的作用机制是:从发达地区抽走更多资金—发达地区经济发展积极性下降—发达地区经济发展水平下降—税收减少—民生投入减少—发达地区公共服务水平下降;对欠发达地区而言:一般性转移支付资金增加—财政收入增加—如果将资金用于民生投入,那么公共服务水平提高。而增加专项转移支付的作用机制是:提高欠发达地区的民生专项转移支付—欠发达地区民生投入增加—欠发达地区公共服务水平上升。

可以看到,专项转移支付的作用比较直接,一般性转移支付的作用机制比较间接,并且,一般性转移支付无法解决地方政府偏好错位的问题。例如,当地居民期待的是改善医疗条件,而地方政府注重的是政府投资带动经济增长,那么增加一般性转移支付达不到缩小地区公共服务差距的效果。

综合以上分析,可以得到关于专项转移支付的理论命题。

关于专项转移支付的命题:专项转移支付除了解决公共产品的外部性问题,也是解决上下级政府间、政府与居民之间的偏好错位问题的手段,相对于一般性转移支付所可能产生的逆向激励而言,专项转移支付可以称为"积极均衡策略"。

三、以人为主的中国特色转移支付：干部派遣

（一）干部派遣是一种特殊的转移支付形式

转移支付得以实施的前提是中央政府有足够的财力。而自新中国成立后，很长一段时间财政处于紧运行状态，那么在这种情况下怎么缩小地区差距呢？这个问题肯定一开始就萦绕在国家领导人的心中，他们结合制度条件进行探索，最终实施了一种带有中国特色的制度：干部派遣！

所谓干部派遣，是指通过行政手段，从发达地区抽调干部到欠发达地区，或者从欠发达地区抽调干部到发达地区，使得欠发达地区能够得到发达地区的人才支持，并使得发达地区发展经验能够外溢到欠发达地区，从而起到平衡地区发展差距的作用。干部派遣制度可以称得上是以人为主的转移支付，它是过去和现在发生在中国大地上的一种波澜壮阔的政治与经济现象。

在教科书中，转移支付指的是资金转移，但是转移支付的本质不在于形式，而是在于这三个特征：1. 国家或中央政府主导；2. 资源的非对等转移；3. 以平衡地区发展为目标。干部派遣完全符合这三个特征，如果将传统的以财力协调为主的转移支付制度称之为以财为主的转移支付，干部派遣制度可以称得上是以人为主的转移支付。它广泛存在于省内、省际间、央地之间乃至国企与政府间的援助工程与项目中。

（二）干部派遣的三种制度形式

就具体形式而言，以人为主的转移支付方式主要包含于对口支援、

领导干部交流任职和干部挂职锻炼三种形式之中。

1. 对口支援:人力和物力的横向转移

对口支援指依据中央政府或上级政府要求,不同的两地区政府、企业或其他机构以结对子的形式由其中一方向另一方实施单向援助的援助方式。

对口支援的援助方式至少在新中国成立后不久就已经存在,但直到1979年中共中央政治局委员、中央统战部部长乌兰夫在全国边防工作会议上作报告时,"对口支援"一词才开始正式在国家层面上广泛使用。

对口支援的受援地区多为贫困地区、边疆地区和民族地区,其中以对新疆和西藏的支援最为突出。对口支援是加速少数民族地区的经济文化建设,促进欠发达地区经济发展的重要途径。如2018年中共中央和国务院出台的《关于建立更加有效的区域协调发展新机制的意见》指出,西部边疆与四省藏区经济社会持续健康发展需要对口支援的推动。

对口支援这一援助方式至今仍未被正式制度化,其执行过程也并不规范,但经过多年实践发展,对口支援的应用范围已极为广泛,在援藏、扶贫、三峡工程、汶川地震灾后重建等国家重大工程和突发事件中取到了良好的效果。对口支援以支援经济发展为主,援助形式较多,干部支援是多种援助形式中的重点。

国内不少学者在研究"对口支援"制度的运作机制时,称它是一种中国式横向转移支付(丛树海,2002;钟晓敏和岳瑛,2009;石绍宾和樊丽明,2020)。对口支援包括人、物资和资金的支援,这里研究的区别是重在发现转移支付中人的作用。

2. 领导干部交流任职:转变人事关系

领导干部交流任职制度是公务员交流制度的一部分,交流对象一般是领导干部。公务员交流制度的交流方式包括调任、转任和挂职锻炼。领导干部交流任职一般使用转任与调任的方式,转任只在公务员队伍内部交流,调任则是与国有企事业单位、人民团体和群众团体中从事公务的人员交流,挂职则不受限制。

领导干部交流任职制度最初并非为了援助落后地区发展,但在实践中促进地区发展经济已成为其重要目标。1990年7月,《中共中央关于实行党和国家机关领导干部交流制度的决定》将实施多年的领导干部交流方式制度化、经常化,肯定了干部交流在促进落后地区经济方面的效果,指出"特别要注意从经济比较发达的地区交流一部分领导干部到经济相对落后的地区任职"。2006年8月,中共中央颁布的《党政领导干部交流工作规定》明确指出干部交流的目的之一是促进经济社会发展,并强调"地区之间的干部交流,重点围绕国家经济社会发展战略和人才战略、地方经济社会发展布局和支柱产业及重大项目建设进行"。

3. 干部挂职:不转变人事关系

干部挂职同样也是公务员交流制度的一部分,挂职人员既有普通干部,又有领导干部。挂职按职位不同可分为高职低挂、平级挂职和低职高挂三种,按去处不同可分为下派挂职、上调挂职和外派挂职三种。高职低挂指高级别干部到低级别岗位挂职,如厅级干部挂职担任县长(正处级别),平级挂职和低职高挂可据此类推。上调挂职指由下级行政机构任职人员派至上级行政机构挂职,如某省派干部到中直机关挂职,下派挂职可据此类推。外派挂职指由本地区派往别地区挂职,如由黑龙江省派至上海市挂职。

与领导干部交流任职的最大不同在于,挂职干部还属于派出单位的人员,占用派出单位的编制且一般而言期满后仍回原工作地原单位,而领导干部交流任职则通过调任与转任改变了与原机关的人事关系。近些年在援藏、援疆、扶贫等对口支援工作中派遣的干部也多使用挂职的方式。

挂职锻炼在促进地区经济发展中发挥了重要作用。1990年至2018年4月,中央统战部会同中央组织部和国家民委共同发起的西部地区和其他少数民族地区干部挂职锻炼工作,共安排了9600余名干部的挂职,这些干部挂职给当地经济带来了巨大的带动作用。《中共中央组织部关于干部挂职锻炼工作有关问题的通知》(组通字〔1994〕26号)强调,要增加到艰苦地区和基层挂职的中青年干部数量,这些挂职干部的工作很重要一部分就是改善贫困地区经济。2018年11月18日,中共中央、国务院发布的《中共中央 国务院关于建立更加有效的区域协调发展新机制的意见》中也指出干部挂职交流有助于区域协调发展。

对口支援、领导干部交流任职和干部挂职虽然各以不同的方式挑选、派遣和培养干部,但都以人为核心,主动发挥领导干部在地区经济发展决策和管理上的关键作用,使地方在经济发展上的短板得到有针对性的补充。这种以人为主的转移支付方式是中国这样的大国在探索地区间和谐稳定发展途径方面的重要体现,它极大地促进了中西部贫困地区和少数民族地区的经济发展。

(三) 干部派遣可以平衡地区经济发展的理论基础

干部派遣为什么会影响地区间经济发展?这需要结合新古典经济学对经济产出的研究进行分析。

在新古典经济学理论中,企业生产函数或总量经济函数由资本和劳动两类生产要素投入决定。随着时代的发展,经济学家对经济产出的认识逐渐深化,这主要体现在对技术进步的理解上,认为技术可以与生产要素相结合,参与生产和分配。按照技术进步与生产要素的作用关系,通常将技术进步分为两种形式:一是无偏性的技术进步,即希克斯中性技术进步,这类技术进步能够严格同比例地提高所有生产要素的投入效率。二是有偏性的技术进步,这类技术进步不能同比例提高资本和劳动的生产率,又可分为劳动增进型和资本增进型技术进步两类。若技术进步与劳动结合即表现为劳动增进型技术进步,若技术进步与资本相结合即表现为资本增进型技术进步。

在新古典生产函数里,"技术"是一个宽泛的经济学术语,它并不仅指技术发明。随着现代经济的发展,知识、发明和管理等要素发挥着越来越重要的作用。中国共产党十九届四中全会提出要"健全劳动、资本、土地、知识、技术、管理、数据等生产要素由市场评价贡献、按贡献决定报酬的机制"。这是基于世界经济发展史对生产规律的高度概括,它说明劳动、资本、土地、知识、技术、管理、数据等都可以成为财富创造的重要源泉。

干部派遣是区域间人的流动,大部分干部拥有知识、技术、管理等生产要素,它进入总量生产函数既可以是与劳动和资本结合以有偏型技术进步的形式体现,也可以无偏型技术进步的形式体现。基于以上分析,不管以哪种形式体现,均会带动地区经济增长。

(四)干部派遣对缩小地区差距的作用

干部派遣涉及管理、科技、教育、医疗、卫生等多个领域,它对促进落后地区的发展起到了非常重要的作用,这一点有大量事例和政府总结为佐证。从经济学原理上看,经济发展无非取决于要素投入增加、要素质量提高、分工优势发挥、宏观经济环境改善,干部派遣对此均会产生影响,下面结合现实进行分析。

第一,干部派遣充实了欠发达地区干部队伍,直接增加了生产要素。欠发达地区往往面临人才欠缺的现象,为此,中国从新中国成立,就广泛采取干部派遣的办法来弥补这些地区的人才缺口。典型例子如我国采取向西部地区的大规模干部援藏、援疆、援青等制度,通过"分片负责、对口支援、定期轮换"的措施,每年有大量干部进入西部地区工作,例如,从新中国成立到1978年,中央已累计从全国调派3万多名干部到西藏,大大充实了当地的人才队伍。

第二,干部派遣以体现式技术进步形式,提升了欠发达地区生产要素的质量。从发达地区向欠发达地区派遣干部时,组织部门在选拔时除政治方面外,多注重干部年龄、经验和专业能力,因此往往能给受援地带来新知识、新观念、新见解和新办法。在与受援地干部共同工作的互动之中,可以促进受援地原有干部的知识水平的提升,推动欠发达地区经济的发展。

第三,干部派遣以非体现式技术进步形式,提升了欠发达地区管理水平。经济发展不仅取决于生产要素投入,还取决于市场化改革程度、政府规划水平等,它们可以从宏观方面改善一个地区的发展环境,进而促使要素配置效率提高。例如,在江苏对口支援新疆克州时,江苏干部帮助克州详细编制了发展规划,包括城市规划、行业发展规划、工业园区规划等,这无疑会推动克州经济的发展。

第四,干部派遣可以促进地区间经济合作,扩大地区间交易分工网络。所派遣的干部可以作为联系原驻地和工作地的纽带,可以帮助工作地向外介绍产业,可以帮助招商引资,促进两地产业共同发展,带动欠发达地区的经济持续增长。这样的例子有很多,如对口援助桑日县的湖南岳阳市干部为受援地吸引中电投资集团、中国广东核电集团有限公司、无锡尚德电力控股有限公司等公司到受援地投资光电产业。

世界经济史不断说明,人的因素是决定经济发展的最主要因素。内生增长理论一个很重要发现是,思想和知识是非竞争性的,它们可以在任意规模的活动之间自由扩散(巴罗和萨拉伊马丁,1994)。发达地区干部进入欠发达地区,会将先进的知识迅速传播到欠发达地区,带动欠发达地区生产率的提高。而由于知识扩散的低成本性,发达地区不太可能因为干部被派遣而导致当地人力资本的严重缺失,当发达地区被调离干部的不可替代程度低,欠发达地区对调入干部管理能力的吸收程度高时,转移支付后实际总产出会增加。

不过,不是所有国家都有条件实施以人为主的转移支付制度,它依赖国家强大的组织动员能力才能进行。不难想象,这种干部派遣现象会伴随着干部的自我奉献,某种程度上会降低个人福利(如家庭不能团聚),没有国家的强大组织动员能力,这种现象的大规模发生几乎是不可能的。

总结本节分析,可以归纳出这样一个命题。

关于以人为主转移支付的命题:干部派遣是有中国特色的以人为主的转移支付,发达地区被调离干部的不可替代程度越低,欠发达地区对调入干部管理能力的吸收程度越高,转移支付后实际总产出越高。以人为主的转移支付不但可以完成平衡经济发展的目标,而且有可能导致总产出增加。

四、转移支付在缩小地区差距中的作用

改革开放后,随着经济发展水平的提高,地区间发展不平衡问题日益凸显。1994年分税制改革后,中央政府财力大大增强,"两个大局"逐渐由"沿海优先发展"向"沿海拿出更多力量来帮助内地发展"转变,这在党的一系列文件中得到了体现。例如,2002年中国共产党第十六次全国代表大会提出:"加强政府对收入分配的调节职能,调节差距过大的收入。"2004年党的十六届四中全会提出要"切实采取有力措施解决地区之间和部分社会成员之间收入差距过大的问题,逐步实现全体人民共同富裕"。2013年党的十八届三中全会通过的《中共中央关于全面深化改革若干重大问题的决定》进一步指出,要推动公共服务均等化、努力缩小区域间收入分配差距。

我国在1994年分税制后才逐渐建立转移支付制度。1994年转移支付以税收返还为主,1995年正式引入一般性转移支付,该类转移支付主要用于补助少数民族地区或财力缺口过大的地区。在"两个大局"和"效率优先"思想的指导下,此阶段的一般性转移支付规模较小,不足以扭转财力差距扩大的局势。

为配合均衡地区发展战略的实现,中国在2002年实施企业所得税和个人所得税改革方案,将所得税由地方税变为中央和地方共享税,中央在2002年分享50%,在2003年后分享60%,并决定将新增财力全部用于对地方(尤其是中西部地区)的转移支付上。缩小地区间财力差距成为转移支付的主要目标之一,转移支付占当年中央总支出的比重持续提高,目前中央政府财政支出中约有70%左右用于转移支付,见图8-2。

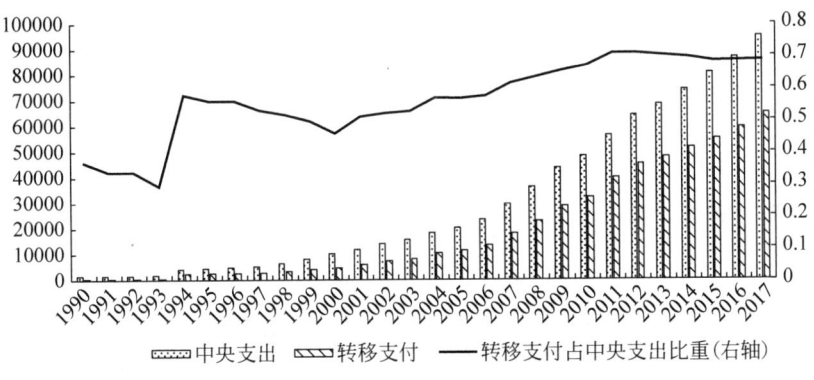

图8-2　1990—2017年转移支付及所占份额

注:数据来自《中国财政年鉴》(2018)。其中,中央支出为包括中央本级支出的全部支出。

为了刻画转移支付的均等化效果,这里以转移支付后地区财力差距的变化率来衡量转移支付的均等化力度,省内各地级市之间财力不平衡程度缩小程度越大,表明转移支付的均等化力度越高。图8-3是计算出的1994—2016年的转移支付均等化系数,可以看出,转移支付前各地区自有财政收入的不平等程度较大,加入转移支付后,各市之间的财力差距明显降低。21世纪以来,转移支付均等化系数逐年提升,2000年转移支付可缩小地区财力差距的33%,2016年转移支付对差距的降低程度已达到51.8%,这意味着通过转移支付,地区之间的财力不平衡程度可缩小一半以上。

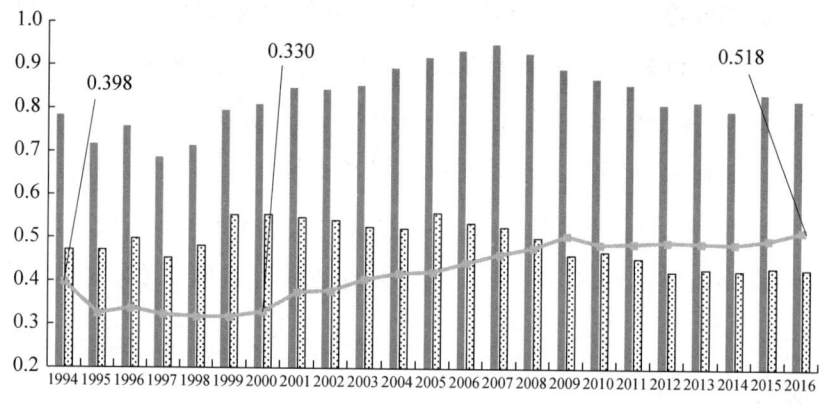

图8-3　全国平均转移支付均等化系数:1994—2016

现实中,中央政府给予地方的转移支付,是由中央拨给省级政府。省级政府再根据本省自身的情况,决定对下辖各市(县)政府的不同类型转移支付数额。因此,县级政府获得的各类转移支付数额主要是由省级政府和市级政府所决定。当然,中央给予地方的专项转移支付,其中有一些项目是具体到某个县的,县级政府获得的这种转移支付就主要是由中央所决定的。但是中央给予地方的专项转移支付也有很多是不明确具体用往哪个县的,而且省级政府也会给予县级政府专项转移支付,因此县级政府获得的一般性转移支付和专项转移支付仍然主要是由省和市级政府所决定(李萍等,2010)。图8-4展示了我国分地区市县级的转移支付均等化力度,可以看出,中西部地区转移支付均等化程度明显高于东部地区。

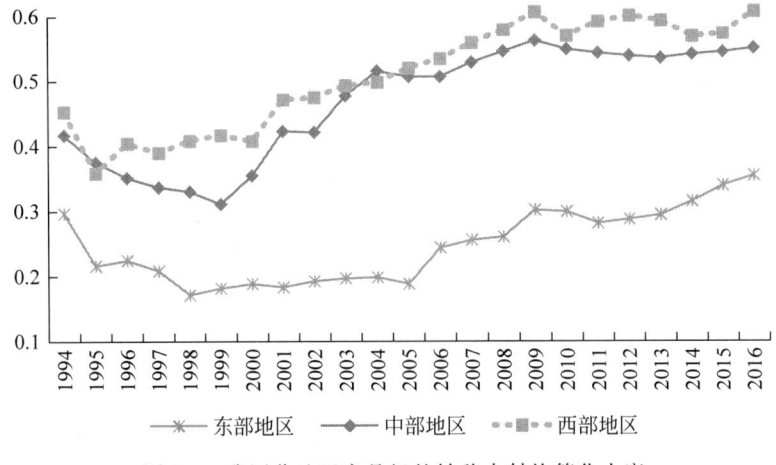

图 8-4 我国分地区市县级的转移支付均等化力度

以财为主和以人为主的转移支付制度结合,缩小了地区间经济发展能力的差距。图 8-5 呈现了 1994 年以来中国东中西部的 GDP 增长率,我们可以看到,2007 年以后西部地区经济增长速度明显超过东部地区,这种收敛特征侧面说明了地区性发展战略提高了落后地区的经济增长能力。

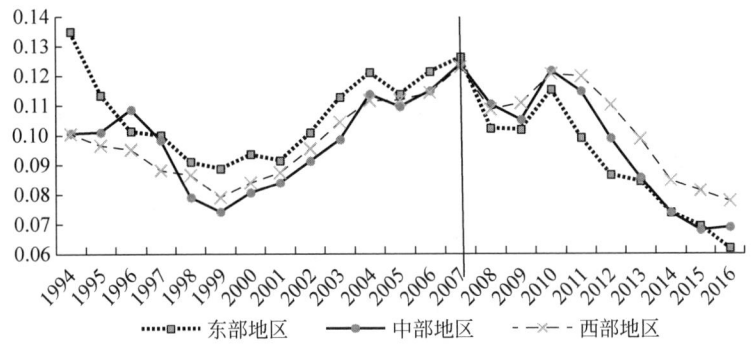

图 8-5 各地区 GDP 实际增长率:1994—2016
注:数据来源于《中国统计年鉴》。

地区发展差距的缩小主要表现在人均 GDP 的差距缩小。变异系数是度量差距的一个重要指标,它等于由各省人均 GDP 的标准差除以各省人均 GDP 的均值。图 8-6 显示了改革开放以来各省人均 GDP 的变异系数,可以看到,省际间人均 GDP 差距表现为三个阶段:第一阶段,1978—1990 年,地区间差距由 0.96 下降到 0.59,据张红梅等(2019)研究,此时东部地区内差异的减小对于全国水平的地区差异有较大的影响;第二阶段,1990—2002 年,地区间差距由 0.59 上升到 0.70,此时东中西部地区差距扩大是地区间差距扩大的主要原因;第三阶段,2002 年之后,地区间差距由 0.70 下降到 0.49。

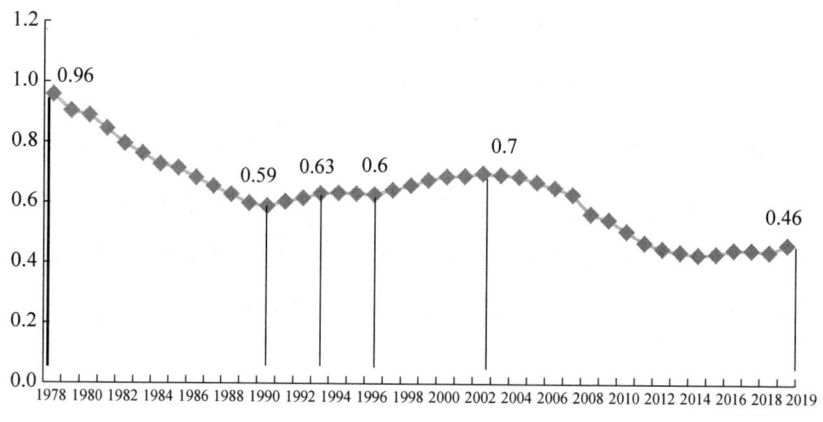

图 8-6　1978—2019 年各省人均 GDP 变异系数

在缩小地区间差距的各项制度中,转移支付制度无疑起到了至关重要的作用。

五、总结

政府间转移支付是平衡地区差距的重要制度安排,传统理论认为转移支付虽然有助于公平,但是不可避免会带来效率损失。而本章研究认为,转移支付制度的实施,不可避免地要依托于一个国家的政治经济制度背景,中国独特的央地关系安排给中国转移支付制度带来了浓郁的中国特色,其中隐含着转移支付理论的创新。

第一,在一定条件下,一般性转移支付既能实现公平也能提高总体效率。总体效率能够提高需要两个条件:一是政府有多个目标,欠发达地区与发达地区政府的目标不一样,欠发达地区更加偏好经济增长;二是欠发达地区资本生产率水平高于发达地区。

第二,郡县制传统下的央地关系容易出现上下级政府间、政府与居民间的偏好错位问题,专项转移支付是能够迅速解决偏好错位的重要制度安排,它会锁定政府支出和公共产品提供的方向,改变欠发达地区基础设施或公共服务供给状况,因此可以称为"积极均衡策略"。

第三,新中国成立以后直到1994年分税制改革,中央政府没有多余的财力用于转移支付,但是在实践中,创造性地发明一种能够有效缩小地区差距的制度:干部派遣。干部派遣可称得上以人为主的转移支付,其原理在于各类干部在经济发展中起着重要作用,当发达地区被调离干部的不可替代程度越低,欠发达地区对调入干部管理能力的吸收程度越高时,干部派遣既可以完成平衡经济发展的目标,而且有可能导致总产出的增加。

不论是以财为主的转移支付,还是以人为主的转移支付,都要依托强大的国家组织动员能力才能得以有效实施。

附录 干部派遣的实践例证:干部援藏

一、干部援藏的简略历程

干部援藏制度自西藏地区和平解放时便迈出了第一步。而今,这一制度仍在不断发展和逐步规范的过程之中。

和平解放初期,西藏自治区干部匮乏,随军入藏的藏族干部与军队中转到地方工作的汉族干部构成了此时西藏干部的大多数。当时西藏的经济基础十分落后,几乎无任何工业设施,人民生活困难,进藏干部的主要任务就是帮助西藏人民发展经济,提高西藏人民群众的生活水平。根据当时的客观情况,中央陆续选派部分党政干部和各方面的专业技术人员进藏工作。但1957年受局势变动的影响,先前大规模调入西藏工作的干部又多数被调回。

随着西藏地方各级政权组织和机构的相继建立,大幅增加了对干部的需求。1959年3月至9月,中央先后下发《关于抽调干部赴西藏工作的通知》等多个文件,从北京、四川、河南、青海等省市和国家有关部委抽调3000多名干部进藏。1960年,中央又下发《关于给西藏抽调干部的通知》,决定从各省市和中央有关部门再抽调各类干部1278名入藏。1961年,中央发出《对西藏工作的指示》,要求西藏集中力量领导群众发展生产,繁荣经济,改善人民生活。1963年中央下发《从内地抽调干部到西藏的通知》,决定从北京、上海、天津、山东、江苏、河北等24个省市抽调392名干部和专业技术干部进藏到各个对口岗位工作。自1965年西藏自治区成立至改革开放前,由于政治形势特殊,中央与各省市向西藏选派干部数量有所减少,但干部援藏并未因此中断。

改革开放后,西藏的发展面临着干部人才不足的困境,经西藏自治区党委向中央建议,中央组织部于1979年1月召开会议讨论,会议后《关于抽调干部支援西藏和在藏干部内返问题的通知》下发,决定1979年和1980年每年给西藏抽调干部3000人左右,其中党政干部与专业技术干部各占一半。同时为了便于今后有计划地调派干部进行轮换,从1979年起,支援西藏的干部主要从四川、山东等15个省市和中央国家机关抽调,实行由几个省市负责一个地区,定期轮换的办法。自此开始,干部援藏制度开始逐步走向稳定。

1980年,《中共中央关于转发〈西藏工作座谈会纪要〉的通知》指出,内地调往西藏的干部,要坚持少而精的原则。1988年,中组部和人事部经报中央批准下发《关于为西藏选派干部的通知》,决定从北京、天津、河北等14个省市和国务院选派414名党政干部和专业技术干部进藏工作。1991年中央组织部和人事部再次下发《中共中央组织部、人事部关于为西藏自治区选调干部的通知》决定从全国各省市及国务院3个部委再为西藏选调128名有一定的政策水平和实际工作经验的干部,进藏工作。

1994年第三次西藏工作座谈会召开,会后制定的《关于加快西藏发展、维护社会稳定的意见》(中发〔1994〕8号)确定了"分片负责、对口支援、定期轮换"的干部援藏办法,以保持一支相对稳定、能较长时间在藏工作的进藏干部队伍。随后《中央组织部、人事部关于加强西藏干部队伍、领导班子和党的基层组织建设的若干意见》(中办发〔1994〕20号)对"分片负责、对口支援、定期轮换"的办法进行了细化,确定了具体各省市与西藏受援地区的对口关系。最终根据西藏地区需要,于1995年确定第一批622人,1998年确定第二批646人,共两批1268名干部进藏支援。1997年中央办公厅和国务院办公厅在北京召开全国援藏工作经验交流会,对干部援藏制度的成果进行了肯定。该会议强调要把干部援藏和改变当地贫困落后面貌,推动受援地区经济与社会发展进一步结合起来,逐步建立和完善有关制度,使干部援藏经常化、制度化。

进入新世纪后,对西藏的干部派遣仍在不断延续,并朝着规范化继续迈进。2001年第四次西藏工作座谈会召开,会议明确对口支援工作在原定10年基础上再延长10年。2010年第五次西藏工作座谈会决定将对口支援政策延长到2020年。2011年《对口支援西藏干部和人才管理办法》(组通字〔2011〕58号)对援藏干部从管理权限、选派轮换、职务任免、待遇奖励以及纪律监督等方面进行了更为细致的规定。根据历年西藏自治区政府工作报告整理,从1995年第一批援藏干部算起,每三年为一批,至2019年已有8批共7500余名援藏干部和专业技术人员进藏工作。

二、干部援藏的效果

对口援藏中派遣的干部多是专业能力强且年轻党政领导骨干,在选拔时除政治思想要求外,还注重干部的基层工作经验,并且要求熟悉经济工作,有较强的统揽全局的能力和组织领导能力,能够应对突发事件和复杂局面。以第三次西藏工作座谈会后确定的1268名援藏干部为例,这些干部中有49%为本科及以上学历,73%为处级及以上领导干部[①]。多数援藏干部进藏后担任地级市和区直部门党政领导班子的重要成员。

这些派遣干部对西藏发展的影响是多方面的,至少能从充实干部队伍、提高原有干部各项能力、直接参与建设、带动企业合作四个方面进行阐述。而从经济角度来看,后两个方面还是前两个方面的具体体现。

首先,派遣援藏的干部直接充实了西藏各地区的干部队伍,填补了各项岗位空缺,改善了干部队伍的整体质量。和平解放初期西藏干部仅有2200余人,至1965年西藏自治区成立时,干部队伍已经发展到了22818人,其中近万名干部由全国各省市派遣到西藏工作。1976年,西

---

① 由西藏自治区人民政府办公厅、西藏自治区党委党史研究室(2002)所披露的数字计算而来。

藏干部总数达到40819人。1978年,中央已累计从全国调派3万多名干部到西藏工作。1980年,西藏干部总数达到59708人[①]。

其次,援藏干部可以提高原有干部的各项能力。援藏干部在选拔时除政治方面外多注重干部年龄、经验和专业能力,因此往往能给受援地带来新知识、新观念、新见解和新办法[②]。在与受援地干部共同工作的互动之中,可以促进受援地原有干部更新观念,转变思维,促进办事作风与方法的优化,进而提高该地区的知识水平、经验水平、管理能力与领导能力,推动西藏各地区经济的发展。1980年和1984年两次召开的西藏工作座谈会的《西藏工作座谈会纪要》间接肯定了这一作用,同时指出要大力培养藏族和其他少数民族干部,各级党政领导干部要带领西藏干部和群众尽快地把自治区的经济搞上去,使全区人民富裕起来。

再次,援藏干部多数均直接参与了援助西藏的各建设项目,有力加快了西藏工业化与现代化的进程。这一特点在西藏和平解放初期大批干部进藏时有明确体现,援藏干部进藏后促进了西藏各项事业的发展,纳金电站、川藏与青藏公路、当雄机场、拉萨夺底水电站等先后建成,西藏各地邮政局、气象站、中小学、医院、电影院等也都经历了从无到有的过程[③]。在此之后中央在第二次西藏工作座谈会确定的43项中小型工程项目、第三次西藏工作座谈会确定的62项援藏工程、第四次西藏工作座谈会确定的117个项目以及各省市对口支援西藏的数以千计的

---

① 干部队伍人数来自西藏自治区人民政府办公厅和西藏自治区党委党史研究室(2002)以及中共西藏自治委员会党史研究室(2005)。

② 人民论坛"揭秘援藏干部"专栏(http://xz.people.com.cn/GB/139204/192829/)就援藏干部的选拔给出了介绍(http://xz.people.com.cn/GB/139187/139208/11751547.html)。

③ 更为详细的内容可参见《中国日报》"西藏和平解放60周年"专题援藏大事记(1950—1998)(http://www.chinadaily.com.cn/dfpd/xzjf60n/node_1054945.htm)。

工程建设中，党政干部的协调领导与技术干部的技术指导作用都不容忽视。

最后，援藏干部还带动了受援地与其他省份企业间的合作。援藏干部作为联系西藏与其他省份产业的纽带，通过为西藏本地特色产品联系介绍其他省份相关企业，招商引资，以互惠互利为基础，促进了两地产业的共同发展，带动了西藏经济的持续增长。

第九章　分税制的消极影响：为政杂利杂害

> 法久弊生,因时制变。
>
> ——魏源

天下事有一利必有一弊,以分税制为代表的财税体制虽然有助于激发地方政府发展经济积极性,但是,分税制本身带有很强临时性、便宜性特点,尚没有形成一个十分稳定、充分合理的中央与地方财政分配关系框架,随着时间的推移,分税制会对地方政府行使职能和经济增长方式产生一些不利的影响。

一、跛脚的分税制改革

政府间财政关系包括事权、财权和转移支付三方面,其中,事权划分是处理好政府间财政关系的核心,这也是世界各国政府确立分级预算管理体制必须首要解决的问题。只有确定政府间事权分配及相应的支出责任,财权分配和转移支付制度才能真正稳定下来。但是,由于客观条件制约,1994年分税制基本没触及最重要也是最难的事权和支出责任划分改革,并且,中央政府为推动改革,在土地等问题上向地方做出让步,这使得分税制体现出渐进式改革特点。

分税制的核心是税权划分,对此本章主要剖析税权划分所产生的不良影响。1994年分税制改革按税收属性划分收入,将维护国家主权、涉及全国性资源配置、实施宏观调控所必需的税种划归中央,其他的税种划归地方,分税改革之初分税的特征还比较明显。可是随着2002年所得税分享方案改革和2012年后"营改增"的推进,主要税种增值税、企业所得税和个人所得税都变成了共享税,分税制一定意义上成了"分成制"。不仅如此,地方税系设置也不合理,地方税收主要来自对流动性税基征税,这容易破坏税收秩序,并产生恶性税收竞争。

分税制下地方政府收入支柱是营业税(2016年改为增值税)、增值税和企业所得税分成收入,这种安排会逐渐扩大地区财力初次分配的差距,并且在分税制前期比较突出。见图9-1。

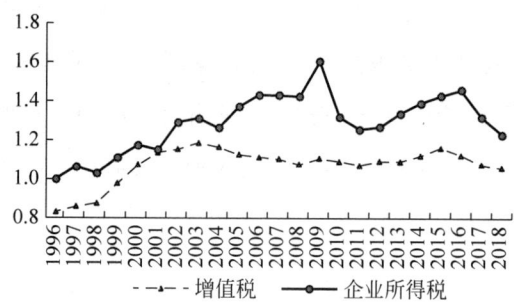

图9-1 我国地区间增值税和企业所得税差距

注:计算地区税收差距的方法是计算各省税收的变异系数。由于各省面临的央地间税收分成规则相同,因此它既反映地区间税源差距,也反映地区间财力初次分配的差距。

一是企业所得税汇总纳税有利于发达地区。我国企业汇总纳税主要适用于三种情况:一是分支机构被认定为非独立核算机构,从而由总机构合并纳税;二是符合规定条件的连锁经营企业分支机构,由总机构合并纳税;三是经国务院批准成立的企业集团,由其核心企业对其100%资产控股的企业实行统一合并纳税。因为企业集团总部一般位于发达地区或发达城市,因而企业所得税汇总纳税会损害欠发达地区或非中心城市税收利益。

二是增值税税收转移扩大地区财力差距。我国增值税是在出厂环节征收,根据商品税的税负转嫁原理,增值税的税收负担主要由消费者承担,这导致增值税的真正缴纳者是全国各地的消费者,但是税收却集中在商品生产地缴纳,从而发生了税源的区域转移。从现实来看,商品生产集中地普遍位于东部经济相对发达地区,这样东部地区获得的增值税往往来自其他地区,进而扩大了地区之间的财力差距。

三是增值税和消费税税收返还方法扩大了地区财力差距。分税制确定的税收返还数额的计算方法是:以1994年中央对地方的税收返还为基数,以后各地区两税每增长1%,中央对地方的税收返还增长0.3%(2016年后改变税收返还办法,实行定额返还),由于东部地区两税增长较快,使得东部地区获得的两税返还也大大高于中西部地区。

在这三种机制的作用下,税收逐渐由欠发达区域流向发达区域,导致地区间财力差距逐渐扩大。地方政府提供公共服务的资金来自财政收入,地区间财力差距的扩大自然会导致各地区之间居民享受到的公共服务不平等。

由于分税制遗留问题的存在,分税制在释放出巨大制度活力后,其负面影响也逐渐显现,目前与地方政府职能和经济增长方式相关的问题与分税制有着密切关系。

二、地方政府职能行使与分税制角色

(一) 地方政府职能行使中存在的问题

我国中央政府和地方政府应行使什么样的职能?中国共产党十八届三中全会通过的《中共中央关于全面深化改革若干重大问题的决定》

(以下简称《决定》)指出:"加强中央政府宏观调控职责和能力,加强地方政府公共服务、市场监管、社会管理、环境保护等职责。"这里"职责"与"职能"两词基本同义,也就是说,《决定》中对中央政府的职能定位是宏观调控,地方政府的职能是公共服务、市场监管、社会管理、环境保护。地方政府能否有效地行使这些职能,既取决于地方政府官员的自觉,更取决于外在的制度环境,特别是分税制所确定的制度环境。目前地方政府职能行使中存在着"四重四轻"的问题,下面分别论述。

1. 重生产、轻服务

地方企业生产扩大能够带动 GDP、财政收入、就业等增长,这些都是地方政府官员较看重的指标,公共服务质量提高虽有利于民生改善,但是对追求政绩表现的官员来说却不见得有吸引力。当促进生产和提供服务发生资源利用上的冲突时,地方政府会倾向将资源用于前者,可以通过以下两个问题说明这一点。

一是财政资金的使用方向问题。财政资金是用于生产还是民生,取决于它对有配置资金权力官员的相对效用水平,当官员较看重GDP、税收和就业时,显然他会倾向于将财政资金用于生产。

二是环境和食品监管问题。地方政府是国家环境和食品安全监管的具体执行者,如果被监管企业存在问题却是地方政府纳税大户,地方政府在监管上就面临两难选择:要么严格执法,这在提高环境或产品质量的同时,会造成企业生产下降;要么放松执法,取得相反的效果。考虑到环境或产品质量改善的好处未必全由辖区居民享受到,它具有很强的外溢性,而生产扩大的好处是非外溢的,地方政府有可能在监管方面推行地方保护主义,如对污染企业的处罚经常被忽视或协商解决。在 2009 年奶业"三聚氰胺"和 2011 年双汇"瘦肉精"事件上,我们均能看到地方政府在监管上的不作为甚至掩盖现象。

2. 重企业、轻个人

企业规模的扩大能够带来经济利益,而个人收入、消费和所享公共服务水平的提高对地方政府官员的利益影响较小。两相权衡,地方政府自然倾向于将公共资源投给企业,尤其是当企业与居民的利益发生冲突时,地方政府一般倾向于维护企业的利益。例如,当企业投资需要工业用地,而征用土地又需要对居民住房进行拆迁时,不少地方政府会站在企业一边,以各种名义动员居民搬迁,之后转手将拆迁后的土地低价出售给企业,近些年来大量的土地强征强拆事件就说明了这一点。

地方政府对企业的重视还可以体现在对企业的财政支持上,对支柱产业或支柱企业,不少地方政府通过税收返还和财政补贴予以大量扶持,而这种支持从整体经济发展的角度看是不可取的。如光伏产业在高速发展期,江西新余决定每年从全市光伏企业纳税的地方留成部分提取20%作为支持光伏产业发展的专项基金。并规定光伏企业投产后,上缴的企业所得税地方留成部分第一年至第二年按100%、第三年至第八年按50%奖励给企业,上缴的增值税地方留成部分前二年按50%、后三年按25%奖励给企业[《中共新余市委新余市人民政府关于加快光伏产业发展的若干意见》(余发〔2006〕19号]。

3. 重增长、轻公平

对地方政府官员来说,调节辖区居民之间社会分配公平不是一个划算的做法:一是公平因素一般很难反映到政绩考核指标中;二是调节公平见效较慢,官员在任期内难以看到明显效果;三是为调节辖区居民公平需要财力付出,这会减少用于各种投资的资金,进而降低经济增长速度。

由于这些原因,地方政府明显对经济增长表现出强烈的偏好。在地方政府换届之后,我们每每能听到地方政府喊出"弯道超越""跨越式发展""经济腾飞"等口号,这体现出对经济增长的强烈渴求。可以通过一个很有趣的统计来证明这一点:一是据官方统计,自1998年起,绝大多数省经济增长率超过全国水平,2004年甚至是所有的省经济增长率都超过全国,见图9-2;二是2012年江苏省13个地级市经济增长率均超过全省水平。这好比说,全班学生考试平均成绩是80分,但是每个同学的成绩均高于80分,显然违背常理,见图9-3。这种现象虽然说明地方GDP统计中存在不少水分,但是地方政府之所以要对GDP"注水",其根源也在于经济增长对官员来说至关重要。

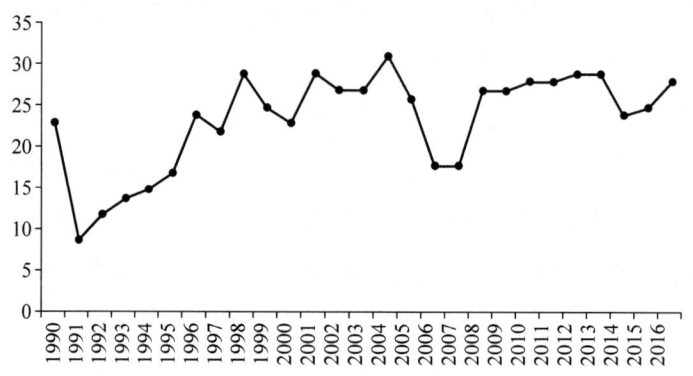

图9-2 各省GDP指数超过全国GDP指数个数
资料来源:根据历年《中国统计年鉴》统计结果推算。

4. 重当期、轻长远

据统计,中国地方政府"一把手"的任期平均为3.6年,在如此短的任期内,地方政府官员要在激烈的政治晋升竞争中胜出,势必要重视在短期内能见出成效的工作,而对长远的发展规划兴趣不足。当短期利益与长期利益发生冲突时,地方政府官员的做法自然就是重视前者。有两个典型事例可说明这一点,一是土地出让问题,二是地方债问题。

第一,土地出让问题。进入21世纪后,土地出让收入成为地方政府重要的收入来源。如2017年全国国有土地使用权出让收入52059

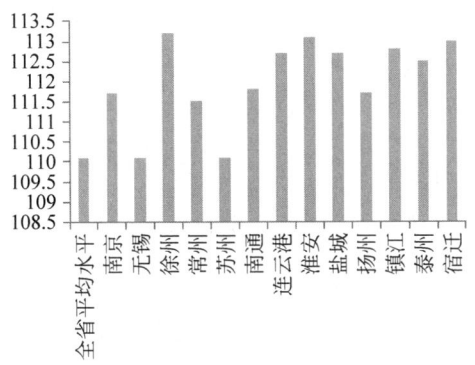

图 9-3　2012 年江苏省各地区 GDP 指数均超过全省
资料来源:根据《江苏省统计年鉴 2013》统计结果推算。

亿元,是全国一般公共预算收入的 30%。目前土地出让政策规定,商业、工业和居民用地的租用期分别为 40 年、50 年和 70 年,按理地方政府在出让土地时,应根据土地存量、使用期限、需求等因素平滑地供给土地,但是财力的困窘和增长的渴望交织在一起,促使地方政府官员热衷于在任期内将土地价值变现。

第二,地方债问题。地方债指的是地方政府通过发行城投债、银行贷款、地方政府融资平台等形式筹资而形成的债务,2008 年后,我国地方债的规模迅速膨胀,在中央三令五申严格控制地方债的情况下,很多地方仍然不遗余力地在扩大地方债务。财政部发布的数据显示,截至 2019 年末,全国地方政府债务余额为 21.3 万亿元。与税收相比,债券还本付息带来的负担可由未来的人承担,债券融资可支撑当期建设,也就是说,发行地方债的好处和负担在时间上是错位的,如果地方政府重视当期利益,自然会有动力通过各种形式的地方债融资,而将风险转嫁给下一任政府或中央政府。

(二) 分税制对地方政府职能行使的影响

1994 年确立的分税制,是一种分级所有的财政体制,它明晰了各级政府财权,使得各地方政府可以集中精力培育对自己有利的财源,为发展当地经济创造良好的投资环境。在此背景之下,地方政府普遍重视地方公共产品供给,市政设施、公共交通等方面的地方性公共产品供给在分税制后都有显著提高。可以说,分税制对于激发地方政府公共管理职能发挥了重要作用,这是分税制作用的最主要方面。但是不可否认,分税制对地方政府职能行使造成了一些扭曲。

第一,税权划分不合理使得地方政府重企业生产、轻居民服务

总体来看,我国地方税系有两大特点:一是税基主要是流动性税基,营业税是对服务征税,增值税是对商品征税,企业所得税是对资本征税,无论是商品和服务,还是生产要素,均属于流动性税基;二是纳税人主要是企业,仅个人所得税和部分契税的纳税人是个人。地方政府拥有的主体税种均不是受益性税种(指税收与公共服务密切相关的税种,第十章有详细分析),在财政分权理论中一般也将它们作为中央税,把它们作为地方税或共享税不可避免地会使地方政府行为变得扭曲。

当前税权划分使得地方政府从税收利益出发,相比为居民提供好公共服务更为重视企业生产。例如贵州绥阳县提出"把客商当亲人,把企业家举过头顶"的口号,这正是此观念的真实写照。为做到这一点,地方政府可以采取低价出让土地、为企业建设厂房、提供税收返还、降低环境监管标准等手段来推动企业生产扩大。企业产出的扩大带来的税收利益可以有相当部分归地方政府,但是产出扩大导致的行业产能过剩、环境破坏等问题,属于全局性问题,不是由地方政府来承担。从经济学常识出发,利益与成本的不对称会扭曲当事人的行为,地方政府职能的扭曲也源于此。财政分权理论之所以强调地方政府要通过受益性税种融资,是因为受益性税种将地方政府税收收入与公共服务挂钩,促使地方政府更好地为辖区居民提供公共服务,但是目前税收划分体

系无法做到这一点。

第二,对非税收入的依赖使得地方政府干预经济运行现象严重

1994年税制改革的直接动因是中央财力在承包制下的连年锐减,因而分税制改革在初始设计时,就采取了明显偏向于中央的做法,地方税税种数量虽然不少,但是其收入规模远不能满足地方财政支出需要。当税收加上转移支付不能满足政府支出需要时,地方政府就有动力扩大非税收入规模,非税收入的来源无非是企业和居民收入,当非税收入的取得方式不规范时,它势必会严重干扰市场经济的运行,这也是舆论将此类行为讥为政府"闲不住的手"的原因。

现实中,非税收入主要来自行政事业性收费、政府性基金、罚款和罚没收入、公共资产和资源收入(如国有资产经营收益和国有资产资源转让收入)。1994年分税制改革后,地方政府"乱收费、乱摊派、乱罚款"现象迅速增加,严重影响了国民经济的发展。进入20世纪后,我国政府对"三乱"现象进行了治理,但是各种合法但不合理的非税收入规模仍然庞大。现实中,还存在一种极端的情况,就是地方政府借助司法的力量直接剥夺企业的财产。财政分权理论谈及地方政府时,经常说政府同时具有"保护之手"和"攫取之手"两面,地方政府追求非税收入扩张显然体现的是后者。

三、经济增长方式转变与分税制角色

转换经济增长方式是最近几十年来我国政府设定的主要任务之一,在1987年党的十三大报告中,就把经济增长方式转换问题写入了官方文件里。长期以来,我国经济增长严重依赖投资驱动,资源利用率低,技术进步率低,环境成本较高,形成粗放式经济增长方式。粗放式经济增长方式形成与分税制有较大关系。

(一) 事权分配不合理妨害统一市场形成

转变经济增长方式需要进行一系列结构调整和结构优化，这属于全国层面的问题，需要在一个统一市场中进行调整。但是，从整体经济角度看的合理选择，对地方来说却未见得是最优。地方政府可以利用所拥有的事权干预辖区内资源配置，这会导致全局资源配置低效。

以食品、药品这样全国销售的商品为例，其管理标准应在各市场是统一的，管理权限应归为中央政府所有，下放到地方政府就可能诱使其利用权力促使辖区内不合标准的企业发展，以此实现税收增长和就业扩大目标。再如饱受非议的司法地方化问题，地方政府干预司法执行的现象比较突出，法院独立审判的能力受到地方制约。还有工业土地协议价格的高低、税收执法的松紧、银行资金的贷款方向等问题，地方政府均有较大的控制权。各地方政府执法尺度不一，自然会影响各地方经济结构，从而导致整体经济结构调整步伐难以统一，中央政府调整经济结构的意图在地方政府屡屡受到抵制。

(二) 共享税安排不合理刺激工业投资和产能过剩

现行税收分配体系刺激了地方政府为增加税收收入，而采取了一系列外延式经济增长方式。

地方税收的主要来源是营业税（2016年后改为增值税）、增值税和企业所得税，地方政府要促使税收增长就要积极培植税源。营业税是地方政府第一大主体税种，税基一半左右为服务业，但是像餐饮、理发等服务业的发展更多地取决于消费者意愿，很难为政府所左右，地方政府把重点放在培植增值税和企业所得税税源上。增值税和企业所得税主要来自工业，工业企业规模扩张一般同时带来两税增长，这刺激地方政府采取种种手段推动工业扩张。地方政府参与增值税分成还有一项好处是,税收收益归地方政府所有,但是其成本却可转嫁出去。因为生产企业的增值税是在出厂环节征收,作为纳税人的生产企业经营地固定,生产环节商品增值率也高,这样,企业投资既会给地方政府带来一笔可观的税收收入,也会拉动当地GDP增长,而这两者均是当前政绩考核机制中政府官员最为看重的。生产环节的增值税作为价外税,又容易发生税收转嫁,税收增长部分会转嫁给下一环节(如商品批发环节),对当地经济影响很小。

现实中,地方政府具有非常强大的调动辖区资金和土地资源的能力,有力量介入市场并推动投资扩张:一是地方政府虽然没有独立发行债券的权利,但是国有企业有权发行债券,于是地方政府可通过成立城市建设投资公司来发行债券融资;二是地方政府拥有一定的土地使用审批权限,可以通过调整土地供给和价格来刺激工业投资,由于信息不对称的影响,很多地方政府还可采取越权审批手段;三是地方政府对金融机构拥有一定的影响力,地方政府对国有商业银行和股份制银行虽然没有人事权,但银行系统的发展需要地方政府关照,而且地方政府对从城市信用社改制而来的城市银行以及从农村信用社改制而来的农村商业银行的人事安排可进行行政干预。

然而,当地方政府普遍认为吸引工业企业落户可促使税收和GDP增长时,转变经济增长方式对地方政府难以产生足够的吸引力,大规模投资很容易导致产能过剩现象的发生。

(三) 地方财政收入结构不合理刺激房地产业畸形发展

在2016年"营业税改征增值税"(简称"营改增")之前,营业税全部归地方政府,它是地方政府主体税种。营业税有9个税目,其中来自建筑业和销售不动产这两个税目的税收收入,占整个营业税收入的一半左右,见图9-4。因此,在"营改增"之前,发展房地产业,会刺激营业税增长。

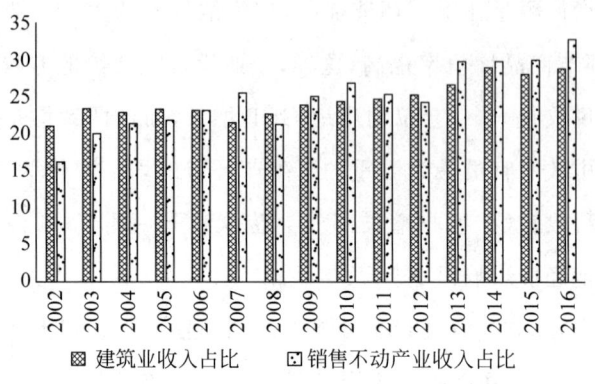

图 9-4 营业税收入两税目收入占比(%)
资料来源：历年《中国税务年鉴》，中国税务出版社。

房地产业发展又会推动城市地价上升，在土地招拍挂制度下，这会进一步推动土地出让收入的增长。我国城市土地出让制度具有以下三个主要特征：政府垄断土地供给；以竞争性的招拍挂为主要出让方式；实行一次性缴纳未来若干年的土地出让金的"批租制"。在土地供给垄断和土地需求远大于供给的条件下，土地出让制度导致了土地出让价格的高涨，也导致了地方政府对土地财政的依赖。

在以上机制激励下，地方政府积极干预商品房市场运行，而在保障房建设方面却缺乏热情。其干预房地产市场发展的手段主要有：一是土地控制手段，地方政府可以通过控制土地供应进度、数量和调整对开发商囤地行为的清查力度等手段来干预房地产投资；二是财政手段，包括对个人购买普通商品房的契税、印花税、营业税地方部分减免，对购房者给予财政补贴等；第三，金融手段，包括调整公积金贷款首付比例和最高限额，开放公积金异地贷款等；第四，行政手段，包括公布普通住宅标准、调整限购政策等。

从产业性质上看，房地产业属于消费型产业，形不成经济的核心竞争力,过多的资金和资源过度地追逐房地产,将使制造业升级缺乏资金、技术和人力资源等方面的支持,从而使重化工业竞争力的提高面临巨大障碍,影响产业结构调整。房地产的发展应该是工业化和城市化的一种结果,在工业化完成之前过度发展房地产,将是一种资源浪费,更重要的是会对提高产业竞争力造成明显的障碍。

四、总结

分税制改革时,受当时客观条件制约,就事权和支出责任划分改革基本没触及,同时中央在土地等问题上向地方做出让步,这导致后期分税制运行逐渐展现出与社会发展要求不适应的一面。主要结论为:

第一,地方政府职能行使存在"四重四轻"问题:重生产、轻服务;重企业、轻个人;重增长、轻公平;重当期、轻长远。分税制与地方政府职能行使扭曲的关联在于:事权划分不合理导致政府缺位和越位;税权划分不合理使得地方政府重企业生产、轻居民服务;对非税收入的依赖使得地方政府干预经济运行现象严重。

第二,我国经济增长方式长期存在创新不足、严重依赖投资、内需不振、资源利用率低和环境成本高等问题,分税制与粗放型经济增长方式的关联在于:事权分配不合理妨害统一市场形成;共享税安排不合理刺激工业投资和产能过剩;地方税收结构不合理刺激房地产业畸形发展。

2016年后,我国针对政府间事权和支出责任划分改革的步伐加快,但是目前分税制仍是以激发地方政府发展经济积极性为导向,它所产生的问题也就依然存在。

第十章　顾炎武方案与政府间行政关系改革：寓分权于集权

> 大国家是以小地方做基础，不先建设小地方，决不能建设大国家，勉强建设，只是不能成立。
>
> ——毛泽东

几千年来，有许多学者在思考：在中国，什么样的中央与地方关系才是合理的？在这些思考当中，明末思想家顾炎武提出的"寓封建于郡县"方案具有极大的理论创造性和实践可行性，但是却被大多数研究者所忽视。本章根据顾炎武方案的内在思想，提出"寓分权于集权"的中央与地方关系改革方案。

一、顾炎武对央地关系构建的思考

(一) 央地关系的历史困局

尽管郡县制经过了几千年实践，历朝历代对制度缺陷进行了各种修补，但是它仍存在许多问题。明末思想家顾炎武历览古今治乱得失，写下《郡县论》一文，详细剖析了郡县制存在的问题，并提出自己的改革思路。他认为"封建之失，其专在下；郡县之失，其专在上"。顾炎武认为郡县制存在以下三方面问题：地方政府行为扭曲、政府机构膨胀、地方吏治败坏。下面我们结合中国几千年历史经验,阐明顾炎武理论的真知灼见之处。

1. 地方政府行为扭曲

顾炎武认为,在郡县制下,地方长官由上级政府任命,升迁和罢免由上级政府说了算,因此地方长官的为政目标是围绕上级政府的目标而转,而不是围绕当地居民目标而转,也就是说地方政府行为容易偏离当地居民偏好,进而导致地方经济社会发展滞后。按顾炎武(1983)的话说,就是:

> 不知有司之官,凛凛焉救过之不给,以得代为幸,而无肯为其民兴一日之利者,民乌得而不穷,国乌得而不弱?

历史上,不少地方官出于责任心会竭力为本地利益申诉,向上级官员呈文时,往往竭尽文辞,"使阅者咏之,其可喜、可怒、可泣、可悲之情不觉油然而动,勃然而生"([清]黄六鸿),甚至在得不到上级支持的时候,会不惜丢掉乌纱帽也要为民一争。

但是,应客观看到,大多数官僚的第一要务是保官和升官,这也符合理性人的自利假设。郡县制下,对地方官员来说,当"事上"与"安下"目标产生冲突时,除了从职位升迁角度会优选事上目标外,还有两个机制强化了这个行为:一是官员不能久任机制,出于历练官员和防止与地方势力勾结的考虑,不少朝代采取地方官员不得久任制度,如宋代知州"三岁一易",地方官员不能久任,自然就不大可能为地方长期发展作打算;二是官员相互牵制机制,从秦代开始,朝廷控制地方官的主要手段是采取分权制约,使主要长官与佐贰官之间有正副之分而无统属关系,让他们彼此牵制和互相监督,地方官员即使是想做事,也因为受到过多制约而无法实行。

这种郡县制下地方治理传统,若隐若现地反映在现在地方行政运行上。在现实中,地方政府的主政长官为党委书记和市长(或县长),党委书记是一把手,它的权力来自上级党委任命,市长由当地人大选举产生,地方管理上实行党委领导下的行政首长负责制,实际上在权力序列中,市长受书记领导。在这种体制下,地方官员的施政方向实际上也在很大程度上体现上级政府的意志,这样难免使得地方官员背离当地居民的偏好。

这里列举一个典型事例来说明这一点。据《中国经济周刊》2016年2月报道,2007—2013年,某省委书记在主政期间,想突出政绩,但由于该省各项经济社会事业发展滞后,很难在短期内超过其他省份。该省林业厅厅长撺掇书记,说可以在森林覆盖率上争全国第一,原因是据国家统计局2006年的统计资料显示,该省森林覆盖率为61.5%,已经位居全国第二位,只要再加一把劲,就可以争当第一。为实现这个目标,2008年9月,该省省委、省政府下发《关于全面推进造林绿化"一大四小"工程建设的意见》,决定用3年时间(后来延长到5年)在全省实施造林绿化"一大四小"工程。从城市到乡镇、农村,再到高速公路、江河渠道,都制定了刚性的绿化目标。其中,要求全省新农村建设试点村、交通干线沿线可视范围内乡村全面绿化,确保"白天不见村庄,晚上不见灯光"。

为充分动员各级政府力量,该省省委、省政府制定了严格的考核机制:政府主要领导为第一责任人,要层层签订责任状,将"一大四小"任务完成情况纳入对市、县政府六项考核评价体系,作为领导干部政绩考核、选拔任用和奖惩的重要依据。省里将不定期督查和年度检查考核,督查和考核结果通报全省。对不能按期完成任务的地方和部门,扣减年度六项考核分值,并在全省通报批评。该省省林业厅就抽调300多名干部组成了100个督导组,深入各地督查指导。在该省省委和省政府的高压下,地县级政府官员很难抗命不遵。用当时基层干部的话说:"几乎每一个县的干部都有意见,但不能讲啊,哪里敢啰嗦?"于是,在制度的安排和政治的动员之下,一场声势浩大的造林"大跃进"开始了。

尽管该省委书记后来因为贪污受贿、滥用职权而被判刑,但是这场荒诞的造林运动所带来的人力物力的大量浪费,却也是无法追回了。

2. 官僚队伍膨胀

在郡县制下,中央政府为避免汉末军阀混战、晚唐藩镇割据的局面再现,不断加强对地方的防范、控制和监督。在地方政权结构上,中央政府有意设置交错监管和制约关系,其结果是直接面对百姓的官少,管官的官多,由此导致政府规模膨胀。对此,顾炎武(1983)指出:

> 今之君人者,尽四海之内为我郡县犹不足也,人人而疑之,事事而制之,科条文簿日多于一日,而又设之监司,设之督抚,以为如此,守令不得以残害其民矣。

自秦朝确立郡县制以来,自上而下监督各级政府运行就成为一个重要主题,为此从中央到地方构成了层层监督和相互制约的体系。秦在郡一级设有守、尉、监,三者间既有分工,也相互监督;汉代先是循此做法,后来改为由地方长官负责层层督察下属;东汉至南北朝时,州、郡、县分别设有功曹从事、治中从事、郡国从事等,对官员业绩、违法、文书等进行监察;隋唐时期,中央层面设有监察御史专门巡察地方,地方层面设有观察处置使、录事、功曹等主管对官员考课和监督;在宋代,在路设监司,对所管辖州县进行监察,在州设通判,专门监察地方长官,同时还设有走马承受作为皇帝监察地方官员的耳目;在元明清时期,建立了细密的监察网络,确立了各级政府自上而下、以长官负责的监察制度。以清代为例,地方有布政使、按察使、分守道、分巡道,职责是监察府县各级,通称为"监司"。同时,自督、抚到府、州、县长官,对下属发生的违法违纪行为,也负有连带责任。

层层监督、层层考核的结果,那就是政府机构增加和官僚队伍膨胀。对此,顾炎武在《郡县论》中有一个形象比喻,他说让地方官员治理辖地就像让马夫养马,要保证马夫尽职工作有两种方式:一种是视马的肥瘦如何对马夫进行奖惩;一种是层层监督,对马夫申请的马料、放马的时间、马的工作等进行细致审查。前者需要人手少,评判结果不会失真;后者需要人手多,且容易出现信息混乱现象。评判地方官员称职与否,顾炎武列举有"土地辟、田野治、树木蕃、沟洫修、城郭固、仓廪实、学校兴、盗贼屏、戎器完"等,如果对每一项指标都进行考察,那么势必导致官僚队伍膨胀。地方治理要达到的目标很简单,"大者则人民乐业而已",如果交给当地人民进行评判,那么就不需要那么多的机构和官僚。

鉴于此,顾炎武感叹道,天下太平,一定是小官多大官少;天下将衰,一定是小官少大官多。要彻底实行精兵简政,就要从制度上消除层层监察、层层考核的诱因。

3. 地方吏治败坏

在郡县制下,县长官对当地事务治理存在三个缺陷:有任期限制或任期的不确定性、治政目标唯上不唯下、异地交流导致对地方事务的疏离。县长官不得不雇用更熟悉当地事务的胥吏来治理,而胥吏可能借助信息优势和多年经营,欺瞒上级、谋取私利,导致地方吏治败坏。对这种现象,南宋叶适提出一句很有名的话:"官无封建而吏有封建。"顾炎武更是痛切地指出,这是"养百万虎狼于民间",他说:

> 州县之敝,吏胥窟穴其中,父以是传之子,兄以是传之弟,而其尤桀黠者,则进而为院司之书吏,以掣州县之权,上之人明知其为天下之大害而不能去也。……昔人所谓养百万虎狼于民

间者。

进一步分析,地方吏治败坏有两个原因:一是地方势力的封建化,二是营利型经纪的扩大。

第一,地方势力的封建化。

为避免唐朝藩镇之祸再现,唐后历代统治者一直注意防范地方势力坐大,一方面限制地方行政长官财权和兵权,另一方面让官员不得久任。地方行政长官不得不倚仗当地以吏为核心的地方利益集团,结果造成地方豪门巨商、胥吏阶级等势力的固化,长期下去,他们垄断了当地的财政司法教育等工作,促使地方势力的封建化。

顾炎武观察到,明代中期以后,沿海地区吏的队伍不断扩大。一是富民加入,嘉靖时代,"买田者多为乡官,去农而为乡官家人者,已十倍于前";二是那些无缘入仕的举人、监生、贡生加入。他们逃避国家赋役,把持地方事务,形成一个个强有力的地方利益集团,国家各项制度和政策需经过他们才能透到基层社会,这大大地削弱了国家能力。

在当今社会中,也常看到基层社会的地方势力固化一面。冯军旗(2010)在根据他的地方挂职的经历写的博士论文《中县干部》中,描述了当地的政治家族的谱系,发现不少是行业内或者系统内繁殖,具有一定的世袭性。政治家族子弟具有向核心部门、关键部门聚集的趋向,比如县纪委、组织部、县委办等。政治家族的核心人物权力和位置越重要,家族内出的干部也就越多。血亲、姻亲、干亲、同乡、同事、同学、战友等构成的官场关系盘根错节,地方行政首长在施政时,很难不受这些势力的干扰。例如,关于干部考核问题,冯军旗(2010)说:

> 我在西城乡时,一位中层干部对我说:干部考核为什么考不出真东西,因为县城太小,关系太复杂,说不定考核组的就是那个干

部的亲戚,能说实话吗?

第二,营利型经纪的扩大。

对于我国传统社会的地方治理,美国学者杜赞奇(Prasenjit Duare,2008)提出"国家经纪"分析框架有较大影响。他在《文化、权力与国家》这本书中,对1900—1942年华北农村的地方行政进行深入考察,认为在20世纪之前,清朝政府利用"国家经纪"处理乡村社会中的税收及行政事务。国家经纪可分为营利型经纪与保护型经纪两种不同的经纪。所谓营利型经纪,是指知县下面的各级书吏和差役,他们视其手中职权为榨取钱财的绝好招牌;所谓保护型经纪,是指乡村社会的集体组织,他们代村民收税,以使社区免遭国家政权及营利型国家经纪的无理盘剥。

杜赞奇发现,随着时间推移,营利型经纪逐渐超过保护型经纪,原因在于两点。一是地方官员由于专业知识、任期、异地交流等限制,他们对当地事务有疏离之感,就征税一项来说,官员主要依靠县衙吏役的册簿来征收赋税,而这些吏役是唯一能编制较为可靠的田册账簿的人。清朝为什么会出现"与绍兴师爷共天下"的局面,就在于师爷们比官员更熟悉当地事务,地方官员不得不倚仗师爷来完成地方治理。二是地方官员无法控制这些吏役们的收入,这些吏役要么是没有薪俸,要么是薪俸少得可怜,无法养家糊口。事实上,官府正是指望这些吏役在与农民打交道中收取"礼物"以维生,下层吏役在为政府收税过程中将"浮收"部分攫为己有。

(二) 顾炎武方案:寓封建于郡县

针对上面的问题,顾炎武提出的改革方案是"**寓封建之意于郡县之中**"。该方案总的思路是:县级实行封建制,县以上实行郡县制。其方案有如下两个要点：

第一，县域自治，提升县级政府地位。

顾炎武提出"尊令长之秩，而予之以生财治人之权，罢监司之任，设世官之奖，行辟属之法"，就是说，有关经济发展（生财）和政治治理（治人）权力全部归县令，取消常设在县级的监察机构（罢监司之任），县令有权组织和任命自己的行政队伍（行辟属之法），如果县令治理得好，可以一直干下去甚至传之子孙。为提升县令的地位，可"改知县为五品官，正其名曰县令"。

第二，简化县级以上政府，郡行使监察权和人事升迁权。

中国过去不少政府机构是为了自上而下参与和监督下级政府行政而设，由于实行县级自治，县以上政府就可以大大压缩。判断县令是否称职，只看"人民乐业"与否。县以上只设郡，并且郡的职能只是监察，"每三四县若五六县为郡，郡设一太守，太守三年一代。诏遣御史巡方，一年一代。其督抚司道悉罢。"

实际上，除顾炎武之外，中国古代也有一些思想家隐隐约约地提出了类似思路，例如南宋叶适主张在郡县制中参酌古制，"以一郡行其一郡，以一县行其一县，赏罚自用，予夺自专。"王夫之认为可以将封建制与郡县制结合使用："封建之天下分而简，简可治之以密；郡县之天下合而繁，繁必御之以简。"黄宗羲在《明夷待访录·方镇》中说："封建之弊，强弱吞并，天子之政教有所不加；郡县之弊，疆场之害苦无已时（郡县制下地方官员难以尽责）。欲去两者之弊，使其并行不悖，则沿边之方镇乎！"不过，他们的论述远没有顾炎武详细透彻。

顾炎武方案是解决央地关系历史困境的一个天才设计。时代在变化，我们不能照搬顾炎武方案的具体措施，但是可以借鉴该方案的"寓封建于郡县"的精神，结合现代政治经济制度，设计一个合理的央地关系架构。

二、央地关系改革的原则

(一) 前提:信息透明度增强、社会组织迅速成长

中国现在在处理央地关系中,有两个明显不同于古代社会的变化。

第一,信息透明度大大增强,央地间信息不对称程度大大降低。

现代社会是一个信息社会,随着交通基础设施和计算机网络的发达,信息传递效率大幅提高。一方面,交通基础设施的建设缩小了空间距离半径,例如自1990年至2019年,中国铁路里程由5.79万公里增加到13.9万公里,公路里程由102.83万公里增加到501.25万公里,并且交通速度也远非昔日可比;另一方面,计算机网络的建设缩短了信息传递时间,也降低了央地间信息不对称程度,地方上发生的事情可以瞬时为中央政府所掌握。

第二,社会组织迅速成长,需借力社会组织处理政府与社会的关系。

社会组织是集体行动的载体,伴随着经济社会的发展,各种类型的社会组织迅速成长,据《中国统计年鉴》(2018)统计,自1990年至2018年,登记注册的中国社会组织由4446个增加到817360个,见图10-1。在登记注册的组织之外,还有大量的微信群、QQ群等依托互联网的新型组织存在,而它们的集体行动力量不见得低于传统组织。

社会组织的发展对央地关系的处理产生两方面作用。一方面,社会组织起到简化信息、汇集意见的作用,它将分散的个人诉求转变为集体的诉求,降低了基层政府与原子式个人打交道所耗费的成本;另一方面,社会组织可以承担不少混合物品或服务的提供工作,从而协助地方政府对地方事务进行治理。奥斯特洛姆(2012)在《公共事物的治理之道》一书中,列举了大量的事例说明,集体组织完全可以有效地提供具

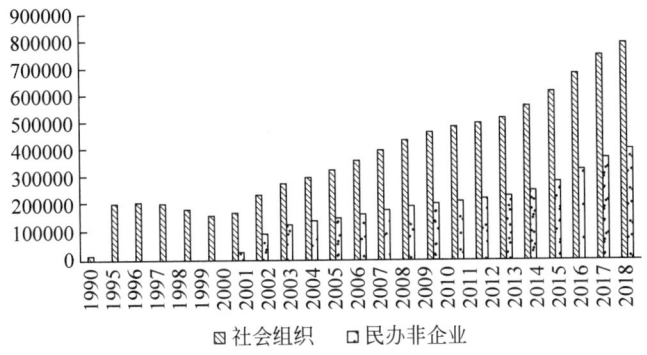

图 10-1　社会组织单位数和民办非企业单位数

有非排他性和竞争性的混合物品。我国自古以来也具有悠久的士绅参与公共事务治理的传统,所谓"皇权不下县,县下皆自治",大量县级公共事务依托士绅领头的各类组织(如宗族)推动(吴晗等,2013)。

(二) 原则:县级行政单位强调活力,县级以上行政单位强调秩序

在央地关系处理中,中央政府提高组织效率的努力在加强秩序的同时,却往往以降低下级政府和辖区社会活力为代价,那么如何兼顾活力与秩序这一对矛盾呢? 对此,本书提出的央地关系处理原则是:县级行政单位强调活力,县级以上行政单位强调秩序。主要做法是赋予县级行政单位更多的自我治理权力,在县级以上行政单位更多地强调行政监察权力和官员选拔权力,这取法于顾炎武"寓封建于郡县"的精神。

为什么不应在省一级而应在县一级赋予更多自我治理权力? 现代政治实际上是在委托结构(commitment stucture)和问责过程(accountability processes)之间取得平衡(Bardhan,2016)。以选举权为代表的自我治理权力下放,虽然有助于约束政府权力,但不一定会让政府更加有效地回应地方层面的信息、主动性和创新性。研究指出,在省级层面的选举,会使得省级政府将更多精力集中在协调地区或不同

群体的差异性上,而不会更多回应基层社会的需求(Seabright,1996)。因此,应扩大县级而不是省级的自我治理权力。孙中山(1923)晚年在《发扬民治论说帖》这篇短文中,也提出同样观点:"今欲推行民治,谓宜大减其好高骛远之热度,而萃全力于县自治。"

本书所设计的"县级强调活力,县级以上强调秩序"方案的优点有三个。

第一,有利于激发基层社会活力。

中国国土面积广大,不可能像小型国家那样可以将很高比例的人口集中在大都市,大多数的人口、经济和社会活动要在县域层面展开,自古有言道:"郡县治,天下无不治"。我国县域人口大约10亿,占全国人口总数的77%左右。县级单位直接面对基层社会,先天地具有了解基层社会的信息优势。如果给予县级行政单位更多的自治权力,减少上级政府对县级具体行政事务的控制,那么会使得县级政府更能准确地反映辖区居民偏好,有助于激发基层社会的活力。反之,如果过度强调对县级单位的控制,在上级政府相对基层政府具有信息劣势的情况下,实际上事权是永远无法清晰地被界定,其结果是对基层政府和社会的控制要么效果不佳,要么以降低社会活力为代价。

第二,有利于维持纵向政府间权力秩序格局。

自古以来,对中央权威造成挑战的力量主要来自省级及以上单位(对应的行政首长如侯王、节度使、总督等),县域单位规模太小,对纵向政府权力秩序格局造成的影响很小。赋予县级单位更多自治权力后,就可以减少县级以上行政单位的事权,而将事权更多集中在监察权力上。而县域自治,辖区居民势必会强化对县级政府的监察,省级政府对县级政府的监察权力范围也可大大缩小。由于监察权力的集中和范围缩小,就可以大大降低信息复杂性和不对称性程度对组织效率下降的影响,同时也可以减少县级以上行政单位的行政规模,降低中央政府的信息处理成本,而这一切均有利于维持纵向政府间权力秩序格局。

第三,降低政府规模,提高行政效率。

地方政府一个饱受诟病的问题是机构臃肿、人浮于事。县政府大致有十个左右党群机构、三十个左右县政府工作部门、二十左右事业单位。一个县有几十个县级领导干部,几百个科局级干部,各部门的领导班子有多个副手,一正十几副也不是新鲜事,这不可避免出现大量闲职闲官,而行政效率并未随之提升,荒政怠政现象屡见不鲜。同时,按我国行政架构(见表10-1),县级政府上面又有市级、省级和中央级政府,各个上级政府、上级政府各个部门,均有权力对县级政府和部门展开监督,层层监督、层层考核、层层评比,使得县级政府疲于应付。由于上下级政府存在较强的信息不对称,大量监察未必会有良好效果。

表 10-1 我国政府层级结构

中央	其他名称
省	直辖市、自治区、特别行政区
市	地区、自治州、盟
县	区、县级市、自治县、旗、自治旗
乡	镇、街道办事处

县级单位拥有更多的自治权,这意味着自上而下的层层监察机构减少,"管官的官"也会随着减少。同时,县以上单位事权的减少,也意味着财政供养人口的减少。这样,顾炎武所痛言的"大官多、小官少"的现象也会随之减少,总体政府规模就会降低,行政运转成本下降,而行政效率会提高。

三、政府间行政关系改革思路

基于以上原则,可以确定央地关系的改革方案是:强县、强中央、调整省权、废地市。具体阐述如下:

（一）强县：扩大县级自主权，县级政府升格

作为一个超大型国家，发展县域经济、激活县域社会活力是国家固本强基的正道，为此，需要在政治经济制度安排上，赋予县级政府更多权力，实现强县目标。具体措施为：

一是落实《中华人民共和国宪法》和《地方组织法》原则，支持和保证县级人民代表大会对行政首长的监督权和任免权。

地方主政领导的行为偏好是否能反映当地居民的需求，对地方公共治理效果产生重要影响。而我国在《中华人民共和国宪法》和《地方组织法》中，已经有了比较好的制度设计。宪法赋予了地方各级人民代表大会选举和罢免同级政府首长的权力，在中国共产党的十九大报告中，也进一步强调了"支持和保证人大依法行使立法权、监督权、决定权、任免权"，以及"保证人民当家作主落实到国家政治生活和社会生活之中"。在《地方组织法》中，规定地方国家机关正职领导人的选举标准为："候选人数一般应多一人，进行差额选举。"在主政官员任用中引入竞争因素，会促使地方主政领导的偏好与辖区居民偏好保持一致。

落实宪法和地方组织法原则，发展社会主义民主，让县级行政首长的任免和权力行使更大程度上受同级人民代表大会的制约，最大程度解决地方官员面临的"事上"与"安下"一对矛盾。人选可以先经由省委组织部门认可，也可以放宽条件。这些是尺度问题，核心是要由当地人民代表大会决定县主要领导的任免，省政府（或省委）无权干涉县主要领导的任免，但是能决定他是否能被提拔到省级政府。当然，更重要的是，在现实中，"县委书记就是'一线总指挥'"（习近平，2015），县委书记对县里各项公共事务具有很大主导权，对此，需要加强党内民主、党内选举、党内监察等制度创新，促使县委书记决策符合当地社会的合理预期。1980年中国共产党十一届五中全会通过的《关于党内政治生活的

若干准则》指出,党组织内"选举应实行候选人多于应选人的差额选举办法",我认为,可以在县级这一层面完全落实该原则。

另外,行政首长的任期与任期预期对行政首长的执政行为影响很大,据研究,现实中大多数县级行政首长任期不满一届(罗中枢、王卓,2011),因此要落实好宪法所确定的行政首长任期制,让县级行政首长从地方公共事业发展中获得更多的成就感和奖励。该做法类似如顾炎武所言,"设世官之奖"。

二是有关县域公共事务尽量将事权下放给县里,县域获得更大范围自主权。

对外部性小、地方具有信息优势的公共事务,如义务教育、卫生、市场管理等,可大量地下放到县里,这有利于发挥县级政府的积极性。该做法类似如顾炎武所言,"予之以生财治人之权。"

三是县主要领导升格为正厅级,县里职能部门升格为正处级,取消股级。

目前县长和县委书记属于正处级,部分重要县为副厅级,这在目前行政序列里属于比较低的职级,不利于体现县域治理的重要性。县里所管辖的人口常达几十万之多,这是中央部委各部门处长面临的事务所不能比的。况且,现行体制也对基层公务员不公平,一个大学生进入公务员系列后,在市以上机关可以一步提拔到科级,而县里只可以提拔到股级,这种不平等情况应取消,在行政序列里提升县主要领导及相应职能部门的职级。该做法类似如顾炎武所言,"改知县为五品官。"

(二) 强中央:扩大中央政府职能

中央政府集中一定的权力,具有如下好处:有利于政令畅通,避免地方挑战中央权威;有助于维护市场统一,避免地方政府间竞争造成市场分割;有助于集中和分配资源来协调地区发展,避免地区差距过大。

在中国这样具有广大国土、地区间差异巨大的国家,增强中央政府的职能、增强中央政府的权威尤其重要。在过去,大量政治学和经济学著作对中央集权的正向作用要么不提及,要么持有反对态度。但是,最近一些重要研究认为,中央政府集权有助于提升国家能力,它实际上是与产权保护制度一样,都是推动社会发展的重要动力(福山,2015;阿西莫格鲁、罗宾逊,2015)。

中央政府的集权程度与中央政府的职能行使是密切联系在一起的,相比其他国家,目前我国中央政府的职能偏少和偏小,以中央政府公务员占全国公务员比重为例,我国只有6%,很多国家在30%以上,经合组织成员国平均为41.41%(楼继伟,2014);再如中央财政支出占全国财政支出的比重,我国每年基本在15%左右,而2015年OECD成员国平均为47.02%。

为建立强大中央政府,可主要采取两点措施。

第一,中央政府保持对省级政府人事任免权和行政监察权。中央政府人事任免和行政监察可有效地控制地方政府行为,这实际是我国自实行郡县制以来一直采取的做法,但是历史上也多次出现地方挑战中央权威的现象,原因在于当中央政府对地方事务鞭长莫及时,需要下放一些权力到省级政府,在特殊的历史背景下,权力一旦下放,中央政府再想收回就很困难。因此,需要按照下面的"调整省权、废地市、强县"的思路来定位省以下各级政府职能。

第二,在财政上要承担更多的事权,并通过集中财力和大规模转移支付来协调地方发展。中央政府承担更多的事权,意味着它对资源的掌控和调配力度增强。中央政府集中财力并实行大规模转移支付,意味着地方政府不少资金来源于中央政府。人事控制和财力控制是权力的两大根本,当中央政府控制这两项时,中央政府组织效率提高和相应国家能力提升就有了保障。

(三) 废地市：取消地市级政府

我国地市级政府是横亘在省和县之间的政府，在行政序列中占有非常重要的地位。但是就是这样重要的一级政府，长期以来却处于法理不明确的位置。我国宪法明确规定"我国的地方政府分为省县乡三级。"因此，从法理上看，地市级政府不是地方政府。它最初是作为省级政府的派出机构存在的，是代表省级政府指导县级政府工作。在交通不发达、信息交流成本较高的年代，地市级政府可以起到解决省级和县级政府信息不对称、提高组织效率的作用，但是也随之带来政府规模膨胀、政府冗员增加、财政负担加重、市县争利的局面。

目前地市级的职能主要有两点：一是承担地市级公共事务的管理，二是对县级政府进行监察。如果县域实行自治，那么大量的事权就集中在县级政府，对县级的监察权力要么可取消，要么可归为省级政府。在这样的背景下，可彻底取消地市级政府。

取消地市级政府也有很大的现实可行性。自2005年起，我国开始推行"省直管县"改革，目前据可查资料，全国共有27个省（区、市）对1080个县实行财政直接管理，顺此可逐渐将人事权、审批权、监督权上收到省级政府。该做法类似如顾炎武所言，"罢监司之任""其督抚司道悉罢。"

（四）调整省权：以行政监察权、官员升迁权、区域协调权为主

我国以省为地方行政单位的制度来自元代。元代中央行政机关叫"中书省"，在地方上设"行中书省"，意思是它们是中书省派出的机关，简称"行省"，最后简称为"省"。明代改行省为三司，但它是指行政机构，区域仍然叫省。省作为最高一级的地方行政区划，一直沿袭至今。

从中国历史经验看,省级政府的管辖范围和管辖权力均有过大之嫌。我国各省平均管辖面积为 30 万平方公里,相当于一个如英国和德国这样中型国家的面积。由于省管辖范围大,可调动的资源多,为避免省级政府成为潜在对抗中央政府的力量,中国历史各王朝在初始时,一般都大力削弱省级政府的权力,但是随着时间推移,地方事务越来越复杂,省级政府权力会逐渐扩张。一旦中央政府权威下降,省级单位(包括总督两省甚至更多的单位)就可能违抗中央政府的命令,导致政令不通。就省级区划范围而言,它不仅是一个地理概念,而且经过长时间的历史积淀,已承载了过多的社会内容和人民情感,因此轻易不要改变省级区划范围,重点是改变省级政府职能或权力范围,其方向如孙中山曾指出的"省之一级,上承中央之指挥,下为各县之监督",具体有三点:

第一,职能重点之一:官员监察权和升迁权。当赋予县级政府较大的自治权后,县级政府行政将以辖区利益为重,就可能存在局部利益与全部利益相抵触的情况,因此需要在法律上明确县级政府行使权力的边界,并由省级政府进行监察。顾炎武所说的"诏遣御史巡方",其本义也是要有监察专员监督县级政府的行为。如果省级政府认为县主要领导工作实绩较好,就可以将其提拔到省政府。但是省级政府轻易不能罢免县级官员,因为县级长官由同级人大选举产生,只要辖区居民认可官员行政水平,省级政府就没有理由罢免县级官员。

第二,职能重点之二:区域协调发展权。现代社会经济活动范围的扩大,凸显了区域间协调发展的重要性。我国地域广阔,区域间异质性强,协调区域发展的大量工作势必要落实在省级政府,因此省级政府可以在制定区域发展规划、财力协调、环境治理、交通建设等方面保留必要的区域协调发展权。不过,这种区域协调发展权力的范围不宜过大,主要原因有:一是像长江三角洲城市群、粤港澳大湾区、东北地区等更大范围的区域协调由中央政府来完成;二是省内协调发展的具体工作仍由下级政府完成,并不是由省级部门到第一线去执行,省级部门主要发挥决策者、协调者、监督者的作用,并主要通过财政手段来控制地区间积极性发挥程度;三是赋予省级政府过多事权,有可能使其变为实施地区保护主义的工具,进而产生破坏统一市场建设等不良结果。

第三,在前者基础上,缩小省级政府事权。事权体现着政府职能,有两点可能使得省级政府事权减少,一是按照强县的思路,可把发展地方社会经济的事权大量下放到县级政府,二是在信息化时代,中央政府的管理半径实际上得到了延伸,跨区域的公共产品提供可以由中央政府协调地方完成。

以"强县、强中央、调整省权、废地市"为特点的央地关系改革方案,实质上使得央地权力关系体现出"哑铃式结构":权力两头重、中间轻。这样设置的好处是:调整省级政府的职能,有利于强化中央权威,消除未来伴随省域经济扩大及省级政府权限过大造成的隐患;减少政府级次,使得政府间政令更通畅;地方财政支出责任主要在县级政府,有利于发挥县级政府的信息优势,调动基层政府工作积极性。

"寓分权于集权"方案实际上是中国数千年来央地关系的一个根本性改革,为降低试错成本,可以选择某一省进行试点。该方案完全满足试点条件,不会因为试点引发全局性问题。

四、"寓分权于集权"框架下的政府权力约束

现代经济发展十分强调政府的作用,自工业革命以来,政府对经济各个领域的干涉力量大大增加。例如,比较2016年与1880年财政支出占GDP的比重,美国上升了29.8个百分点,英国上升了31.5个百分点,日本上升了28个百分点。但是这带来另一个问题,就是伴随政

府权力扩张,常常会出现政府对私人空间的压缩、政策不当扭曲资源配置、政府行为偏离居民目标等一系列问题。制度经济学家认为,经济系统基本的政治两难问题是:一个足够强大以至于有能力保护产权和迫使合同执行的政府,同样也具有足够强大的力量破坏产权并将居民的财富充公,这是贯穿于整个人类历史的核心两难问题(North and Weingast,1989;Weingast,1995)。就是说,发展没政府不行,有政府又经常做错事。为此,现代政治又特别强调对政府权力的约束。

1945年7月4日,在延安一个窑洞里,毛泽东与民主人士黄炎培进行了一次著名的谈话,它涉及政权建设的根本问题,史称"窑洞对"。黄炎培先生说:"我生六十余年,耳闻的不说,所亲眼见到的,真所谓'其兴也勃焉,其亡也忽焉',一人、一家、一团体、一地方,乃至一国,不少单位都没有能跳出这周期率的支配力。……一部历史,'政怠宦成'的也有,'人亡政息'的也有,'求荣取辱'的也有。总之没有能跳出这周期率。中共诸君从过去到现在,我略略了解了的就是希望找出一条新路,来跳出这个周期率的支配。"毛泽东庄重地答道:"我们已经找到新路,我们能跳出这周期率。这条新路,就是民主。只有让人民来监督政府,政府才不敢松懈。只有人人起来负责,才不会人亡政息。"黄炎培听了毛泽东的回答,十分高兴,他说:

> 这话是对的,只有把大政方针决之于公众,个人功业欲才不会发生。只有把每个地方的事,公之于每个地方的人,才能使地地得人,人人得事。用民主来打破这个周期率,怕是有效的。

然而,"二战"以来的世界经验表明,在实行选举制的民主国家里,利益集团勾结、寻租等活动往往也随之盛行起来,有民主无法治、有民主缺乏国家能力的国家比比皆是,民主制度设计不当,反而有降低国家能力的危险。在不少国家,利益集团操作选举,连最初的约束政府权力的目标也没有达到。以为一选了事、民主万能的想法,在现实中是行不通的。

那么,怎么解决约束政府权力与发挥政府作用的矛盾呢？我认为,"寓分权于集权"是较好的思路。在县域层面（包括大城市的区县级单位）,政府直接面向基层社会,社会矛盾与社会冲突也往往在这个层面发生。在县域层面,通过县域自治,有利于建立"开放秩序社会",从政府作为公共领域垄断者的单中心治理,转变为政府与社会开展广泛合作的多中心治理,固本强基工作先从县域做起。

况且,现在中国所处的发展阶段,也产生很强县域自治、社会开放的需求。改革开放前期,县级地方政府对推动经济增长起到了非常重要的作用,在推动经济增长的过程中,县级地方政府将财税汲取能力和社会组织动员能力发挥到最大化,但是运用不当的话,也会极大地破坏执政合法性（周庆智,2014）。亨廷顿（1968）在《变化社会中的政治秩序》中深刻地指出,经济发展孕育着社会动员,当社会动员的速度超过现有制度参政需求的能力时,政治秩序就会崩溃。改革开放后数十年高速发展,在不断提高人民的物质生活水平的同时,也激发了社会活力,多元化的诉求不断对基层政府产生冲击和压力。此时,县域自治和社会权利开放,好处有四:有利于化解冲突和矛盾,有利于约束政府权力,有利于将政府官员目标与居民目标捆绑在一起,有利于激发社会活力。

在县以上政府,仍可借鉴郡县制的基本框架实行治理。县以上政府,应不是基层社会冲突的责任承担者,而是冲突的化解者。对省级政府而言,负有监察县级政府行为的权力,同时也受中央政府和同级人大的严格监督;对中央政府而言,要通过权力制衡、党内监察、人大监督等约束权力。

除此之外,"寓分权于集权"还会产生一个积极效果,那就是促进国家与社会的良性互动和平衡。在秦实行郡县制之前,中国社会实际上流动性很强，人的自由度较高，社会结社也非常普遍，甚至形成一股政治势力，举例来说，墨子派弟子三百守宋城、战国四君子门客数千，都是社会活跃的表现。而自秦实行郡县制以后，历代统治者不断摧抑豪强，打散社会结构，最终造成钱穆（2012）所说的"一个平铺的社会"。中国改革开放后，经过数十年经济发展，社会活跃程度大幅度提高，我认为，此时公民社会的建设一定要跟上社会活跃的步伐。公民素质不是天上掉下来的，它是需要培养和训练的，在基层社会，让公民参与公共事务治理，学会表达利益，学会平等地与不同群体谈判与妥协，这是逐步提升公民素质的有效途径。理性社会的建设会促使国家与社会达到良好平衡状态，也会对国家整体公权力形成强大的制约。

总之，在县级层面强调联邦制原则，在县以上层面强调郡县制原则；在县级层面强调分权，在县以上层面强调集权；在县级层面强调释放社会活力，在县以上层面强调维持政治秩序；在县级层面强调市场增进能力，在县以上层面强调组织动员能力，两者结合在一起，共同推进国家治理。在阿西莫格鲁和罗宾逊（2015）著的《国家为什么会失败》一书中，作者认为包容性政治制度要同时兼顾集权与多元化两点，"寓分权于集权"方案恰好能满足这两点要求。

五、总结

本章从顾炎武的"寓封建于郡县"的思想出发，构建面向中国未来的央地关系设计框架，这是本书的核心部分。主要结论有：

第一，郡县制治理传统下，央地关系存在历史困局。表现为：一是地方政府行为扭曲，当官员为政目标围绕上级政府目标而转时，就会导致官员偏好错位问题并产生行为扭曲，官员不能久任机制和相互牵制机制，又强化了地方政府行为扭曲。二是官僚队伍膨胀，中央政府对地方的防范、控制和监督,会导致政权结构存在交错监管和制约关系,形成大官多小官少的局面,由此导致政府规模膨胀。三是地方吏治败坏,容易形成地方势力的封建化和营利型经纪的扩大。

第二,顾炎武的"寓封建于郡县"方案是兼顾活力与秩序关系的天才设计。顾炎武认为应在县级实行封建制,在县级以上实行郡县制,其精神是基于对中国历史和国情的深刻理解上,提出的一个极具创新性的方案,那就是:赋予县级单位更多自主权,强调它的活力;在县级以上单位强调中央政府的垂直管理,强调它的秩序。

第三,借鉴顾炎武思想,本章提出"寓分权于集权"的央地关系框架。

一是强县。(1)县主要领导由当地选举产生,任免由当地人民代表大会决定,无任期限制。(2)有关县域公共事务尽量将事权下放给县里,扩大县级自主权。(3)县主要领导升格为正厅级,县里职能部门升格为正处级,取消股级。

二是强中央。(1)扩大中央政府职能,中央政府保持对省级政府人事任免权和行政监察权。(2)在财政上要承担更多的事权,并通过集中财力和大规模转移支付来协调地方发展。

三是废地市。在省直管县基础上,顺势取消地市级政府,将地市级政府的人事权、审批权、监督权上收到省级政府,改革成本并不高。

四是调整省权。省级政府以行使监察权、官员升迁权、区域协调发展权为主,省级政府部分原有事权可配置在县级政府和中央政府。

以"强县、强中央、调整省权、废地市"为特点的央地关系改革方案,实质上使得央地权力关系体现出"哑铃式结构":权力两头重、中间轻。它会让国家能力的两大组成部分——市场增进能力和组织动员能力——同时得到加强,最终会实现国家治理的两大目标:活力与秩序。

附录　顾炎武所著的《郡县论》[①]

自秦始皇统一六国后,中国在央地关系安排上整体实行郡县制架构,这种架构对保持国家的大一统发挥了巨大作用,也发挥出很好的治理效能。但是它先天存在着一些严重弊端。为此,自秦之后,关于郡县制改革的思考就常常流露在历代文人的笔端。明末清初天下巨变之时,汉族知识分子的沉痛无以复加,鼎革不但意味着改朝换代,而且是异族入主华夏,剃发易服暗示着中华文化根基有动摇的危险。同时,短暂的换代期也出现了历史上难得一见的思想钳制放松时期,学者们可以畅所欲言。顾炎武等人在家国剧变之际,开始深入思考中国郡县制度的利弊和未来改革的方向。其情、其思、其悟,正如鲁迅所说:"抉心自食,欲知本味",这为历史留下了宝贵的思考结晶:"寓封建之意于郡县之中"。这是一个具有历史穿透力的央地关系解决方案,顾炎武十分自信地说,要是后世帝王想"厚民生,强国势",一定会采纳他的建议的。然而,在当时情景下,仍如鲁迅所说,"创痛酷烈,本味何能知?""寓封建于郡县"的"本味"需要随着经济社会条件的变化而丰富和调整,顾炎武思想需借当代社会科学知识予以阐发。

○郡县论一

("郡县论一"提出改革央地关系的总体设想:"寓封建之意于郡县之中"。论中指出郡县制先天存在的三大问题:过度集权、过多监察、地方领导执政目标唯上不唯下。这些问题会导致地方治理的低效。)

[①] 参见:《顾炎武文》,唐敬杲选注、司马朝军校订,中国文史出版社,2020年。

知封建之所以变而为郡县,则知郡县之敝而将复变。然则将复变而为封建乎?曰,不能,有圣人起,寓封建之意于郡县之中,而天下治矣。盖自汉以下之人,莫不谓秦以孤立①而亡。不知秦之亡,不封建亡,封建亦亡;而封建之废,固自周衰之日②而不自于秦也。封建之废,非一日之故也,虽圣人起,亦将变而为郡县。方今郡县之敝已极,而无圣人出焉,尚一一仍其故事,此民生之所以日贫,中国之所以日弱而益趋于乱也。何则?封建之失,其专在下③;郡县之失,其专在上④。古之圣人,以公心待天下之人,胙⑤之土而分之国;今之君人者⑥,尽四海之内为我郡县犹不足也,人人而疑之,事事而制之,科条文簿⑦日多于一日,而又设之监司⑧,设之督抚⑨,以为如此,守令⑩不得以残害其民矣。不知有司⑪之官,凛凛焉救过之不给,以得代为幸,而无肯为其民兴一日之利者,民乌⑫得而不穷,国乌得而不弱?率⑬此不变,虽千百年,而吾知其与乱同事,日甚一日者矣。然则尊令长之秩⑭,而予之以生财治

---

① 孤立:孤立无援,指秦行郡县而不分封。
② 周衰之日:春秋战国之时,诸侯互相兼并,天子不能制,故已无封建之实。
③ 专:专断、专横。在下:指诸侯。
④ 在上:指中央政府。
⑤ 胙[zuò]:赐予。
⑥ 君人者:即为人君者。
⑦ 科条文簿:即各种规章制度。
⑧ 监司:也成为"宪司",为监察州郡之官。
⑨ 督:即总督,明清为统辖外省文武的最高之官;抚:即巡抚,为外省行政长官。
⑩ 守:即太守,为一府之行政长官。令:邑令,也成为县令,为一县的行政长官。
⑪ 有司:古代设官职,事各有其专司,故称为"有司"。
⑫ 乌:怎么。
⑬ 率:沿袭,遵循。
⑭ 秩:官职的品级。

人之权,罢监司之任,设世官①之奖,行辟属②之法,所谓寓封建之意于郡县之中,而二千年以来之敝可以复振。后之君苟欲厚民生,强国势,则必用吾言矣。

○郡县论二

("郡县论二"设计改革方案:提高县行政品级,县令无任期限制,县级行政自主,上级政府行使监察权,根据县级治理效果决定县级官员升迁或免职,县以上政府机构大幅度消减。该方案在县以上保留郡县制特点,在县以下体现自治特点,可以说是"寓分权于集权"式的方案)

其说曰:改知县为五品官,正其名曰县令。任是职者,必用千里以内习其风土③之人。其初曰试令,三年,称职,为真;又三年,称职,封父母;又三年,称职,玺书④劳问;又三年,称职,进阶⑤益禄,任之终身。其老疾乞休者,举子若弟代;不举子若弟,举他人者听;既代去,处其县为祭酒⑥,禄之终身。所举之人复为试令。三年称职为真,如上法。每三四县若五六县为郡,郡设一太守,太守三年一代。诏遣御史巡方⑦,一年一代。其督抚司道悉罢。令以下设一丞⑧,吏部⑨选授。丞任九年以

---

① 世官:古代官职由一族一姓世代相袭,故称世官。
② 辟属:辟,任用;属,属吏。直接委任属吏。
③ 风土:犹云风俗。
④ 玺:天子之章曰玺;玺书,诏敕之别称。
⑤ 阶:官级。进阶益禄,即俗称升官发财。
⑥ 祭酒:古时会同乡宴,必尊长先用祭酒以祭,故凡同列中以齿德相推者为祭酒。汉以后,又因以为官名。
⑦ 巡方:巡查四方。
⑧ 丞:佐贰官之称。
⑨ 吏部:旧官制六部之一。

上得补令。丞以下曰簿①、曰尉②、曰博士③、曰驿丞④、曰司仓⑤、曰游徼⑥、曰啬夫⑦之属，备设之，毋裁。其人听令自择，报名于吏部；簿以下得用本邑人为之。令有得罪于民者，小则流⑧，大则杀；其称职者，既家于县，则除其本籍。夫使天下之为县令者，不得迁又不得归，其身与县终，而子孙世世处焉。不职者流，贪以败官者杀。夫居则为县宰，去则为流人，赏则为世官，罚则为斩绞，岂有不勉而为良吏者哉！

○郡县论三

["郡县论三"指出，县级自治后，上级政府就毋须对县级行政进行过多监察，只需考察县级整体治理效果即可（注：当代政治可以轻易解决这个问题，由当地人大由选票决定主政官员的去留）。就像是养马，只需观察马养的好坏，而不须对养马细节进行监督，这样会大幅度削减监察队伍。]

何谓称职？曰：土地辟，田野治，树木蕃⑨，沟洫修，城郭固，仓廪实，学校兴，盗贼屏，戎器完，而其大者则人民乐业而已。夫养民者，

---

① 簿：即主簿，掌管簿目。
② 尉：典狱及补盗之官。
③ 博士：教授之官。
④ 驿丞：司驿站之官。
⑤ 仓：主管仓库之官。
⑥ 游徼[jiǎo]：秦汉时的乡官，掌巡禁盗贼。
⑦ 啬夫：秦制，乡设啬夫，职听讼，收赋税。
⑧ 流：古代五刑之一，安置远方，终身不返。
⑨ 蕃[fán]：(草木)茂盛，～茂。～昌；繁殖：～息。～孳。

如人家之畜五牸①然：司马牛者一人，司刍豆②者复一人，又使纪纲之仆③监之，升斗之计必闻之于其主人，而马牛之瘠也日甚。吾则不然。择一圉人④之勤干者，委之以马牛，给之以牧地，使其所出常浮⑤于所养，而视其肥息⑥者赏之，否则挞之。然则其为主人者，必乌氏⑦也，必桥⑧姚也。故天下之患，一圉人之足办，而为是纷纷者也。不信其圉人，而用其监仆，甚者并监仆又不信焉，而主人之耳目乱矣。于是爱马牛之心，常不胜其吝刍粟之计，而畜产耗矣。故马以一圉人而肥，民以一令而乐。

○郡县论四

（"郡县论四"指出，改革会促使县政府的执政以提高当地居民满意度为标准，并且由于县级单位较小，不用担心县的权力过大影响到政治稳定。）

或曰：无监司，令不已重乎？子弟代，无乃专乎？千里以内之人，不私其亲故⑨乎？夫吏职之所以多为亲故挠⑩者，以其远也。使并处一城

---

① 牸[zì]：畜类野兽的雌性。例如：牸马；牸犀。
② 刍豆[chú dòu]：意思是草和豆。指牛马的饲料。
③ 纪纲之仆：为总管之仆人。
④ 圉[yǔ]人：一般指圉官。圉官，古代官名，指掌管养马放牧等事的官员。
⑤ 浮：溢也，过也。
⑥ 息：繁殖。
⑦ 乌氏：名倮[luǒ]，秦人，以畜牧为业，至用谷量牛马。始皇令倮比封君，以时与列臣朝请。
⑧ 桥姓，姚名，亦畜牧家。《史记·货殖列传》记载："唯桥姚已致马千匹，牛倍之，羊万头，粟以万钟计。"
⑨ 亲故：亲戚故旧。
⑩ 挠：扰。

之内,则虽欲挠之而有不可者。自汉以来,守乡郡者多矣。曲阜之令鲜以贪酷败者,非孔氏之子①独贤,其势然也。若以子弟得代而虑其专,蕞尔②之县,其能称兵以叛乎?上有太守,不能举旁县之兵以讨之乎?太守欲反,其五六县者肯舍其可传子弟之官而从乱乎?不见播州③之杨传八百年,而以叛受戮乎?若曰:无监司不可为治,南畿十四府四州何以自达于六部乎?且今之州县,官无定守,民无定奉,是以常有盗贼戎④翟之祸,至一州则一州破,至一县则一县残,不此之图,而虑令长之擅,此之谓不知类⑤也。

○郡县论五

("郡县论五"指出,扩大县级自主权会激发县级官员守护家园的责任感,这看似增强了当地官员的私心,但也正是这私心会达到天下大治的效果。)

天下之人各怀⑥其家,各私⑦其子,其常情⑧也。为天子为百姓之心,必不如其自为,此在三代以上已然矣。圣人者因而用之,用天下之私,以成一人之公而天下治。夫使县令得私其百里之地,则县之人民皆

---

① 曲阜令由孔子的子孙世袭。
② 蕞尔:小貌。
③ 播州:唐朝设置的,今贵州遵义。
④ 戎:西方的外族,与"狄"通,北方外族,此处通指外寇。
⑤ 类:犹事也。
⑥ 怀:《说文解字》"念思也。"这里指心里存有;怀藏。
⑦ 私:偏爱。
⑧ 常情:指普通的情理;一般的心情。语出《庄子·人间世》:"传其常情,无传其溢言。"

其子姓①,县之土地皆其田畴②,县之城郭③皆其藩垣④,县之仓廪⑤皆其囷窌⑥。为子姓,则必爱之而勿伤;为田畴,则必治之而勿弃;为藩垣囷窌,则必缮⑦之而勿损。自令言之,私也,自天子言之,所求乎治天下者,如是焉止矣。一旦有不虞之变⑧,必不如刘渊、石勒、王仙芝、黄巢之辈,横行千里,如入无人之境也。于是有效死⑨勿去之守,于是有合从缔交⑩之拒,非为天子也,为其私也。为其私,所以为天子也。故天下之私,天子之公也。公则说,信则人任焉。此三代之治可以庶几⑪,而况乎汉、唐之盛,不难致也。

○郡县论六

("郡县论六"指出,"寓封建于郡县"的方案会大大降低行政运转成本,并且激发县级政府发展经济的积极性。)

今天下之患,莫大乎贫。用吾之说,则五年而小康⑫,十年而大富。且以马言之:天下驿递⑬往来,以及州县上计京师,白事司府,迎候上

---

① 子姓:泛指子孙、后辈。《礼记·丧大记》:"既正尸,子坐于东方,卿大夫父兄子姓立于东方。"
② 田畴:田地。《礼记·月令》:"(季夏之月)可以粪田畴,可以美土疆。"
③ 城郭:城,指内城的墙,郭,指外城的墙。内城和外城,泛指城或城市。
④ 藩垣:藩篱和垣墙。
⑤ 仓廪:廪,米藏曰廪。贮藏米谷的仓库。
⑥ 囷窌[qūn jiào]:谷仓与地窖,泛指粮仓。
⑦ 缮:《说文解字》"缮,补也。"修补。
⑧ 不虞之变:虞,意料。不虞,不及预料。"不虞之变",意料不到的事变。
⑨ 效死:出自《公羊传·昭公十三年》。卖力而不顾生命。
⑩ 合从缔交:从,通"纵",采用合纵的策略缔结盟约,互相援助。
⑪ 庶几:差不多,近似。
⑫ 小康:《中国历史大辞典》:儒家描述的一种次于"大同"的理想社会。
⑬ 驿递:1.用驿马传递;2.驿站。

官,递送文书①,及庶人在官所用之马,一岁无虑百万匹,其行无虑万万里。今则十减六七,而西北之马赢不可胜用矣。以文册言之:一事必报数衙门,往复驳勘②必数次,以及迎候③、生辰、拜贺之用,其纸料之费率④诸民者,岁不下巨万。今则十减七八,而东南之竹箭不可胜用矣。他物之称是者,不可悉数。且使为令者得以省耕敛,教树畜⑤,而田功⑥之获,果蓏⑦之收,六畜⑧之孳⑨,材木之茂,五年之中必当倍益。从是而山泽⑩之利亦可开也。夫采矿之役,自元以前,岁以为常,先朝所以闭之而不发者,以其召乱也。譬之有窖金焉,发于五达之衢,则市人聚而争之;发于堂室之内,则唯主人有之,门外者不得而争也。今有矿焉,天子开之,是发金于五达之衢⑪也;县令开之,是发金于堂室⑫之内也。利尽山泽而不取诸民,故曰此富国之筴⑬也。

○郡县论七

("郡县论七"指出,改革可以考虑扩大县级财政自主权,不要使县

---

① 文书:文书一词早在汉代即已使用,如《史记·匈奴传》:"毋文书以言语为约束",公文;案牍。
② 驳勘:驳回原判,重行审勘。
③ 迎候:谓先期出迎,等候到来。
④ 率:聚敛;征收。
⑤ 树畜:栽种畜牧。
⑥ 田功:农事。
⑦ 果蓏[luǒ]:草本植物的果实。
⑧ 六畜:六种家畜的合称,即:马、牛、羊、猪、狗、鸡。
⑨ 孳[zī]:《说文解字》"孳,汲汲生也。"繁殖,生息之意。
⑩ 山泽:山林与川泽。泛指山野。
⑪ 衢[qú]:《说文解字》"衢,四达谓之衢。"四通八达的道路。
⑫ 堂室:厅堂和内室。
⑬ 筴[cè]:同"策"。

财政出现困难。如果县财政收入不足支出需要，可以通过转移支付予以解决。)

法之敝也，莫甚乎以东州之饷，而给西边之兵，以南郡之粮，而济北方之驿。今则一切归于其县，量其冲僻①，衡其繁简，使一县之用，常宽然有余。又留一县之官之禄，亦必使之溢于常数，而其余者然后定为解京之类。其先必则壤定赋②，取田之上中下，列为三等或五等，其所入悉委县令收之。其解京曰贡、曰赋；其非时之办，则于额赋③支销，若尽一县之入用之而犹不足，然后以他县之赋益之，名为协济。此则天子之财，不可以为常额。然而行此十年，必无尽一县之入用之而犹不足者也。

○郡县论八

("郡县论八"指出，郡县制下流官制度设计，容易产生官吏分途、"官无封建而吏有封建"的局面，"寓封建于郡县"改革将使得这个局面不复存在。)

善乎叶正则④之言曰："今天下官无封建而吏有封建。"州县之敝，吏胥⑤窟穴⑥其中，父以是传之子，兄以是传之弟。而其尤桀黠⑦者，则进而为院司之书吏，以掣州县之权，上之人明知其为天下之大害而不能

---

① 冲僻[chōng pì]：意思是冲要或偏僻。
② 则：等也；则壤定赋：谓分地之等差以定租赋之多少。
③ 额赋：有定额之经常赋税。
④ 叶适，字正则，号水心居士。温州永嘉（今浙江温州）人，南宋思想家、文学家、政论家，世称水心先生。
⑤ 吏胥，解释为地方官府中掌管簿书案牍的小吏。
⑥ 窟穴，指坏人、匪类盘踞的地方。
⑦ 桀黠[jié xiá]：解释为凶悍狡黠。也指凶悍狡黠的人。

去也。使官皆千里以内之人,习其民事,而又终其身任之,则上下辨而民志定矣,文法除而吏事简矣。官之力足以御吏而有余,吏无所以把持其官而自循其法。昔人所谓养百万虎狼于民间者,将一旦而尽去,治天下之愉快,孰过于此!

○郡县论九

("郡县论九"指出,"寓封建于郡县"的方案会激发读书人报效乡梓的责任感,读书人不再一味向上爬,官本位意识也随之大大降低,最终达到人尽其才,才尽其用的效果。)

取士之制,其荐之也,略用古人乡举里选①之意;其试之也,略用唐人身言书判②之法。县举贤能之士,间岁③一人试于部。上者为郎,无定员,郎之高第④,得出而补令;次者为丞,于其近郡用之;又次者归其本县,署为簿尉之属。而学校之设,听令与其邑之士自聘之,谓之师不谓之官,不隶名于吏部。而在京,则公卿以上仿汉人三府⑤辟召之法,参而用之。夫天下之士,有道德而不愿仕者,则为人师;有学术才能而思自见于世者,其县令得而举之,三府得而辟之,其亦可以无失士矣。或曰:间岁一人,功名之路无乃狭乎?化天下之士使之不竞于功名,王治之大者也。且颜渊不仕,闵子辞官,漆雕未能,曾皙异撰,亦何必于功名哉!

---

① 乡举里选:是古代官吏选拔制度。汉代察举秀才、孝廉等承周制,由郡国守相就乡里考察选举,亦称乡举里选。
② 身言书判:是唐选官时考核的内容,《新唐书·选举志》下:"凡择人之法有四:一曰身,体貌丰伟;二曰言,言辞辩证;三曰书,楷法遒美;四曰判,文理优长。"唐士子通过礼部试,进士及第后,不直接授官,须再通过吏部选官一关。
③ 间岁:隔一年。
④ 高第:凡举官,选士,成绩优异者皆曰"高第"。
⑤ 三府:1.汉制,三公皆可开府,因称三公为"三府"。后世因之。亦用以泛称国家最高行政长官。2.通判的别称。官品低于知府、同知,故称。

第十一章　政府间财政关系改革：有效激励

　　财政是国家治理的基础和重要支柱，科学的财税体制是优化资源配置、维护市场统一、促进社会公平、实现国家长治久安的制度保障。

　　　　　　　　　　　　　　——中国共产党十八届三中全会决定

　　政府间财政关系的核心是事权、财权和转移支付，事权关系政府职能行使范围，财权关系政府利益范围，转移支付关系政府行为模式，在"寓分权于集权"的框架下，本章详细剖析事权、财权和转移支付的问题根源与改革方向。

一、政府间事权分配改革

（一）政府间事权分配现状与问题

1. 政府间支出责任划分

　　1994年分税制改革确定的中央与地方总体支出责任划分是，中央政府主要承担国防费、武警经费、中央级行政管理费等，地方政府主要承担地方行政管理费、公检法支出、地方文化教育卫生支出、支农支出等。分税制运行以来，总体上地方财政支出责任在上升，1994年地方财政支出占全国财政支出的比重为69.7%，2018年达到85.2%。

下面我们分析央地间财政支出分担和结构情况,从表 11-1 中可以观察到央地间财政支出责任划分情况,以及财政支出的主要投向领域。

表 11-1　2007 年和 2018 年中央和地方各类财政支出　　（%）

指标	各类支出中地方支出占全国总支出比重		地方各类支出占地方支出比重		中央各类支出占中央支出比重	
年份	2007	2018	2007	2018	2007	2018
合计	77.0	85.2	100	100	100	100
一般公共服务	74.6	91.8	16.6	9.0	18.9	4.6
外交	0.7	0.5	0.0	0.0	1.9	1.8
国防	2.0	1.9	0.2	0.1	30.4	33.8
公共安全	82.6	85.2	7.5	6.2	5.3	6.2
教育	94.5	94.6	17.5	16.2	3.5	5.3
科学技术	48.1	62.5	2.2	2.8	8.1	9.5
文化体育与传媒	85.8	92.1	2.0	1.7	1.1	0.9
社会保障和就业	93.7	95.6	13.3	13.7	3.0	3.6
医疗卫生与计划生育	98.3	98.7	5.1	8.2	0.3	0.6
节能环保	96.5	93.2	2.5	3.1	0.3	1.3
城乡社区事务	99.8	99.6	8.4	11.7	0.1	0.3
农林水事务	90.8	97.2	8.1	10.9	2.7	1.8
交通运输	59.2	88.4	3.0	5.3	6.8	4.0
资源勘探电力信息等事务		92.5		2.5		1.2
商业服务业等事务		95.4		0.8		0.2
金融监管等事务		38.7		0.3		2.6
国土资源气象等事务		84.4		1.0		1.1
住房保障		92.6		3.3		1.5
粮油物资储备事务		33.2		0.4		4.2
其他支出	80.5	64.3	6.2	0.8	5.0	2.5

数据来源:中经网。

第一，财政支出责任分担情况。从表中可以看出，在外交和国防两类支出上，中央财政承担了几乎所有的支出责任。在科学技术、金融监管和粮油物资储备三个类别上，中央财政承担了接近一半的支出责任。但在其他领域，中央承担的支出责任比重都较低。绝大部分支出责任落在地方政府，不少支出项目地方支出占比超过90%。并且，与2007年比较，地方政府支出责任在增加，增加比较明显的为一般公共服务、交通运输、科学技术、文化体育与传媒等支出。

第二，财政支出结构。在地方财政支出结构中，占比超过10%的有教育、社会保障和就业、城乡社区事务、农林水事务。在中央财政支出结构中，最主要的是国防支出，其次是科学技术、公共安全、教育等支出。

总体来看，在财政一般公共预算支出中，中央政府与地方政府支出的相对比是14.8∶85.2，这反映出大量公共事务是由地方政府承担的，中央政府仅在外交、国防、金融监管、粮油物资储备事务四个领域支出明显高于地方政府。

地方政府整体承担的财政支出责任上升，势必影响到省以下各级政府的财政支出责任承担比例的变动。图11-1刻画了省、地级市、县三级政府财政支出占比状况，从中看到，县级支出占比在2000年后迅速上升，省级和市级占比在下降。这可能反映了从中央到省、省到市、市到县的层层向下转嫁财政压力的行为，县级政府无从转嫁，只能承担大部分财政支出责任，由此引发了广泛关注的县乡财政困难问题。

2. 事权分配存在的问题

在2016年国务院颁发的《关于推进中央与地方财政事权和支出责任划分改革的指导意见》中，列举现行的中央与地方财政事权分配存在的问题，主要表现在：

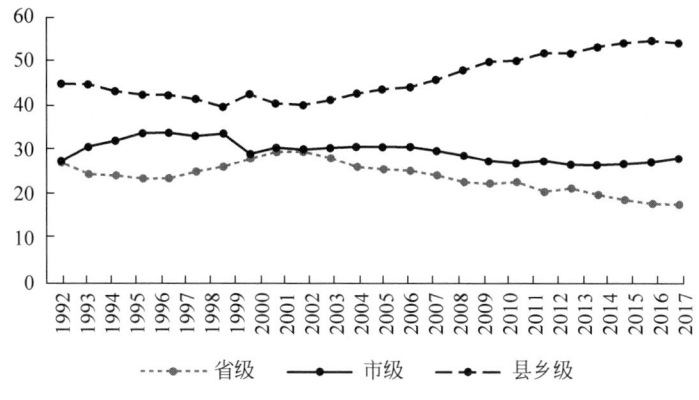

图 11-1　省以下的财政支出占比(%)

资料来源:《1994—2017 年一般公共预算支出级次情况》,《地方财政研究》,2019 年第 7 期。

第一,政府职能定位不清,一些本可由市场调节或社会提供的事务,财政包揽过多,同时一些本应由政府承担的基本公共服务,财政承担不够;

第二,中央与地方财政事权和支出责任划分不尽合理,一些本应由中央直接负责的事务交给地方承担,一些宜由地方负责的事务,中央承担过多,地方没有担负起相应的支出责任;

第三,不少中央和地方提供基本公共服务的职责交叉重叠,共同承担的事项较多;

第四,省以下财政事权和支出责任划分不尽规范;

第五,有的财政事权和支出责任划分缺乏法律依据,法治化、规范化程度不高。

在这些问题中,比较严重的是第二个方面的问题。应该由中央负责的事务交给了地方处理,如国际界河的保护、跨流域大江大河的治理、跨地区污染防治等;属于地方管理的事项,中央承担了较多的支出责任,如从区域性重大基础设施建设到农村厕所改造等地方项目,中央相关部门有相当的资金补助。按照财政分权理论,地方政府活动要与其受益范围相对应,如果地方政府活动会使得其他地方受益或受损,那么这项活动就具有了外部性,具有外部性的活动应由上级政府负责,否则很容易使地方政府行为产生扭曲。例如跨流域江河治理责任由地方承担,违背了成本与收益对等原则,也就很难激励地方政府不打折扣地完成目标。

事权分配不合理会对建设统一市场产生不利影响。转变经济增长方式需要进行一系列结构调整和结构优化,这属于全国层面的问题,需要在一个统一市场中进行调整。但是,从整体经济角度看上去合理的选择,对地方来说却未见得是最优。地方政府可以利用所拥有的事权干预辖区内的资源配置,这会导致全局资源配置低效。

以食品、药品这样全国销售的商品为例,其管理标准应在各市场是统一的,管理权限应归中央政府所有,下放到地方政府就可能诱使其利用权力促使辖区内不合标准的企业发展,以此实现税收增长和就业扩大目标。再如饱受非议的司法地方化问题,地方政府干预司法执行的现象比较突出,法院独立审判的能力受到地方制约。还有工业土地协议价格的高低、税收执法的松紧、银行资金的贷款方向等问题,地方政府均有较大的控制权。各地方政府执法尺度不一,自然会影响各地方的经济结构,从而导致整体经济结构调整步伐难以统一,中央政府调整经济结构的意图在地方政府层面屡屡受到抵制。

但是,本书认为,中国政府间事权分配存在的问题,远不止以上五点那么简单。事权分配意味着确定各级政府的职责范围,而政府的职责范围与政府间行政架构有关,或者说,与如何定位中央与地方关系有关。在现有体制下,上级政府与下级政府会存在偏好错位与信息不对称两个根本性问题,它会深刻地影响中央与地方政府行为。

(二) 问题根源及对政府行为的影响

1. 两个根本性问题：官员偏好与信息传递

事权分配问题存在的深层次根源，与我国历史悠久的郡县制传统有着密切关系。第二章指出，郡县制的核心构成是官员选用、考核与监察机制，通过这三个机制来推动政府机构的运转与政府职能的行使。在官员的任免主要取决于上级政府的情况下，上级政府与下级政府会存在偏好错位与信息不对称两个根本性问题。

一是官员偏好错位。由于地方官员的权力来自上级，那么他的执政目标首先是满足上级的偏好，而不是当地居民的偏好。上级既可能是整体上级政府，也可能是决定他职位任免的部分人或部分利益群体。上级的偏好与下级的偏好有时一致，有时不一致。当存在不一致的时候，地方政府官员的偏好就出现错位现象，由此影响地方官员的执政方向。

二是信息不对称。我国幅员辽阔，政府层级多，这样基层政府信息复杂性强，与上级政府之间信息传递链条长，上下级政府间存在较强的信息不对称。

官员偏好错位与信息不对称，会深刻地影响上下级政府的行为。见图 11-2。

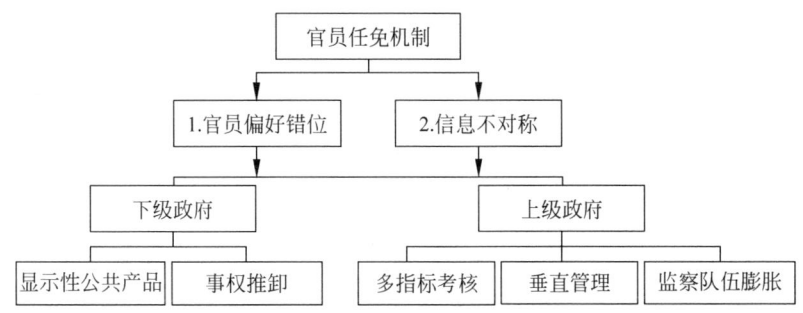

图 11-2　事权分配问题存在的根源

2. 下级政府行为

第一,偏向"显示性公共产品"的提供。

什么是"显示性公共产品"？就是那种容易被观察到且在政绩评价中占有较大比重的公共产品。下级政府需要满足当地居民和企业对公共产品的需求,交通设施、城市治理、教育、医疗、社会保障等都是这样的公共产品。但是,不同公共产品对财政资金投入的反应效果是不一样的：有的立竿见影,例如交通和城市改造；有的会有很长的时滞,例如教育水平的提高。地方政府官员因为任期有限和财政资金约束,倾向于将资金投入到"显示性公共产品"上。

第二,事权推卸。

转型期的社会,需要地方政府参与更多的地方事务治理,那就是说,需要地方政府拥有更多的事权。但是有的地方事务治理,要么治理效果时滞很长,很难在短期内显现出政绩,例如教育；要么治理效果外部性强,很难甄别出某个地区政府治理效果来,例如大气治理。地方政府不愿意投入更多的资金和精力从事这样的地方事务治理,也就容易推卸这样的事权。

小说《财政局长》对地方官员的心理有一段生动的描绘：

> (新区开发计划)是石书记急于上马的山川县有史以来投资最大的新区建设工程。这是个耗钱的工程,会把县财政钱袋子抽空不说,还会压上沉重的巨大债山。这巨大的风险或包袱,难道是书记不清楚？他清楚得很。石书记清楚得很,为什么还要非干不行？因为石书记要出政绩,要出看得见、摸得着的出彩工程。因为石书记同所有县委书记一样,出政绩才能晋升。……在贫困县当个有政绩的县委书记,要说最大的出彩是让老百姓脱贫,而搞脱贫,那得豁出老命实干,那路漫漫而道艰难,是不易短期见大成效的苦差

事,只有短期出亮点、显彩头,才是出政绩的最佳方式。因而,县新区建设改造,是石书记看好的政绩出彩的最好项目。

石书记不愿干让百姓脱贫的工作,却愿意干让县财政背上巨大债务的新区开发工作,不是他道德有问题,也不是他的政绩观有问题,而是制度使然。制度如此设计,无论开展什么样的干部思想教育活动,也难以改变这一现象。

3. 上级政府行为

对上级政府来说,为了促使下级政府更好地履行提供公共服务的职能,会纠正下级政府偏向显示性公共事务与事权推卸行为,并采取三点反制措施。

第一,多指标考核。

政府不像企业那么容易考核成绩,对企业来说,利润是反映经营业绩的最真实指标,一般来讲,经理人的能力高低可能通过企业利润率观察出来。但是对政府来说,政府承担的职能比较多,单一的指标难以观察出地方官员的执政业绩,为此,上级政府就会设置很多指标来观察地方政府官员执政能力和执政业绩。现实中,考核指标大致归为经济发展、社会发展和社会评价三大类,每个大类又分为若干指标,各个明细指标加总起来,往往达30种之多。

然而,多指标考核存在三个根本性矛盾。一是长期指标与短期指标的矛盾,政绩显现时间有长有短,像经济增长、投资之类指标,当期就可观察出来,而像教育改善之类指标,需要更长时间的观察才能得出结论;二是显性指标与隐性指标的矛盾,政绩呈现有显有隐,像市政建设之类指标是显性的,而像促进社会参与公共治理的效果是隐性的;三是考核指标与非考核指标的矛盾,官员对考核关注的指标会有更多的投入,而会忽视非考核指标的投入,就是说,考核会提高技术效率,却以降低配置效率为代价(乔宝云,2017)。

随着经济社会发展,考核目标会从经济转向社会、转向公共治理,指标就由显性和短期转向隐性和长期,多目标考核的真实效果会逐渐降低。

现实中,上级部门为准确考核出下级部门的真实政绩,在政绩考核指标设计上可以说是煞费苦心。既有像投资增长率这样的硬性指标,也有像社会评价这样的软性指标;既有惩罚性指标,也有激励性指标;既有统一性指标,也有特殊性指标;既有一票否决这样的杀手锏,也有这样达标后增加财政拨款的胡萝卜。这些指标往往让下级政府和部门叫苦不迭,所谓"千条线一根针",上级检查是线,下级是针,下级为应付检查与考核就要耗费大量精力,也催生了挖空心思数据造假、大量填表做"表面功夫"的现象。

第二,垂直管理(条条管理)。

我国地方政府具有较强的调动辖区内资源的能力,为实现政府执政目标,地方政府不但可以调动各行政部门力量,还可以调动国有企业、地方商业银行等力量,这会降低上级政府对下级政府的控制,其后果要么是削弱上级政府的权威,要么是上级政府难以纠正地方政府执政中的一些扭曲行为。为加强控制,上级政府会将更多的部门实行垂直管理,让这些部门业务脱离同级政府的行政管理框架。用通俗的话讲,就是"条条"管理增加,"块块"管理减少。

这仿佛是历史的回响。在中国古代,不少朝代为了加强对地方控制,采用了条条管理形式,尤其是宋朝以后,这种趋向更加明显。而历史经验也告诉我们,条条管理增加,不可避免会让政府行政效率和治理能力下降。

第三,监察力量的增强。

由于地方政府偏好错位,由于政府间存在很强的信息不对称,上级政府要时时刻刻监察下级政府,对下级政府偏离上级政府设定目标的行为进行纠正,这不可避免地造成监察机构的增加、监察队伍的膨胀、监察行为的增多。

"一票否决制"最能反映上级政府监察对地方政府的震慑作用。"一票否决制"本是我国20世纪80年代在计划生育领域采用的,目的是提醒地方政府对此项工作的重视。之后"一票否决制"被广泛运用于社会治安综合治理,向信访控制、招商引资、环境保护、节能减排、安全生产、森林防火、反腐倡廉等各个领域扩展。"一票否决"虽然会迅速将下级政府的行为导向上级政府的目标,但是过度依赖这个手段使得下级政府疲于应付,反而引发更多的问题。《县委书记的主政谋略》一书说出了县委书记们的心声:

> "一票否决制"迫使基层政权把主要精力放到应付上级检查考核上,在本末倒置、制度异化的道路上越走越远;它催生着形式主义、弄虚作假等官场恶习,损毁着基层政权公信力;它加剧了政府职能部门的权力膨胀,助长行业不正之风;它违反功过分明的常规,虽然能够一定程度地强化基层干部责任感,却因"一丑遮百俊"而消磨了很多人的工作积极性;它诱使基层采取"死看死守"甚至暴力"截访"等办法维持表面稳定,引发出一个个恶性事件;它强化着"人治"和"官权",阻碍了民主法治进程。

近年来各地出现的大拆大建,除了土地财政的诱因以外,同样是上级指标考核导向压出来的。随便上网一搜,就会发现全国很多省或市制定了城乡建设"三年大变样"或"三年大会战"的方案,它暗示着地方政府要在短期呈现出显性的政绩来。

(三) 事权分配改革的原则

事权分配是关系到政府行政效率和政治结构稳定的大问题,世界不少发达国家或在《宪法》上,或通过中央立法,来明确各级政府的职责。其核心为两点。一是分权,财政事权分散在各级政府行使,有条件的话尽可能放在低层级政府行使。哈耶克(1945)认为,信息是决定政府权力是否下放的关键因素,地方政府比中央政府更靠近当地社会和市场,中央政府必须给予地方政府更大的自主权才能激发地方政府的积极性。二是制衡,中央政府必须能够制约地方政府的财政行为。因此,事权分配的大方向是在分权基础上的制衡,这样从经济角度看,有利于激发地方积极性、保护统一市场和促进地区间公平,从政治角度看有利于政治稳定和国家能力建设。

1. *效率原则:活力问题*

在财政分权理论中,一般是从如何提高公共产品提供效率角度考虑最优财政分权问题,针对政府间事权划分,一般认为应坚持以下几个原则可提高效率(楼继伟,2013;郭庆旺、吕冰洋,2014)。

一是信息优势原则。提供公共产品需要了解当地信息,如居民偏好、提供成本、监督方式等,信息复杂性越高的公共产品,越应该由地方政府去提供。不同地区异质性的大小,也会直接影响公共产品的信息复杂性。如果地区差异大,公共产品就适合由地方政府去提供。

二是外部性原则。公共产品一般都具有正外部性,但每项公共产品外部性辐射的地域范围存在差异。很多公共产品外部性辐射范围会跨越较大地域,如果这一公共产品交由地方政府负责支出,公共产品的提供量将会低于对全社会来说的最优水平。从这个角度看,外部性辐射地域范围越大的公共产品,交由更高层级的政府提供越有效率。

三是规模经济原则。公共产品的提供需要考虑提供成本的大小。很多公共产品的生产具有明显的规模经济属性,即生产量越大时,单位成本会越低。对于外交、国防这样的事项,由整个国家去提供具有明显的规模经济优势,因此适合由中央政府提供。

四是激励相容原则。激励相容机制是要使得参与者即使按照自己的利益去行动,也能实现整体利益最大化。例如,根据 Tiebout(1956)"用脚投票"理论,由地方政府负责提供公共产品会鼓励地方政府间相互竞争,从而激励地方政府更有动机提供符合本地区居民偏好的公共产品,因此会提高公共产品提供效率。

根据以上四点效率原则,政府间事权分配可如图 11-3 所示。

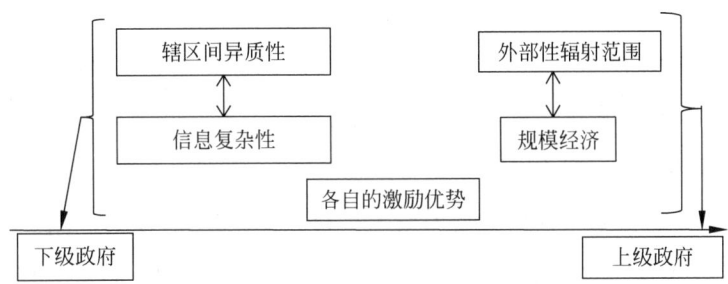

图 11-3 公共产品事权分配的效率原则
资料来源:郭庆旺、吕冰洋等著:《中国分税制:问题与改革》,中国人民大学出版社,2014 年。

2. 制衡原则:秩序问题

根据第十章建立的政府间行政框架,我国地方政府由省和县两级构成。省县两级政府的区别在于:县级政府更接近当地市场和基层社会,省级政府则逊之;县级政府权力更多受当地居民制约,省级政府权力更多受中央制约;省级规模较大,县级规模较小,省级政府的政治和经济动员能力远大于县级。在这样的框架下,需要制衡的主要是省级政府,为此,事权分配应体现哑铃分权原则和三权分离原则。

第一,哑铃分权原则。

事权分配要向中央政府和县级政府两头集中,中央财政主要承担与宏观调控、维护统一市场、公平收入分配有关的职能,县级财政主要承担县域内公共服务、市场监管、社会管理等职能,省级政府主要行使监察职能和协调区域发展职能。其好处是有利于县级政府自主决策，激发县级政府的积极性和活力。同时，调整省级政府权力，强化中央政府权力，有利于加强中央政府对省级政府的控制力，从而有利于政治经济秩序稳定，有利于中央政府充分发挥其全局性职能。

当代财政分权理论过度强调财政分权所具有的经济效率，实际上，分权一方面可激发地方政府的积极性，另一方面却可能破坏整体稳定，带来社会秩序的混乱，阿西莫格鲁和罗宾逊（2015）分别以东非索马里为例子说明了这一点。东非的政治权力长期以来是多元化的，社会被分成了几个深深敌对的族群，一个族群的权力只受制于另一个族群的枪炮武器。这种权力分配不会带来包容性制度，只会带来混乱，结果就是索马里国家缺乏任何类型的政治集权和国家集权，没有一点能力推行哪怕是最低的法律秩序，以支持经济活动、贸易甚至是人民的基本安全。

第二，三权分离原则：省权以监督权为主。

在1994年分税制改革时，确定的政府间事权改革原则是"事权与财权相匹配"，后来发现地方政府可拥有事权而不必拥有财权（如征税权），地方财力缺口可以通过自上而下的转移支付来解决，于是之后的更多提法是"事权与财力相匹配"。在2003年中共十八届三中全会《决定》中，又进一步提出"事权与支出责任相适应"。不少人在头一次听到这种提法时感到迷惑，那么，事权与支出责任有什么区别、两者关系是什么？

实际上，事权包括决策权、执行权、监督权三部分，决策权是关于做出公共事务决策的权力，执行权是关于财政支出的权力，也可说是财政支出责任，监督权是关于监督财政资金管理的权力。监督权属于上级政府，不存在分配问题。决策权归属于哪一级政府要依公共事务的外部性来确定，属于全国性公共事务应由中央政府来决策，属于地方性公共事务的应由地方政府来决策。如果属于跨区域的公共事务应由中央政府来决策,如跨区域的河流治理就属此类。地方政府拥有决策权时就应承担相应的财政支出责任,其资金来源有税收、转移支付、收费、债务等。中央政府拥有决策权时可以根据实际情况落实支出责任,如中央政府承担支出责任有效时应由中央政府来承担,地方政府承担支出责任有效时应由地方政府来承担。中央政府、省级政府与县级政府事权分配框架见表 11-2。

表 11-2　中央政府、省级政府与县级政府事权分配框架

	中央政府	省级政府	县级政府
全国性公共事务	决策权、支出权、监督权	支出权、监督权	支出权
跨省域公共事务	决策权、支出权、监督权	支出权、监督权	支出权
跨县域公共事务	监督权	决策权、支出权、监督权	支出权
县域内公共事务	监督权	监督权	决策权、支出权

3. 事权分配的框架设计

按照"寓分权于集权"的思路,表 11-3 探讨性地列出政府间事权分配的框架。政府间事权形式是复杂的,往往涉及很多技术细节,表 11-3 不可能涵盖现实中所有情况。同时,事权是政府提供公共产品和服务的边界,该边界会随地区和时间的不同而不同。因此,具体事权的分配可以因时因地进行调整。

表 11-3　政府间事权分配的框架

	决策权	执行权(支出责任)	监督权
基层公共产品和服务	县	县	省
环境保护	中央、省、县	省、县	中央、省
司法	中央、省	省	中央
卫生	中央、省、县	县	中央、省

续表

	决策权	执行权(支出责任)	监督权
义务教育	省	县	省
医疗	省	县	省
社会保障	中央、省	中央、县	中央、省
交通	中央、省	中央、省、县	中央、省

注：社会保障事权分配中，养老保障的信息相对透明，可以由中央负责养老保障资金支出，而失业救济的信息复杂性强，应由县级政府负责资金支出。

同时，国务院应尽早出台《政府间财政事权分配条例》，按照分权基础上的制衡原则，详细说明各级政府决策权、支出权和监督权的归属，以此稳定各级政府的预期，避免随机调整事权，减少上下级讨价还价的成本。

二、政府间税收分配改革

（一）政府间税收划分现状

一般而言，谈及地方税有两个口径：一是大口径的地方税，指不管收入是全部还是部分归属地方政府的税种均为地方税；二是小口径的地方税，仅指收入完全归属地方政府的税种。两者的区别是前者包括中央政府与地方政府间的共享税，后者则不包括。在本书中，地方税系包括共享税。

若按大口径界定，我国现行地方税系由 11 个税种组成，其中 8 个是地方独享税种。增值税、企业所得税和个人所得税是共享税，增值税分享比例为 50∶50，两个所得税分享比例为 60∶40。可以看到，地方政府主要税种是共享税，共享税占比高达 65.1%，由于共享税规模比较大，分税制在一定程度上变成了分成制，见图 11-4。

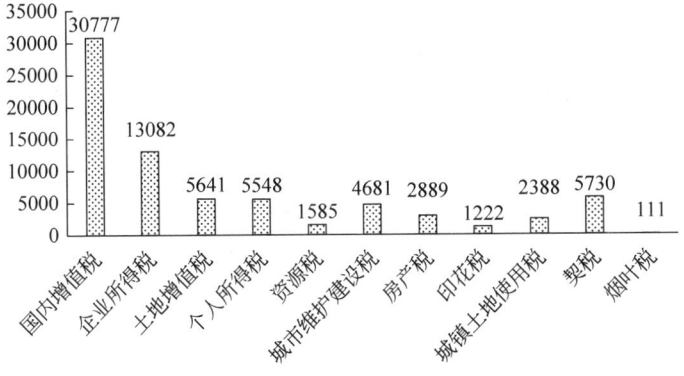

图 11-4 我国地方税系构成(2018)
资料来源:国研网。

目前我国地方税系有两大特点。第一,地方税系的税基主要是流动性税基和生产性税基。增值税是对商品和服务征税,企业所得税是对资本所得征税,个人所得税是对个人的资本和劳动所得征税,无论商品和服务还是资本和劳动,均属于流动性税基,并且增值税和企业所得税的税基来自企业的产出扩大和利润增加,可以称之为生产性税基。第二,地方税的纳税人主要是企业纳税人。除个人所得税和契税外,其他税种的纳税主体均以企业为主。

(二) 税收划分存在的问题

1994年分税制改革以来,地方税系在更加规范地取得税收收入、促进经济增长等方面成效显著,但同时也产生了一系列不良影响,特别是随着我国经济发展进入新的历史阶段,有些问题变得越来越严重。

第一,不利于经济增长方式转变。地方税系中的一些重要税种主要在生产环节课征,因此工业产能扩张不仅能推动 GDP 增长,还能大幅增加税收收入,这就促使地方政府不顾资源环境代价,也不管产能是否过剩而极力追求工业企业规模扩张。

第二,不利于政府职能转变。地方税系中的多数税种的纳税人主要是企业而非个人,地方政府为保持GDP和税收收入增长,愿意为辖区企业而非居民提供服务和保护,不利于政府职能的转变。

第三,不利于财政秩序规范。地方税种筹集的税收收入规模较小,不能充分满足地方政府财力需要,迫使地方政府寻找替代财源,引发非税收入、土地财政、地方债等膨胀问题。

这些问题从分税制改革之初就已经存在,只是2016年后"营改增"改革后,增值税对地方政府的激励作用进一步放大,促使地方政府更加依赖作为增值税重要税基的工业规模扩张,不利于经济增长方式转变,对地方税系进行根本性改革已是箭在弦上。

(三) 税收分配改革坚持的原则

从中国实践出发,政府间税收分配改革应坚持三个原则。

1. 经济效率原则

税收经济效率原则是指征税不能扭曲资源配置效率,不能对经济增长造成严重的伤害。在我们这样一个大型经济体里,相比其他国家,构建统一大市场具有无比的优势,税收不能妨碍构建统一大市场这个目标的实现,要让市场在资源配置中发挥决定性作用。这时候,税收的经济效率原则就有局部与全局之分。有的税作为地方税会有利于激发地方经济发展生产的积极性,从局部看具有经济效率,但是从宏观上看,就有可能导致地方政府之间激烈的税收竞争,进而导致资源配置扭曲。

因此,在发挥地方积极性与构建统一大市场这个目标发生冲突的时候,我们应该服从后者。举例来说,如果把企业所得税作为地方税,地方政府会充分地利用这个税收杠杆刺激当地经济发展,但是会激发恶性税收竞争,会导致地方保护主义和市场分割局面,因此企业所得税就不适合作为地方税。

对适合建设统一大市场的税种,如增值税和企业所得税,税收分配上要做的是两点:统一税收法律、统一税收管理。就统一税收法律而言,目前妨害税法统一的主要是各种税收优惠政策,因此要清理整顿各种不合理税收优惠政策,消除行业间、企业间的税收差异。就统一税收管理而言,要减少地方政府对税收征管的干预,减少税务部门实施税收自由裁量权的空间。

2. 受益原则

所谓受益原则,是指税收要跟政府为居民提供的公共服务密切相关。符合受益原则的税收就是受益税,它的典型代表是房地产税。受益税是良好的地方税,因为当地方政府提供公共服务水平提高时,税收会随之增加,这会激励地方政府为辖区居民提供好的公共服务。

一般人认为受益税只有房地产税,实际上个人所得税和一般性消费税(或称零售税,我国消费税属于选择性消费税,不属此类)都具有受益税的性质。个人所得税之所以有受益税性质,是因为当政府的公共服务水平提高时,会吸引更多的人进入辖区,个人所得税会随之增加;一般性消费税之所以也有受益税性质,是因为当地方政府完善消费基础设施(例如建设好的市场)、改善消费环境(例如食品监管)时,一般性消费税会随之增加。

虽然房地产税、一般性消费税、个人所得税都具有受益税的性质,但是受益范围有大有小,最大的是个人所得税,次之是一般性消费税,再次之是房地产税。可以根据受益范围的大小确定这个税到底该归属在哪一级政府:受益范围越小的,越应该归为管辖区域较小的政府;受益范围越大的,越应该归为管辖区域较大的政府。

3. 有效激励原则

像我国这样的国家，广土众民，各项事业建设都需要激发地方政府的积极性，关键是要激发地方政府什么样的积极性：是激发地方政府发展经济的积极性，还是提供公共服务的积极性？激发地方政府这两个积极性对地方税的要求是不一样的：从发展生产角度看，把生产环节的税种作为地方税最有利于激发地方政府的发展经济的积极性；从发展公共服务的角度看，把消费环节的税种作为地方税最有利于激发地方政府提供公共服务的积极性。

通过税收激发地方政府积极性，不可避免地带来地方政府间税收竞争。市场经济条件下，辖区间税收竞争既有好的一面，也有坏的一面。在这方面我国有深刻的教训，20世纪80年代产品税是地方政府重要税收来源，结果促使地方政府鼓励辖区内价高税多的企业发展，对外来商品则采取地区贸易保护主义，一个典型事例是当时各县争相办自己的酒厂。在现今分税制情况下，各地区政府采用"引税""买税"等措施也很常见。我们要认识到无论如何设置地方税系，辖区间税收竞争都是不可避免的现象。地方税系的建设应尽量做到抑制负面的税收竞争，而鼓励良性的税收竞争。

表11-4概括了三种税收划分原则对税收归属的要求。第一，经济效率原则要求中央税要尽量发挥税收中性要求，要有利于统一市场建设，地方税不能扭曲生产环节资源配置，包括商品市场和要素市场的资源配置；第二，受益原则要求地方政府根据公共服务受益范围确定税收在不同层级政府的归属；第三，有效激励原则要求中央税要有利于发挥中央政府发展经济的积极性，地方税有利于发挥地方政府积极性，其积极性的发挥方向可根据历史发展不同阶段进行调整。

表 11-4 税收划分原则与税收归属要求

	中央税要求	地方税要求
经济效率原则	发挥税收中性原则,有利于统一市场建设	不扭曲生产环节资源配置
受益原则	—	根据受益范围确定税收归属
有效激励原则	有助于进行宏观经济调控	有助于激发地方政府积极性

三、政府间转移支付改革

(一) 转移支付的现状

2018 年前,我国转移支付分为一般性转移支付、专项转移支付与税收返还三部分。2019 年后,我国对转移支付口径进行较大的调整,增加"共同财政事权转移支付",将"中央对地方税收返还"并入"一般性转移支付"。调整后,一般性转移支付占整体转移支付的比重由 55.6% 大幅度上升到 89.8%。需要说明的是,我国一般性转移支付并不"一般",除了"均衡性转移支付"外,其他在资金用途上都有限制,与理论上的无条件转移支付不同。并且,仔细观察 2019 年"共同财政事权转移支付",可以发现,当中不少是原来专项转移支付平移过来的。中国转移支付结构见表 11-5。

1. 一般性转移支付存在的问题

一般性转移支付的主要作用是缩小地区财力差距,实现基本公共服务均等化。近年来,我国对一般性转移支付制度频频进行改革,其规模不断增加,结构不断优化。从理论及世界各国经验看,一般性转移支付最容易产生的问题是,它按地区经济、财政收入等因素分配资金,这样经济发展水平越低、财政收入越少的地区,得到的一般性转移支付越

表 11-5 2018 年和 2019 年中央政府对地方政府的转移支付分类　　　　　　　　　　（亿元）

2018 年转移支付分类			2019 年转移支付分类		
项目	规模	占比(%)	项目	规模	占比(%)
1. 一般性转移支付	38722.06	55.6	1. 一般性转移支付	66798.16	89.8
(1) 均衡性转移支付	24442.28	35.1	(1) 均衡性转移支付	15632	21.0
其中:均衡性转移支付(小口径)	14095	20.2	(2) 重点生态功能转移支付	811	1.1
(2) 老少边穷地区转移支付	2132.83	3.1	(3) 县级基本财力保障机关奖补资金	2709	3.6
(3) 成品油税费改革转移支付	693.04	1.0	(4) 资源枯竭城市转移支付	212.9	0.3
(4) 体制结算补助	1593.95	2.3	(5) 老少边穷地区转移支付	2488.4	3.3
(5) 基层公检法司转移支付	470.86	0.7	(6) 产粮大县奖励资金	447.86	0.6
(6) 基本养老金转移支付	6664.41	9.6	生猪(牛羊)调出大县奖励资金	36.9	0.0
(7) 城乡居民医疗保险转移支付	2724.69	3.9	(7) 共同财政事权转移支付(共 56 项)	31902.99	42.9
2. 专项转移支付	22927.09	32.9	其中:税收返还及固定补助	11251.78	15.1
3. 中央对地方税收返还	8031.51	11.5	2. 专项转移支付(共 23 项)	7561.7	10.2

多,也就是说,它对地方经济和财力建设有逆向激励作用。不过,这是一般性转移支付制度本身的先天缺陷,并不是中国独有问题。与它对缩小地区差距的作用相比,它的逆向激励作用毕竟是次要的。中国一般性转移支付真正的问题在于以下两点,而这两点与本书第二、三章提到的我国郡县制传统有着密切关系。

第一,资金支出方向倾向显示性公共产品。

对于一般性转移支付,地方政府具有资金使用的充分自主权。地方政府在配置资金时,有两个大的支出方向可供选择:一是财政支出有利于显示出他的政绩,例如,城市改造、GDP增长等;二是财政支出不能马上显示出他的政绩,但可有效改善居民福利,例如,中小学教育水平提高、让农民脱贫等。由于地方官员的政绩评价主要来自上级政府,地方官员的任期相对较短,地方官员容易将一般性转移支付资金配置到那种容易被观察到,且在政绩评价中占有较大比重的公共产品,即"显示性公共产品"。

第二,省级政府干预影响资金配置效率。

按现行财政体制安排,一般性转移支付仅在中央政府与省级政府间进行划分,中央财政先将转移支付资金拨付到省级财政,省级财政再向地县级财政拨付,这样,省级政府实际上充当了一般性转移支付资金配置的枢纽角色。这产生了两个问题:

第一个问题,省级政府干预影响一般性转移支付的财力均衡效果。一般性转移支付的主要作用是均衡地区财力水平,但是从地级和县级政府角度看,他们获得的转移支付资金包含了中央对省以下(含省本级)、省级政府对省以下两部分,这使得地县两级政府往往搞不清楚转移支付是来自中央还是省级,甚至统一理解为"从省上下来的"。由于各省财力水平差异较大,在东部富裕省份,省本级政府会比西部省份拿出更多资金用于对下转移支付,这实际上是对中央政府转移支付的均衡效果的一种对冲,整体上降低了一般性转移支付的效果。

第二个问题,省级政府干预影响下级政府可获得的一般性转移支付规模。我国一般性转移支付由均衡性转移支付与体制补助等七类构成,而均衡性转移支付又由重点生态功能区转移支付等六项构成,它存在项目种类多、目标多元问题,省级政府对资金安排实际上有较大的话语权。当省级政府较多关心本级政府利益或是省本级政府财力比较紧缺时,会在转移支付资金安排上,采取更多地向省本级倾斜的办法,由此降低地县级政府可获得转移支付规模。

2. 专项转移支付存在的问题

我国专项拨款的弊端由来已久,其中包括:(1)项目种类和数量繁多,金额小,由于专款专用和资金分散,难以集中财力做大事,资金的使用效率低;(2)项目的申请和审批程序复杂,项目申请者和管理者的负担都很重;拨款的审批时间长,资金不能及时到位,不利于地方政府在预算年度内的资金安排,财力均等化效应弱;(3)资金分配不透明,易于产生腐败、项目包装、虚报冒领以及多头申请等不良现象;(4)在国土面积广大、行政级次多、地方事务繁杂的背景下,中央政府与地方政府间信息不对称问题比较突出,专项转移支付难以反映实际。图 11-5 集中展示了我国专项转移支付的诸多弊端。

3. 税收返还存在的问题

税收返还制度最大问题是对地方财力的逆向调节作用。该制度是为了顺利推进改革而照顾地方既得利益的办法,它以前一年的实际执行数或前两年平均数作为确定本年度财政收支的主要指标,因此它会对收入能力较强地区倾斜,维护了较富裕地区的既得利益,与缩小地区间差距的主旨背道而驰。不过,随着 2015 年和 2016 年增值税和消费税由增长返还改为定额返还,该问题已开始缓和。

第十一章 政府间财政关系改革:有效激励　331

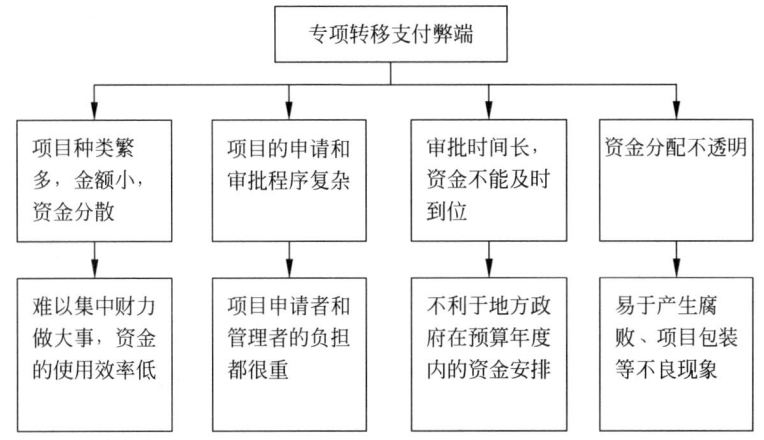

图 11-5　我国专项转移支付的弊端
资料来源:郭庆旺、吕冰洋等著:《中国分税制:问题与改革》,中国人民大学出版社,2014 年。

(二) 转移支付问题的根源

转移支付问题的根源与事权分配是相同的,均出现在官员偏好错位与信息不对称上,但是影响方向却不同,见图 11-6。

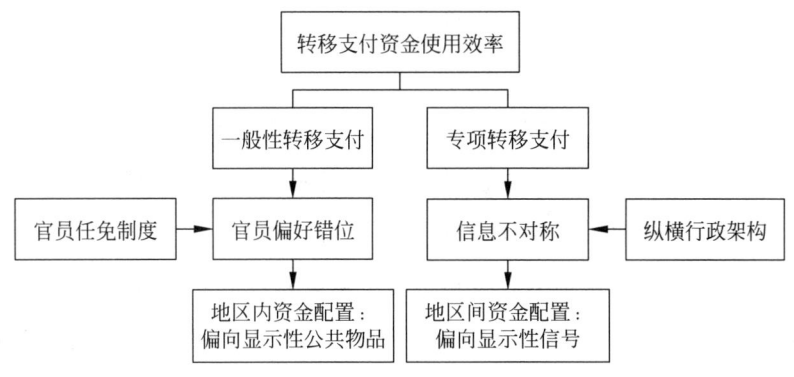

图 11-6　转移支付问题存在根源

1. 一般性转移支付问题存在根源:官员偏好错位

一般性转移支付是按因素法设计,中央政府不指定资金用途,地方政府官员可以自由支配资金的转移支付方向。作为官员,我们假定他的第一目标是追求权力,而为得到权力,他必须满足权力授予者的偏好。如果当地居民的偏好难以反映在官员的目标函数里,当地居民也就难以影响资金用途。当地方政府比较关注 GDP 增长这样的政绩时,会倾向于将资金用于生产性支出而忽视民生性支出。

2. 专项转移支付问题存在的根源:信息不对称

专项转移支付的效率损失在于信息不对称导致资金错配。专项转移支付是按项目设计、中央政府严格指定资金用途、地方政府必须依照中央政府的要求,将资金用在事前约定的公共支出上的转移支付。在中国这样的超大型经济体中,专项转移支付需要经过项目层层申报、资金层层下达、监督层层执行三个关键环节,政府层级多,信息传递链条长,很难避免信息损失或扭曲,这为不断突破已有预算约束、追求预算外资源的下级政府行为提供了激励,从而导致周雪光(2005)所称的"逆向预算软约束"现象,最终使得专项转移支付资金错配。

由于上下级政府间存在强烈的信息不对称,下级政府就必须积极向上级政府发送信号,使得上级政府在众多信息中做出有利于增加他们专项支付资金的决策。下级政府发送信号有两种类型。

一是提高信息传递的密度。上级政府面对众多下级政府的众多信息,难以有效地甄别信息真假,以及有效地提取信息。为此,下级政府的策略就是提高信息传递的密度,让他们的信息在信息海洋中凸显出来。举例来说,中国地方政府在争取中央政府各部委专项转移支付资金时,经常派人员到北京主管部门活动,即我们常称的"跑部钱进"现象,这实际上是在信息不对称的情况下,地方政府将信息优势转化为项目资金的一种方式。

据《瞭望》新闻周刊 2006 年的报道,在北京,除 52 家副省级以上单位的驻京办之外,还有 520 家市级单位驻京办、5000 余家县级单位驻京办。如果加上各级(主要是省)政府部门设的联络处(或办事处)各种协会、国有企业和大学的联络处,各种驻京机构超过1万家。各地设立驻京办事处的一个重要功能,是要与各部委沟通,争取政策或资金支持。

二是简化信息形式。下级政府常用的办法是贴上某种标签,例如"贫困县",这样会简化信息,让上级政府不用花过多精力来甄别信息。我国几乎每个县(市)头上都贴着一些标签,例如扶贫开发工作重点县、粮食生产大县、生态建设示范县、"奶牛之乡"、"水稻之乡"、"白瓜子之乡"、"版画之乡",等等。下级政府贴着这些标签,可以有利于他们吸引上级政府的注意,并争取相应的转移支付资金。

在《县委书记们的主政谋略》(李克军,2015)里,生动地刻画了县级政府争取转移支付资金的做法。

> 我县是"国贫县",这可是个"金字招牌",具有其他县(区)所不具备的跑、争、抢、要的特殊优势,我们要把这个"金字招牌"的含金量挖掘够,内在值发挥足,它给我们带来的都是实实在在的可用财力、实实在在的真金白银。俗话说,"会哭的孩子有奶吃"。我们是穷人家,就要会哭会叫、会吵会闹、会争会要。总的一句话是份内的要拿够、拿足,份外的要多扒多争。

上面一段话中,既包括提高信息传递密度做法("会哭的孩子有奶吃"),也包括简化信息形式做法("国贫县"是个金字招牌),上级政府在决定资金使用方向时,难免不受这些做法的影响。

由于一般性转移支付的问题出在官员与居民间的偏好错位上,专项转移支付的问题出在政府间信息不对称比较严重上,因此在现行政府间关系框架下,无论是扩大一般性转移支付比重还是专项转移支付比重,均难以避免转移支付资金在实际配置中的扭曲现象。但是由于中国地区间发展的不平衡性强、纵向政府间财力失衡严重的存在,转移支付规模又会不可避免地扩大,这实际上使得转移支付制度建设陷入困境。

(三) 回到理论源头:三类转移支付功能及比较

解决转移支付制度困境的根本办法,一是在"寓分权与集权"框架下的政府间关系改革,二是要准确发挥各类转移支付的功能。为此,我们需要回到理论源头,并引入一种常被忽视的转移支付——分类转移支付,从理论上对各类转移支付的作用进行详细的甄别分析。

1. 转移支付的功能

在政府间财政关系中,转移支付的功能可以简单地概括为解决两个"不均衡"和一个"外部性"。两个不平衡是指纵向和横向不平衡,纵向不均衡是指不同层级政府间的收支不平衡,主要表现为中央政府的收入大于支出,而地方政府的支出大于收入。横向不平衡是指不同地区由于经济发展水平导致的地区财力差异。外部性是指地方政府提供的一些公共服务受益范围超过辖区范围,这会导致地方政府提供公共服务的激励不足,供给量低于社会最优水平。见图11-7。

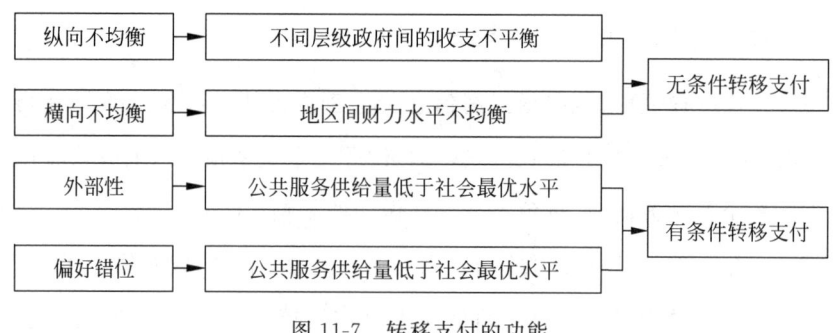

图 11-7 转移支付的功能

转移支付不同的功能定位,对转移支付的安排是不一样的。

一是解决财力不均衡需要无条件转移支付。不论是解决纵向不均衡,还是横向不均衡问题,转移支付的作用就是来弥补地区财力差距,使得财力较弱的地区,在得到转移支付之后,能够增加财力。实现中央政府期待的基本公共服务均等化的目标,因此。为解决地方财力不均衡而设立的转移支付,不能给地方设置资金使用条件地方对这类资金的使用方向有充分的自主权,因而这里转移支付又称为无条件转移支付,现实中称为均衡性转移支付。

二是解决公共服务外部性需要有条件转移支付。为解决公共产品外部性设置的转移支付,目的是对地方提供某种具有外部性公共服务以补贴、降低其提供成本,刺激地方政府提高公共服务,使其达到社会最优水平,因此,这类转移支付要限定它的资金使用方向,地方政府对这类资金使用不具有充分自主权。这样的转移支付又称为有条件转移支付,现实一般称为专项转移支付。

三是解决政府偏好错位问题需要有条件转移支付。在中国郡县制传统下,转移支付还需要具备一个功能:解决政府间偏好错位问题。当地方政府偏好显示性公共产品提供,而中央政府认为这种做法容易忽视居民需求时,中央政府就需要对转移支付资金的使用方向作出限制,就是说要实行有条件的转移支付。

2. 三类转移支付的比较

不论是一般性转移支付还是专项转移支付,都为我们所熟知,但是还有一类转移支付——分类转移支付,是应该引起我们注意的。所谓分类转移支付(或称分类拨款),它是规定使用方向但不指明具体用途的转移支付,其资金用途不被限定于某一具体的公共项目,而是限定在某一大类公共服务(如教育、医疗等),因此资金用途虽有限制但却较为宽泛。三类转移支付的比较见表11-6。

表 11-6 三种转移支付比较

分类	性质	功能	分配方法	特点	优点	缺点
一般性转移支付	无条件转移支付	调整地方政府财力水平	因素法	不指定用途，地方政府资金使用自由权大	迅速缩小地区财力差距，弥补地方财力缺口	逆向激励；偏好错位
专项转移支付	有条件转移支付	解决公共产品提供外部性	项目法为主	指定用途，地方政府资金使用自由权小	有利于完成中央具体意图	信息不对称导致资金错配
分类转移支付	有条件转移支付	兼具以上两个功能	因素法与项目法结合	指定较宽用途，地方政府资金使用自由权介于前两者之间	锁定公共产品提供的大致方向	

3. 分类转移支付的实践

实际上，分类转移支付在我国已经有广泛的应用。在中央政府对一般性转移支付分类与统计中，有好几类转移支付的性质就属于分类转移支付，比如说：城乡义务教育补助经费，限定资金用途为教育，2016年占全部转移支付的比重为2.3%；成品油税费改革转移支付，限定资金主要用途为交通，2016年占全部转移支付的比重为1.3%；基层公检法司转移支付，限定资金用途为公检法司，2016年占全部转移支付的比重为2.3%；基本养老金转移支付，限定资金用途为养老保障，2016年占全部转移支付的比重为8.4%；城乡居民医疗保险转移支付，限定资金用途为医疗保险，2016年占全部转移支付的比重为4.0%。

一些省级政府在寻求激发基层政府积极性和限制公共服务使用范围的平衡中，也实质上增加分类转移支付占比。例如，浙江省人民政府办公厅于2009年制定并公布了《关于清理整合和规范财政专项资金管理的意见》，开始对专项拨款进行改革。改革内容主要包括：整合归并现有专项拨款项目。对于支持方向、扶持对象和用途相同或相近的项目,予以归并和整合。归并后形成的拨款项目,资金的用途范围扩大,在指定公共服务范围内,地方政府可自主安排项目,而上级财政部门不再指定具体项目;归并整合后的专项拨款改为一般性转移支付,取消按项目申报和审批的资金分配方式,改为按因素法分配资金。很显然,改革之后转移支付实际上是分类转移支付。对于改革效果,无论是财政部门还是接受拨款的地方政府机构都给出了积极的评价。

不过,由于理论界缺乏对分类转移支付的深入分析,这导致实践中分类转移支付身份不明的问题。例如,上面例子中,浙江省把改革之后的转移支付项目称为"专项性一般转移支付",而在中央政府层面,却称为"一般性转移支付"。2009年前,不少分类转移支付归在专项转移支付名下,为了压缩专项拨款的比重和增加一般性转移支付的比重,2009年和2011年,财政部先后两次把属于专项拨款的一些项目划分为一般性转移支付,这使我国一般性转移支付和专项转移支付之间的界限更加模糊不清,引起人们的疑惑和不解。

因此,建议财政转移支付预算口径中,单列"分类转移支付"一项,使其与一般性转移支付和专项转移支付区分开来,这样正本清源,既便于理论分析,也便于实践操作。

(四) 转移支付制度改革方向

"寓分权于集权"的方案使得转移支付制度建设困境得到解决。在"寓分权于集权"方案下,基层地方政府官员的行为受辖区居民的极大制约,政府行为首先考虑的是满足辖区居民的偏好,而非主要是上级部门的偏好。地方政府将资金用于改善民生或是发展生产,均代表着辖区居民的集体决策。因此,在"寓分权于集权"方案下,可以大幅度扩大一般性转移支付在转移支付中的资金占比。

在"寓分权于集权"方案下,专项转移支付的信息不对称问题仍然存在,可以考虑减少专项转移支付资金占比,而增加分类转移支付占比。

因此,总结而言,"寓分权于集权"方案大大缓解了目前转移支付制度建设的困境,在该方案上,转移支付的结构应该是:以一般性转移支付为主,分类转移支付为辅,少量的引导类、救济类、应急类事务通过专项转移支付予以支持,以实现特定政策目标。

四、总结

本章剖析了中国政府间财政关系存在的问题,并在"寓分权于集权"框架下,设计事权、税权与转移支付制度改革方向。

第一,事权分配的问题与根源。我国政府间事权分配存在政府间职能定位不明确、划分不合理现象,问题的深层次根源,与我国历史悠久的郡县制传统有关。由于自古以来的上下级政府的偏好错位与信息不对称,下级政府的行为呈现两个特点——偏向提供显示性公共产品与事权推卸行为,上级政府为反制下级政府这两种行为,会采取多指标考核、垂直管理(条条管理)、加强监察力量三种做法。

第二,事权分配改革的方向是分权基础上的制衡。一是分权,财政事权分散在各级政府行使,有条件的话尽可能放在低层级政府行使;二是制衡,中央政府必须能够制约地方政府的财政行为。从分权角度看,中央政府应依据信息优势、外部性、规模经济、激励相容决定事权如何在各级政府进行分配;从制衡角度看,中央政府应依据哑铃分权、事权中三权分离原则分配事权。国务院应尽早出台《政府间财政事权分配条例》,以确定各级政府事权边界。

第三,税权分配的改革方向。从中国实践出发,税权分配改革应坚持三个原则:一是经济效率原则,要求中央税要尽量发挥税收中性要求,要有利于统一市场建设,地方税不能扭曲生产环节资源配置,包括商品市场和要素市场的资源配置;二是受益原则,要求地方政府根据公共服务受益范围确定税收在不同层级政府的归属;三是有效激励原则,要求中央税要有利于发挥中央政府发展经济的积极性,地方税有利于发挥地方政府积极性,其积极性的发挥方向可根据历史发展不同阶段进行调整。

第四,转移支付问题的根源。一般性转移支付存在的问题是地方政府偏好将资金用于提供"显示性公共产品",其问题根源在于官员偏好错位;专项转移支付存在的问题是地区间、项目间资金配置易出现扭曲,其问题根源在于政府间信息不对称,地方官员热衷于发出"显示性信号"来获取资金。

第五,转移支付的改革方向。按"寓分权于集权"思路设计中央与地方关系,会有效减轻转移支付的问题,同时在转移支付结构中,要扩大分类拨款所占的比重,即指定资金转移支付的使用方向,但不指定具体用途。

第十二章　地方税系建设方案：
受益性原则

政之所兴,在顺民心。

——《管子》

地方税关系到地方政府的主要财政利益,地方税与地方政府行为密切相关,根据中国经济发展阶段的变化,本章提出地方税的建设方向是发挥地方政府提供公共服务的积极性,为此,地方税应坚持受益性原则。

一、地方税建设的方向

上一章指出,政府间税收分配应坚持经济效率原则、受益原则和有效激励原则,那么,根据中国现实国情及发展阶段,这三项原则应如何体现在中国地方税系建设中呢?本书认为,应重点体现受益性原则。坚持了受益性原则,它自然会带动其他两项原则的实现,主要理由有如下三点。

1. 坚持受益性原则会发挥地方政府提供公共服务的积极性

地方税的建设目标是发挥两个积极性,关键是"地方积极性"的定位是什么?是发挥它发展生产、创造GDP的积极性呢?还是发挥它为居民提供好公共服务的积极性呢?从中国过去的实践看,它注重的是前者,因为地方政府税基主要来自企业产出(营业税)、增加值(增值税)和利润(企业所得税),只要企业扩张,并且按生产地原则分配税收,地方政府的税收就会增长。它们可统称为"生产性税基":地方政府税基来自企业生产并按生产地原则分配税收。**生产性税基会激励地方政府发展生产,但是对民生投入会照顾不足。**

如果把受益性税种作为地方税,那么地方政府为了增加财政收入,需要积极保护税基。我们以三个代表性受益性税种为例子说明:就房地产税而言,地方政府会通过提供优质教育、医疗等公共服务来增加房地产评估价值;就一般性消费税而言,地方政府会通过完善消费基础设施、保护消费环境而吸引更多消费;就个人所得税而言,地方政府会通过提供良好的就业环境吸引更多劳动者进入。这三种税都会促使地方政府提高公共服务的投入和质量。

2. 符合经济发展的阶段化变化要求

罗斯托(Rostow,1971)在研究世界范围内财政支出结构变化时,提出了解释财政支出结构变化的"经济发展阶段论"。该理论指出,在经济发展的早期阶段,经济增长是主要目标,政府的主要作用是为经济发展提供经济性基础设施,例如道路、桥梁等。但是随着经济发展水平的提高,社会对经济增长的需求会降低,对教育、医疗等公共服务的需求会增加,政府的目标应该是从推动经济发展转向推动公共服务水平的提高。

如果说,在改革开放初期,需要调动地方政府发展经济、提高企业产出的积极性的话,那么,当我们国家人均 GDP 已达到一万美元的今天,当人民对美好生活的向往已从追求 GDP 增长更多地转向对公共服务的需求的时候,我们需要激发地方政府提供公共服务的积极性。

3. 推动地方政府职能转变和治理水平提高

多年来,我们强调政府要"为人民服务",如何让地方政府能够为人民服务呢？最有效的方式是：将居民的偏好反映在地方政府官员效用函数里。如果GDP增长能给官员带来更多的效用，那么官员的行为反映的更多是企业家的偏好，政府与企业互动关系就会深入，其行为后果可能是在带来GDP增长的同时，出现政企合谋、环境破坏、地方债规模扩大等；如果提高公共服务质量能够给官员带来更多效用，那么官员的行为反映的自然是居民的偏好，政府与居民互动关系就会深入。这样，地方政府职能转变就不求自得。而在政府与居民的互动中，地方政府社会治理水平自然得到提高。

如何将居民偏好反映在政府效用函数里？设置合理的地方税就是一个途径。可以比较两种地方税对地方政府行为影响的差异：一个是增值税，一个是零售税。这里以曾经引起很大舆论的"三鹿奶粉事件"为例进行说明。2008年，很多食用三鹿集团生产的婴幼儿奶粉的婴儿被发现患有肾结石，随后在其奶粉中发现三聚氰胺。如果地方政府主要税收来自增值税或企业所得税，地方政府就有激励保护这个企业，因为它是地方纳税大户。但是如果地方政府主要税收不是增值税而是零售税，就是说所有进入超市的商品，都需要按一个固定比例纳税。那么地方政府就没有任何激励去保护企业。因为三鹿倒下去，居民可以选择买蒙牛、伊利奶粉。假如国产奶粉都有问题，居民可以选择买国外奶粉，地方税收不会受影响。地方政府不但没有激励去保护企业，反而有激励保护消费市场，实际上就是保护消费者的利益。保护消费者的利益就是保护居民的利益，因为大多数消费者是当地居民。

这就是受益税的好处，这会自动引导地方政府将职能行使的方向由以为企业服务为主转向以为居民服务为主。

4. 有助于缩小地区间财力差距

分税制改革以来，地方政府主体税收按规模排列，分别是营业税（2016年后改为增值税）、增值税分成、企业所得税分成。其中营业税一半来自销售不动产业和建筑业的销售收入,这两者又与房地产市场发展密切相关。也就是说,这三种税的税基分布与房地产业和制造业高度相关。从全部范围看,它们的税基分布不均匀程度非常高。受益税集中在个人所得税、一般性消费税和房地产税上,它们的税基分别是个人所得、消费和房地产评估价值,它们在地区的分布尽管也不均匀,但会远小于房地产业和制造业的税基不均匀程度。因此,将受益税作为地方税,有助于缩小地区间财力差距。

二、税种性质与对应政府层级分析

按照第十一章提出的"寓分权于集权"的改革思路,我国政府分为中央、省、县三级,地方政府只有省和县两级。这样地方税建设本质上是省和县税种选择问题。

在确定税种对应政府层级之前,需要深入了解税种属性,这需要结合国民收入循环理论才能透彻观察各税种性质。

(一) 国民收入循环与征税环节

国民收入循环是指,国民所创造的全部收入从价值创造到财富积累的整个资金流动和分配过程。税收是嵌入在国民收入循环的各个环节中,通过观察国民收入循环,可以看到企业如何组织生产要素进行生产,价值如何被创造,产品如何用于消费和资本形成,居民财富如何积累等,可以说是非常有效地观察整体经济循环的工具,会帮助我们理解各税种的性质。

国民收入循环分为四个环节,分别是生产、再分配、使用和积累。一是生产环节,该环节的主导者是企业,企业通过使用生产要素创造增加值,形成国民收入初次分配格局;二是再分配环节,该环节主导者是政府,政府通过征收企业所得税、个人所得税和社会保障收支来对国民收入进行再次分配;三是使用环节,政府、企业和居民取得可支配收入后,用于消费和投资两大部分;四是积累环节,政府和企业投资的结果最终变为固定资产,居民投资的结果变成居民财富。

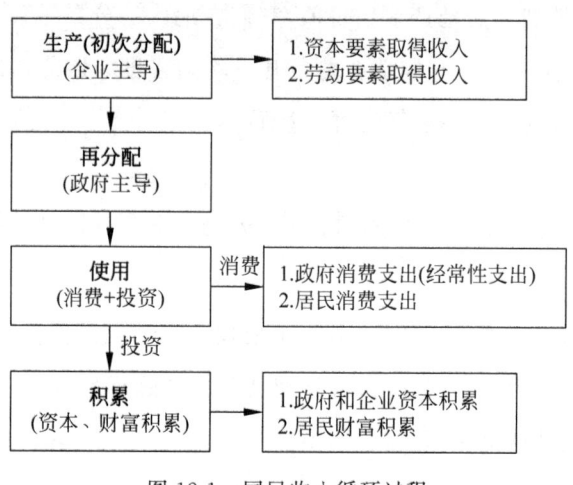

图 12-1 国民收入循环过程

税收实际上体现在国民收入循环的四个环节,这里列举代表性税种:(1)生产环节税收,是商品进入零售环节之前所征的税收,包括增值税、选择性消费税、关税等;(2)再分配环节税收,在国民收入的再分配环节,政府针对企业和居民取得的所得所征的税收,包括企业所得税、个人所得税和社会保障税;(3)消费环节税收,在商品和服务零售环节所征的税收,目前,美国征收的零售税属于该税类;(4)财产税,该税征税对象是居民拥有的财产,包括对居民征收的房地产税、遗产税、车船税等。见图 12-2。

前文指出,受益税是指纳税人享受到公共服务与其所缴纳税收密切相关的税种。个人所得税、零售税和房地产税分别体现在国民收入分配的再分配、使用和积累环节,它们都有受益税的性质,从受益程度

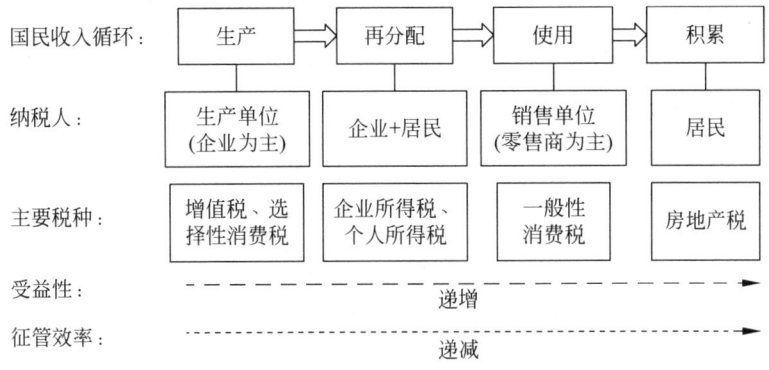

图 12-2 税制结构与税收效率的关系

的强弱看,排序为"个人所得税<零售税<房地产税"。这启发我们,这三种税实际上可以作为地方税,受益性强的税种可以作为管辖范围较小的地区地方税,受益性弱的税种可以作为管辖范围较大的地区地方税,譬如,房地产税可以作为县级地方税,而个人所得税可以作为省级地方税。

从税收征管效率看,税收越接近国民收入循环的下游环节,税收征管效率越是递减。在生产环节征税,税收形式主要是增值税和消费税,税收核算方式简单。在再分配环节征税,征收企业所得税需要准确核算企业的成本和收入,管理难度大于增值税,征收个人所得税如果采用一定程度综合计征模式,需要纳税人自行申报,征管成本相对较高。在消费环节征税,税收计征方式比较简单,但是在发展中国家,受税收征管能力的限制,大量小商户会脱离税收征收管理。并且,电子商务的迅速发展,也给传统消费税的管理带来不少挑战。因此,对一般性商品征收消费税的征管成本并不低。在积累环节征税,它的主要形式是房地产税和遗产税,这两种税征管难度较大,原因在于一方面税务部门对纳税人的财产要有准确估计,另一方面纳税人要有极强的纳税意识,要理解和配合税务部门征税工作。在国民收入循环下游环节,税务局要收集更多的纳税人信息,地方政府相对中央政府更有信息优势。

总体判断,地方税应接近国民收入循环的下游环节,中央税应接近国民收入循环的上游环节。

(二) 税种性质分析

下面我们分析代表性税种的特征,以此考察可以作为地方税的税种。

1. 增值税

增值税几乎是所有发达国家收入的最重要来源之一(美国、日本等少数国家例外),它的征税环节主要是在生产环节,少部分在零售环节。特点是容易征管、税源充沛、具有收入弹性,就是说它会随着经济增长而增长。

增值税不适合作为地方税,原因有两点。第一,增值税由于税源充沛、税收集中在制造业的特点,它会刺激地方政府发展制造业,并通过差异化税收执法来吸引税源,从而会对商品价格产生重要影响,会严重不利于统一市场的建设。第二,增值税的税基来自企业创造的增加值,它的税基分布极不均匀,作为地方税会扩大地区差距。

2. 企业所得税

企业所得税的征税环节在再分配环节,特点是税源充沛、具有收入弹性、税基流动性强。但它也不适合作为地方税,主要原因有如下几点:

第一,企业所得税税基是资本,对其征税易扭曲要素配置。资本流动性很强,地区间企业所得税不同税率会影响企业选址,进而扭曲资源配置。

第二,企业所得税的地区归属易产生争议。与国际税收中企业所得税存在的问题一样,在企业跨地区经营的情况下,税收收入的实现地点会存在诸多争议。如果将企业所得税作为地方税,需要将企业所得税在取得收入的各地区间进行分割,而这种分割通常具有主观随意性。

第三,企业所得税收入与经济的周期性波动密切相关,不能保证地方政府的财政收入稳定。

3. 个人所得税

个人所得税与企业所得税一样,它的征税环节在再分配环节,特点也是税源充沛、具有收入弹性、税基流动性强。不过与企业所得税相比,它具有较强的受益性。因为地方公共服务(对儿童的教育、社区服务、医疗护理等)主要由当地的居民享受,地方公共服务水平提高会吸引更多高收入人群聚集,就是说公共服务水平实际上是与个人所得税税源联系在一起。

将个人所得税作为地方税会存在两个方面问题。第一,个人所得税税基在地区间分布不均衡,高收入人群总是集中在经济发展水平高、公共服务较发达的地区。第二,个人流动性较强,而针对流动性税基征税容易产生扭曲,例如,个人为少缴税而离开高税率地区。

4. 房地产税

房地产税是典型的受益性税种。主要原因是:房地产属于不流动税基,不同辖区之间税率和税收管理程度差别对税源影响较少;房地产税收来自房地产评估价值,而后者又与政府提供的公共服务密切相关,会激励地方政府为辖区居民提供良好的公共服务;房地产税的收入相对稳定和可以预测,不会影响地方政府的支出计划。由于房地产税具有这些良好性质,很多人期待房地产税可以作为地方政府主体税种。

但是,客观地分析,房地产税有三个重要缺点:

第一,征管成本很高。房地产税是纳税人税收痛苦感比较强烈的一种税,容易受到纳税人较强抵制。在中国现实国情下,开征房地产税税收征管成本会非常高。

第二,税收规模很小。有两点原因导致房地产税规模很小:一是为降低税收征管成本,它的适用税率一般很低;二是房地产税按评估价值征税,房地产评估价值对经济活动调整的反映通常慢于所得或消费。图12-3显示了各国房产税占全部税收收入比重,其中美国、英国和加拿大比较高,不过整个OECD成员国平均水平仅为3.4%,由此可大致判断,中国若开征房地产税,短期内其比重绝对不会高于3%。房地产税征管机制的建设、纳税人意识的提高需要较长时间,在相当长时间内,它的收入规模将是很有限的。

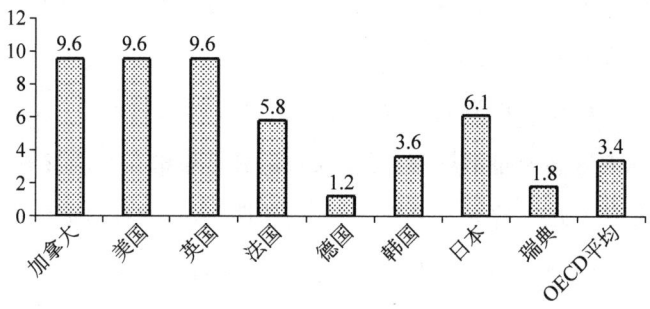

图12-3　2015年各国房产税占税收收入的比重
数据来源:http://stats.oecd.org。

第三,可能导致社会分层。房地产税与教育、医疗等公共服务密切挂钩,就像不同社区物业费标准不一导致人群分类聚集一样,征收该税种很容易导致社会分层,事实上加剧社会不平等。美国的经验就说明这一点,富人区与贫民区、白人区和黑人区、优质公共服务区和低下公共服务区泾渭分明,其中,房地产税与公共服务挂钩制度起了重要作用。

5. 选择性消费税

从理论上讲,消费税分为选择性消费税和一般性消费税,前者选择某些特定商品征税,如烟酒、奢侈品和燃油等,后者是对大部分消费商品征税,如超市买的商品。两者的功能定位是完全不同的,不可不细细辨明。

选择性消费税的功能定位是调节。一是调节居民间税负分配,让高收入者承担更多的税,如对奢侈品征税;二是调节人们的消费行为,让人们少消费某些对健康有害的商品,如对烟草征税;三是调节资源合理利用,如对高耗能、高污染产品征税。由于选择性消费税的功能定位在于调节,而非筹集财政收入,因此它只适合作为中央税,不适合作为地方税。主要有如下理由:

第一,选择性消费税会激励地方政府发展价高税多的产业,这与选择性消费税的功能定位恰恰相反。选择性消费税的目的是调节人们的消费行为,大多数是需要抑制相关产业发展,如烟、酒、高污染产品等。但将它归为地方税后,它与地方政府财政收入密切相关,将激励地方政府采取措施刺激当地奢侈品消费,这不是开征这种税的政策意图。

第二,选择性消费税的适用税率很高,将之作为地方税易导致恶性横向税收竞争。如果不同地区商品的实际执行税率有差异,将刺激消费者在低税率地区购物,而在高税率地区消费。地方政府不会不明白其中利害,极可能通过实际执行低税率来吸引税源,包括吸引企业进驻和鼓励本地消费,由此引发横向恶性税收竞争。20 世纪 80 年代中后期的地区间恶性横向税收竞争就是一个教训,当时产品税是地方政府财政收入重要来源,酒类产品价高税多,各个县域地方政府倾向于办自己的酒厂,并实行地方保护主义阻碍外地酒类产品进入本地市场,这造成了严重的市场分割。

第三,选择性消费税税基分布不均匀,作为地方税易扩大地区差距。我国选择性消费税主要来源是烟、酒和汽油,它们的生产地集中在少数地区,如果作为地方税会使得税基分布极度不均匀。

6. 一般性消费税

一般性消费税是对消费环节大多数商品和服务征税,它基本采用比例税率。目前世界上以美国、日本为代表的少数国家开征这种税,美国一般称此税为零售税(sale tax),并且是州政府的主体税种,税款作为价格的附加由消费者支付,税率各州不一。我国在2016年营业税改征增值税之前,对生活性服务业征收的营业税实际上是属于一般性消费税性质。一般性消费税的税基比较大,它的功能定位是筹集财政收入。

一般性消费税属于受益性税种。原因是它的税基来源于当地居民消费,而居民消费又与地方政府提供的公共服务有着密切关系。地方政府为居民消费提供的公共服务可分为两类:一是完善消费基础设施,例如通过道路或网络建设,疏通消费渠道,降低人们的消费成本;二是改善消费环境,例如通过严格食品监管或打击假冒伪劣产品,使得人们能够放心消费。

总体而言,选择性消费税和一般性消费税的区别是:前者体现调节功能,后者体现筹集财政收入功能;前者适合在生产环节征收,后者适合在零售环节征收;前者适用多档税率,后者适用统一税率;前者适合作为中央税,后者适合作为地方税。因此两者看似接近,实则差异极大。

表12-1对各税种性质进行比较,并假设它们作为地方税后,对地方政府积极性的发挥方向和影响进行了大致判断。由表12-1可知,我国地方税建设可采取的办法只有两种:一是将一般性消费税、个人所得税和房地产税作为地方税;二是改变增值税和企业所得税按生产地原则分享税收的办法,按消费或人口分配税收。

表 12-1 各税种性质比较及对地方政府积极性发挥的影响

	增值税	企业所得税	选择性消费税	一般性消费税	个人所得税	房地产税
受益对象	企业	企业	企业为主	消费者	个人	当地居民
征税环节	生产	再分配	生产为主	消费	再分配	积累
税基	商品	所得	商品	商品	所得	财产
税源地区分布	不均匀	不均匀	极度不均匀	均匀	不均匀	相对均匀
对地方政府积极性发挥	推动企业产出	推动企业产出	推动企业产出	推动公共服务	推动公共服务	推动公共服务
征管成本	低	较高	低	低	较高	很高

三、县级政府主体税：零售税或增值税分成

理想的地方税应满足以下标准：税基是非流动的、税基分布相对均匀、税收收益相对稳定。比较符合这三个标准的典型税种是房地产税，但是，在现实中由于房地产税规模过小，不具备成为地方主体税种的资格。基于此，从理想标准回到现实标准，选择地方主体税种时，应该考虑其是否有利于稳定政府间财政关系、是否有利于促进地方政府职能转变、是否有利于统一市场的形成。

在未来相当长一段时间内，由于税收征管能力及其他因素的制约，以个人所得税、房地产税为代表的直接税收入比重不会有明显提高，中国税制体系仍以间接税为主，地方税建设仍需以增值税为代表的商品税改革上寻找突破口。

(一) 零售税开征的可行性分析

1. 零售税作为地方主体税种的理论依据

顾名思义，零售税是针对消费者的零售商品征税，属于商品税的范

畴。理论上,商品税不适合作为地方税,这是因为:差别管理或税率会影响不同地区间的贸易,引发恶性税收竞争;如果根据目的地原则征税易造成逃税问题,如纳税人在甲地购买低税商品用于乙地消费或使用;如果根据生产地原则征收,导致纳税人和负税人不一致,会造成税负地区转移问题(中国现行增值税就是如此);商品税适合统一管理,由地方管理会造成管理成本和纳税遵从成本升高等问题(Bird,1999)。因此,世界各国一般做法是将大宗商品税归为中央税,只是零星地选择部分行业、部分商品的税种归为地方税。

如果我们进一步分析,可以发现商品的销售分为两个环节:生产环节和消费环节。顾名思义,生产环节销售的商品(如钢铁、机器)用于生产,消费环节销售的商品(如衣服、食品)用于消费。生产环节商品的销售方是生产企业,购买该商品的是下游企业,销售规模取决于投资需求;消费环节商品的销售方是零售商,购买该商品的是消费者,销售规模取决于消费需求。由于这两者的区别,对生产环节商品征税和对消费环节商品征税的效果也不同:前者更易造成税负的地区转移;地方政府更易影响生产环节纳税人行为,而对消费环节纳税人行为的干涉力度要小得多。

恶性税收竞争之所以能够产生,根源在于地方政府可以影响纳税人的行为。纳税人分为企业和个人,在中国现实背景下,地方政府能够影响的主要是企业而非个人。那么,如果将消费环节商品的税归为地方税,不就是既可以满足地方政府财力的需要,又可以缓解将流动性税基作为地方税所产生的问题吗?

实际上,已有部分研究对此进行了探索。我们知道,欧盟各国普遍采用增值税,由此产生欧盟内部的税收执行和税率不统一问题,为解决这一问题,Keen 和 Smith(1998)提出了整合性增值税(Viable Integrated VAT,简称VIVAT)的设计方案,其做法是将商品销售对象分为两部分,一是针对登记注册商户,二是针对未登记注册商户和家庭。针对前者的销售适用欧盟统一的税率;针对后者销售的税率可以有国家差别。如果我们将欧盟看作一个国家,将各国看作是地方政府,我们完全可以在 VIVAT 的方案基础上进一步提出分税制改革方案:登记注册商户购买的商品定性为生产环节商品,对此征收增值税并作为中央税;未登记注册商户和家庭购买的商品定性为消费环节商品,对此征收零售税并作为地方税。下面我们进行详细设计。

2. 零售税开征设计

零售税开征设计为:第一,在商品进入零售环节之前,继续开征增值税,同时降低增值税税率,增值税全额作为中央税;第二,在商品进入零售环节之后,取消增值税,按商品价格的一定比例征收零售税,并将零售税全额作为地方税(吕冰洋,2013)。零售税和增值税并行的做法类似加拿大税制,加拿大联邦政府开征商品和劳务税,该税属增值税性质,税率为 6%,为中央税;部分省政府开征销售税,税率为 5%—10%,为地方税。

设定零售税税率应综合考虑提高地方政府财力和避免逃税因素,本书认为零售税税率应在 3%—10% 之间,以 5% 比较合适,这样与增值税小规模纳税人适用的 3% 税率差异不大。零售税的税基基本为社会消费品零售总额,2019 年总额为 411649.0 亿元,如果零售税税率设为 5%,大体可实现 20582.45 亿元税收。开征零售税后,势必加重居民生活负担,为此应将现行增值税税率由 13% 调低为 10%。

需说明的是,零售税是税收增长潜力非常大的税种。零售税的税源来自居民消费。随着居民收入增长和社会保障体系的完善,可以预计,中国居民消费会在不长的时间内迅速攀升,届时零售税会随之迅速增长。

(二)开征零售税的优势

开征零售税具有八个方面较大的优势。

第一,降低生产环节企业税收负担。生产环节是创造价值的环节,创造价值的主体是企业,降低生产环节企业税收负担有利于降低企业成本。目前中国的税收过度依赖生产环节增值税,这导致在生产环节的税收占比为62.6%,再分配环节税收占比为29.9%,消费环节税收占比为7.0%,财产积累环节税收占比仅为0.5%。而主要发达国家税收集中在再分配环节征收,在消费环节和财产积累环节税收占比也远高于中国,见表12-2。开征零售税后,可以将增值税税率从13%降为10%,会大大增强企业经济竞争力。在全球经济竞争加剧,各国普遍采用减税措施的大背景下,开征零售税尤其有意义。

表12-2 中国与主要发达国家税制结构比较

各环节税收占比	中国	美国	英国	德国	法国	日本	加拿大
生产环节	62.6%	0.0%	25.8%	30.0%	26.8%	0.0%	16.4%
再分配环节	29.9%	64.2%	44.3%	51.6%	41.2%	52.2%	56.9%
消费环节	7.0%	22.3%	14.2%	13.8%	16.1%	34.0%	12.1%
财产积累环节	0.5%	13.5%	15.7%	4.6%	15.9%	13.8%	14.6%

数据来源:https://stats.oecd.org。考虑到中国社会保障基金不算作税收,为了对比,在计算过程中剔除了其他国家社会保障税。

第二,完善地方税系,破解了分税制改革困境。开征零售税使得地方政府从此具有了稳定的税源,迈出了完善地方税系重要一步,在此基础上,顺势可推出转移支付制度改革、地方政府二元财政结构调整等系列改革。

第三,降低改革阻力。改革要取得共识,一般要使得被改革对象的利益得到一定程度保护,开征零售税也是如此。从现行设计看,它兼顾了政府整体、中央政府和地方政府的利益,改革阻力降低。

第四,有利于经济增长方式转变。改革后,增值税和企业所得税作为中央税,原营业税中的建筑业和销售不动产业税收也归中央政府所有,企业规模的外延式扩张不再会给地方政府带来税收,原有体制对经济增长方式不良影响降低。楼继伟(2013)指出,在原有体制下,"地方政府分享比例过高,不利于有效遏制地方追求数量型经济增长的冲动",财税体制的改革从根本上克服了维持地方政府财力需要和抑制粗放型经济增长的这一对矛盾。

第五,有助于转变地方政府职能。由于零售税的税源主要来自辖区居民的消费,这会促使地方政府完善消费基础设施,从更多维护厂商利益转向更多维护消费者利益(实际上也就是维护居民利益),进而推动国内消费需求的增长。

第六,有助于调节居民税负分配公平。我国税制结构以商品税为主,我们知道商品税一般具有累退性,会导致居民税负分配不公平,这是我国税制饱受诟病之处。为降低商品税累退性,现行做法是在基本税率外设置低档税率,适用范围是粮食、暖气、图书、农产品等与民生相关较密切的商品。但是这种减税做法未必使得居民得到全部好处,因为这些商品也有可能是下一环节生产投入,减税的好处实际上是给了企业,例如,购买粮食的企业可能用于酿酒,购买暖气、天然气、自来水等的主体可能是制造企业。另外,对企业来说,由于企业形态各异,增值税设置多档税率会产生"高征低扣""低征高扣"的税负分配不均问题。开征零售税后,要尽量统一增值税税率,通过调整零售税率来调节居民税负分配,如对食品可以实行低档税率。由于零售税是在商品销售的终端环节课征,减税可以保证基本降低居民的税收负担。也就是说,零售税调节居民税负分配比增值税更加灵活有效。

第七,有助于缩小地区财力差距。我们比较一下各地区零售税额与现行增值税额的变异系数,零售税税基为当地社会消费品零售总额,由于税率统一,因此税收的变异系数就等于社会消费品变异系数,测算表明,地区间零售税变异系数为0.836,而增值税变异系数为0.963,说明开征零售税的确起到了缩小地区财力差距的作用。其中原因在于,一个地区可以没有工业(不能提供相应的增值税),但是不能没有商业,我国地区间商业发展程度的差异远小于工业发展程度的差异。

第八,税收增长潜力强。从经济发展整体趋势和中国文化特点看,随着人均收入水平的提高,大众消费时代会很快到来。同时,人口老龄化时代,税基也会更多转向消费一端。调整税制结构,增加在消费环节征税比例,会使得税收增长保持一定速度,从而减轻财政压力。

(三) 开征零售税的相关征管问题

按商品的销售环节开征增值税和零售税,可能产生两个问题:一是避税问题;二是电子商务问题。下面分别进行剖析。

避税问题可能产生的原因在于商品性质难以区分,于是产生两种避税情况:要么生产者从零售商手中购买商品用于生产,要么消费者从生产商手中购买商品用于消费。对于前者,由于所售商品同时包含之前缴纳的增值税和零售税,商品价格决不会低于进入零售环节之前的价格,生产者没有必要通过购买零售商品进行避税。对于后者,如果生产商是工业企业不会存在这样的问题,因为消费者不可能购买工业品用于消费。如果生产商是商业企业这样的问题也不会严重,因为现行增值税制度同时存在一般纳税人和小规模纳税人,小规模纳税人按销售额征税,与零售税的本质是一样的。对于某种比较特殊的商品,如加油站的汽油,很难区分是用于生产还是消费,我们可以统一认定加油站为零售税纳税人。

另外,针对零售税的管理不必过多依赖发票管理。从以往征管经验看,增值税是采用环环相扣的制度设计,发票管理是必不可少的。对此,应普及售货或服务的机控票据,不论商店规模大小,销售商品或服务的行为必须提供机打票据才能完成收款,票据中自动注明税款,税务部门通过机打票据来核实企业销售收入和税收,发票的作用只限于购买方报销之用,目前日本销售税管理就采用这种方法。

伴随着电子商务的迅速发展,电子商务征税问题开始备受关注。无论开征零售税与否,该问题总是存在和总是要解决的。解决该问题的主要措施是明确电子商务环境下常设机构认定标准、明确数字化商品在线交易的性质、建立电子发票制度和第三方信息报告制度等,这些措施在增值税和零售税制度下均需要采取。在此基础上,可以认定商家对商家的电子商务(BB模式)缴纳增值税,商家对消费者的电子商务(BC模式)缴纳零售税,至于消费者对消费者的电子商务(CC模式),可以给予免税待遇。

当然,从中国的历史经验看,新税设立初期总会引发或多或少的征管问题,如1994年实行增值税发票管理时,就在很长一段时间内出现了大量虚开增值税发票的案件。改革总是存在风险的,开征零售税不可避免地出现一些未预料的征管问题,但是我们需要从大处着眼,不能因为某些征管问题的存在就止步不前。

(四) 增值税分配制度的改革设计

从世界各国经验看,大规模开征新税受到的制约因素较多,也易引发社会各界强烈抵制,为此,这里提出改革力度较小的替代方案,那就是重新调整增值税分成比例及分享方式。

1. 替代方案一:以消费为依据进行增值税分成

核心做法是:目前中央政府与地方政府针对增值税的分享比例为50∶50,但分享办法应由生产地原则改为消费地原则;地方政府获得增值税的依据是各地区社会消费品总额占全国社会消费品总额的比例。

在确定地方增值税收入归属时,相对于生产地原则而言,消费地原则在生产要素配置方面更具有税收中性。在增值税税收收入按照消费地确定归属的情况下,增值税的征税水平由消费地的增值税税率决定。销售往同一地区的生产厂商,不论来自哪一个生产地,都会面临相同的增值税税率。生产地政府给予生产厂商的优惠税率或税收返还等措施,不会直接增加本地消费,因而不会直接增加生产地的增值税收入,从而地方政府丧失了给予生产厂商优惠税率或税收返还的激励动机。

我不建议按照人口比例实施增值税二次分成,原因在于,中国人口流动性强,官方很难及时取得各地区实时的、精确的人口分布数据。据《中国流动人口发展报告(2017)》统计,2016年,全国流动人口约为2.45亿。城乡收入差距的客观存在,导致了农村大量剩余劳动力进入城市谋求生存和发展的机会。中西部地区和东部发达地区之间收入差距,又是跨省人口流动的主要原因。而中国城市化进程正在加快,形成了流动人口的承接空间。尤其是随着未来户籍改革政策的实施,家庭型迁移成为新生代流动人口的主要流动模式,人口流动性会进一步加强。

2. 替代方案二:增值税按销售对象进行清算调整

第二种方案存在的问题是要详细统计当地社会商品零售额数据,地方政府有可能干预数据统计。对此,还可借鉴补偿性增值税(Compensating VAT,简称CVAT;Bird,2000)思路,CVAT设计的方案是对下级政府辖区内购买者(包括登记注册的商户、家庭和非登记注册的商户)的销售可征收地方增值税,但是对辖区外购买者的销售征税将归中央政府所有。我们考虑中国的国情,可以反其道而行之,根据增值税发票信息来确定中央政府与地方政府分税比例,将商品销售分为辖区内销售和辖区外销售两部分,根据两者比值分割增值税,前者为中央税,后者为地方税。该方案的优点是地方税收来自辖区外经营活动,地方政府难以干预经济运行,不会产生税收扭曲。

该方案能够成立的前提是增值税税控系统能够区分省外和省内销售。随着信息技术的进步,高存储能力的设备、高速率的网络已经出现,我国现有的高度集中的"金税工程"系统能够保留跨省交易记录,并且能迅速确定各省税收清算比例,因此管理成本不会增加。如果要进一步在市、县之间分配增值税,可以由各省决定分配依据。如市、县之间的分配也根据消费地原则,则在税收征管软件中和纸质发票上都要进一步包含购买方所在市、县信息。

不论是哪种方案,其焦点均放在增值税改革上,三种方案的比较见表12-3。不过,我认为,该方案只是过渡期方案选择。与开征零售税相比,增值税分配改革达不到降低生产环节企业税负的效果,因此从长远看仍须坚持分税方向,有必要开征零售税。

表12-3 增值税改革方案比较

方案	步骤		
方案一:开征零售税	1.原营业税中建筑业和销售不动产业转型为增值税,属中央税;企业所得税属中央税;个人所得税属省级地方税;开征房地产税并作为县级地方税	2.开征零售税并作为县级地方税,税率为5%	3.增值税税率降为11%
方案二:根据消费额确定增值税分成比例	1.同上	2.中央政府将总增值税收入40%用于分享	3.依据当地社会消费品总额占比实行增值税分享
方案三:根据销售对象确定增值税分成比例	1.同上	2.增值税按辖区内外销售分割中央税和地方税	

四、省级政府主体税种：个人所得税

（一）个人所得税归属省级政府有利于发挥省级政府积极性

从征收模式看，个人所得税分为三种类型：一是分类所得税，它是对纳税人的各种应纳税所得，分为若干类别并适用不同的税率分别课征；二是综合所得税，它是对纳税人各项所得汇总在一起，按统一税率计征；三是综合与分类相结合所得税，它是对纳税人部分所得综合计征，部分所得分类计征。

中国个人所得税长期实行分类所得税，2019年开始实行综合与分类相结合所得税改革。即将居民个人工资、劳务报酬、稿酬、特许权使用费所得合并为"综合所得"，实行综合扣除后，适用3%—45%七级累进税率综合计征；对个体工商户生产经营所得、对企事业单位承包经营和承租经营所得，合并为"经营所得"，适用5%—35%五级累进税率综合计征；对"利息、股息、红利"所得、财产租赁所得、财产转让所得、偶然所得、其他所得实行分类征收，税率为20%。在个人所得税归属上，我国将它作为中央与地方共享税，中央与地方共享比例为60∶40。

根据我国个人所得税改革后的特点，本书认为，个人所得税可以全额作为省级主体税种。原因在于，个人所得税该作为中央税还是地方税，要考虑到个人所得信息收集和税务局征收激励问题。我国省级政府管辖区域很大，大多数省份面积相当于一个中等规模的国家，在这种情况下，将个人所得税作为省级地方税从征管便利、受益性、征税激励等角度看均有较大优势。

一是从征管便利角度看，大多数个人活动区域在一省之内，地方政府对辖区居民的信息收集成本一般会低于中央政府。即使个人有跨省收入(如劳务报酬所得、股息所得),其信息也可通过统一的纳税登记号、统一纳税账户来归集,如规定劳务报酬所得必须通过纳税账户来结算。

二是从受益性看,个人所得税具有一定的受益税性质(Ambrosiano and Bordignon,2006)。原因在于个人收入与政府提供的基础设施、创造的就业环境有密切关系,并且地方政府差异化公共服务(如教育、社区服务、医疗护理等)往往与差异化个人收入相对应,既然如此,按受益性原则,地方政府就可享有个人所得税收益权。

三是从征税激励看,将个人所得税作为省级政府主体税种将产生较强征税激励。如果省级政府财政主要来源于个人所得税,那么就有利于激励省级政府推动个人所得税征管一系列配套措施的完善,如信息联网、减少现金交易、实行统一纳税账户和纳税登记号等,并促使税务局提高征税能力和税收努力。而这些措施由中央政府推动的话,由于管辖区域过大,各省条件不一,个人所得税的税收重要性低等原因,个人所得税征管制度和能力的建设步伐会延缓。

(二) 未来个人所得税改革应重视筹集财政收入功能

社会各界对个人所得税寄予了很强的调节收入分配的希望,我认为这不是一个务实的做法。表面上看,个人所得税可以通过累进税率设计和综合扣除办法来调节收入分配,但是有两个重要因素限制个人所得税调节分配功能发挥。

一是纳税群体小,如果只对极少部分人征税,那么即使是实行非常高的超额累进税率,它对调节收入分配的效果也是极有限的,而我国个人所得税纳税人总量一直很少。我国有多少个人所得税纳税人呢?国家税务总局掌握了全部纳税人数据,但是遗憾的是,这个数据是保密的,外界无法得知。但综合各方面的资料看,2019年新的个人所得税法实施后,全国纳税人不足8000万,占全国人口比重不到6%,按人口收入分组的一般说法,属于对高收入组征税。

二是很难对资本所得实行综合计征,由于资本避税能力强、税收不宜干预资本配置等原因,资本所得一般采用比例税率,而高收入者的主要收入来源是资本所得。

由于这两个原因,个人所得税对收入分配的调节功能是极有限的。例如,我国2011年个人所得税改革,将工资薪金所得的扣除额从2000元提高到3500元,岳希明等(2012)的测算表明,改革后个人所得税仅可以缩小基尼系数0.0076,可以说是微乎其微。

政府转移性支出和个人所得税都可以调节收入分配,世界各国的一般规律是,前者的效果远高于后者。Koen等(2012)测算了36个较发达国家和地区的财政政策再分配效应,结果表明,个人所得税和转移性支出平均使基尼系数降低0.140,其中转移性支出使其降低0.118,占85%,个人所得税使其降低0.021,占15%,大量文献都得到了相似的结论。要知道,大多数发达国家个人所得税是主体税种,2016年OECD各国个人所得税占税收收入比重平均为24.3%,个人所得税占总税收这么高比重,对收入分配的调节作用仍这么低。而中国2016年仅为5.96%(2019年改革后还将大幅度降低),可以想见,我国个人所得税对收入分配的调节作用将是非常微弱的。

因此,未来个人所得税改革方向,应是强调筹集财政收入功能,弱化调节收入分配功能。调节收入分配要更多落脚在财政支出上,例如社会保障实行全国统筹、推动基本公共服务均等化等。个人所得税要长时期稳定为5000元的基本免征额,不要轻易再提高,同时将综合所得的最高边际税率由45%降为35%。这样逐渐扩大纳税群体,使得个人所得税变为大众税,使其能够满足省级政

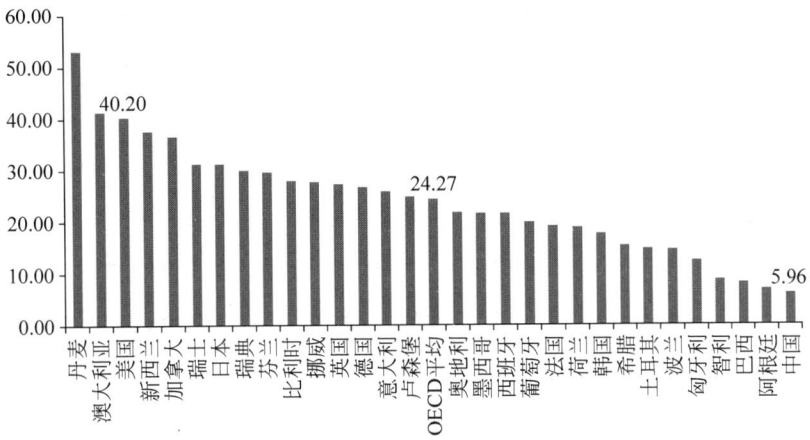

图 12-4　2016年世界各国个人所得税收入占税收收入比重(%)

注:世界大多数国家开征社会保障税,为便于国际比较,图中将中国社会保障收入计入总税收。其中中国社会保障收入扣除财政补贴部分。

数据来源:中经网统计数据库和 OECD、IMF 网站。

府财力需要。

五、各级政府分税设计

根据前文分析结果,我们提出分税的基本框架,其中关键是确立各级政府的主体税种,下面分别阐述。

(一) 县级政府税收:房地产税＋零售税＋使用费

开征零售税后,可把它作为县级政府主体税种。除此之外,还可以考虑开征房地产税作为地方税。

房地产税天然属于地方税种。房地产税的税基来自房产评估价值,而房产价值与政府提供的周边公共服务密切挂钩,它会激励地方政府为辖区提供良好公共服务。不过,房地产税对基层地方政府财力的支持力度是很有限的。原因在于两点:一是从世界经验看,房地产税由于缺乏弹性、税率低、免税范围大等原因，它的筹集财政收入能力很低；二是中国县级政府现在承担的事务远多于大多数国家，这既与我国历史传统有关，也与我国县域面积相对较大有关。

开征房地产税需要展开广泛的全民讨论，在基层社会中，通过广泛讨论让人们了解房地产税，明白他们真正的权利和义务，并能通过地方人民代表大会集体表达他们的愿望。这样，如果是经过广泛讨论并且是由地方人大决定要征税的时候，还有人不交税，抗税者实际上是违背了当地人民整体的意志，他对抗的不是政府，对抗的是当地人大和当地居民的整体意志。就像在一个社区，如果有人不交取暖费导致停暖，那么他伤害的是大家的利益，而不是伤害供热公司的利益。这样会把开征房地产税带来的风险控制在基层社会层面，并得到最大程度的化解。

我们国家还要面对的一个现实情况是，地方政府没有激励去开征房地产税。为什么这么说呢？我们地方政府官员任期是比较短的，据统计市委书记平均任期 3.6 年，在这么短的任期内，他有动力去冒风险开征房地产税吗？对富裕地区来说，它的主要财源来自于商品税和所得税，他不会在房地产税上下很大的功夫。对贫穷地区来说，它的财力主要依赖转移支付，而且房价低使得房地产税的收入很少，他也不会冒开征房地产税带来的风险。怎么推动房地产税改革呢？需要借助于中央政府强大的行政力量，要求部分地方政府限时必须开征。剩下的问题交给地方人大去讨论，去决定税收要素的选择，这样，行政推动与地方民主建设结合起来，逐步推进房地产税改革。我想这是开征房地产税最可取的步骤。

除此之外，县级政府还可以根据提供公共服务的情况，收取相应的使用费为地方支出筹资。在"寓分权于集权"大的制度框架下，由于县级政府官员的权力受辖区居民的极大制约，不用担心历史上曾多次出现的"乱收费、乱罚款、乱摊派"的"三乱"局面出现。

(二) 省级政府税收:个人所得税

将个人所得税作为省级政府税收的理由是,我国省级政府管辖区域很大,大多数省份面积相当于一个中等规模的国家,在这种情况下,将个人所得税作为地方税,从征管便利、受益性、征税激励等角度看均有较大优势:从征管便利角度看,大多数个人活动区域一般在一省之内,地方政府对辖区居民的信息收集成本一般会低于中央政府;从受益性看,地方政府差异化公共服务(如教育、社区服务、医疗护理等)往往与差异化个人收入相对应;从征税激励看,有利于激励省级政府推动个人所得税征管一系列配套措施的完善,如信息联网、减少现金交易、实行统一纳税账户和纳税登记号等。

(三) 中央政府主要税收收入:增值税、企业所得税、消费税和关税

从税收性质看,企业所得税是对资本征税,而资本的流动性非常强,将之作为地方税或是共享税会激发地方政府激烈的税收竞争,会对地方政府的行为产生不少扭曲,因此各国做法一般是将企业所得税作为中央税。我国现行的消费税属于选择性消费税而非一般性消费税,即选择部分商品而非一般性商品征税,税率差异很大,它也是传统意义上的中央税。这样,中央政府的主要税收来源为增值税、企业所得税、消费税、关税。

(四) 总体分税框架

根据以上分析,总体政府间分税框架设计为:中央税的主要税收收入是增值税、企业所得税、消费税、关税;省级政府的主要税收收入是个

人所得税；市级政府在取消之前，无主体税种，财力缺口通过上级政府转移支付解决；县级政府的主要税收是零售税、房地产税，其他零散税种作为辅助性税种。分税的基本框架见表12-4。

表 12-4 分税的基本框架

	税种划分
中央政府	增值税、企业所得税、消费税、关税
省级政府	个人所得税
县级政府	零售税、房地产税等税种、使用费

六、总结

地方税系关系到地方政府财政利益，对地方政府执政行为影响很大。本章对地方税系构建提出具体设计方案。

第一，在地方税系建设问题上，应重点强调受益性原则。坚持该原则的优点在于：发挥地方政府提供公共服务的积极性；符合经济发展的阶段化要求；推动地方政府职能转变和治理水平提高；有助于缩小地区间财力差距。

第二，个人所得税、一般性消费税和房地产税是典型的受益税。根据受益性原则，我国地方税建设可采取的办法有两种：一是将一般性消费税、个人所得税和房地产税作为地方税，并按受益范围确定它们在不同层级地方政府的归属；二是改变增值税和企业所得税按生产地原则分配税收的办法，按消费或人口分配税收，它也是受益性原则的一种体现。

第三，县级政府主要税收来自房地产税、零售税（或增值税分成）。综合考虑各税种的利弊，可以开设零售税作为县级政府主体税种。商品分为生产环节和零售环节,在商品生产环节,开征增值税,税率为10%,全额作为中央税;在商品零售环节,开征零售税,税率为5%,全额作为地方税。这样做的好处有:增强企业竞争力、避免了增值税分成制度带来的扭曲、促进地方政府职能转变、缩小地区财力差距、税源增长潜力强,等等。考虑到开征新税的政治成本较高,如果零售税一时难以推行,可以考虑按消费地原则分配增值税的方案,即按照当地消费或者人口进行分享增值税,它也促使地方政府更多地为辖区居民负责。

第四,省级政府主要税收来自个人所得税。将个人所得税作为省级政府税收,从征管便利、受益性、增长潜力、征税激励等角度看,这种做法均有较大优势。未来个人所得税的改革方向是强调它的筹集财政收入功能,弱化它的调节收入分配功能。

第十三章　结论：发挥两个积极性

明分职,序事业,材技官能,莫不治理。

——荀子

在央地关系处理上,中国有太多的经验和教训值得总结。

谙熟历史与现实的毛泽东,一方面认识到,"处理好中央和地方的关系,这对于我们这样的大国大党是一个十分重要的问题",另一方面也认识到,中国央地关系具有强大的历史逻辑,感叹"百代都行秦政法"。为处理好央地关系,毛泽东提出要"发挥中央和地方两个积极性",从此,发挥两个积极性成为指导央地关系改革的原则,在中国共产党的历史文献中被多次强调。

"积极性"这一词,深得中国语言之妙:包容、形象,却难以捉摸。然而,我们还是要认真追问:发挥什么样的积极性?只有确定好"积极性"的发挥方向,才能决定央地关系的设计方向。

对于中央政府而言,自然不缺乏主动性来发挥积极性。中央政府天然承担国家治理的责任,要从全国性角度出发来制定和执行政策,其政策目标具有全局性和战略性,因此中央政府的积极性不需要被激发。那么"发挥两个积极性"的核心就是:如何激发地方政府积极性?

从各国经济发展历程看,地方政府积极性的发挥有三种方向:发展生产、提供公共服务、公共治理。这三种积极性发挥对地方政府的行动方向要求不一样,它与经济发展阶段密切相关。随着经济发展水平的提高,作为市场主体的居民和企业对财政的需求,由最初对完善市场机制的需要,发展到对优质公共服务的需要,最后发展为对有序公共治理的需要。在不同的经济发展阶段下,地方政府积极性的发挥方向如图 13-1 所示。

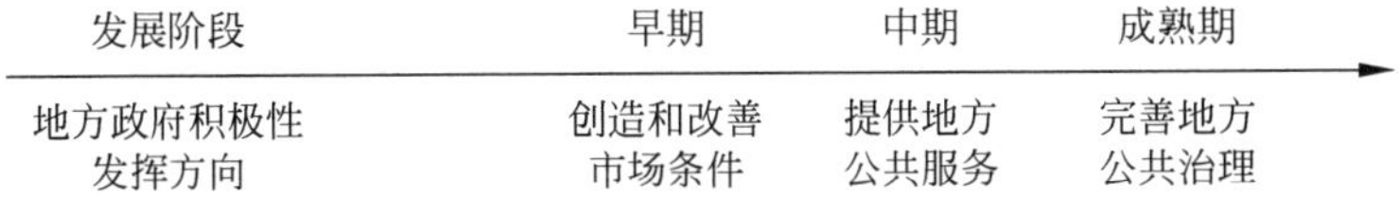

发展阶段	早期	中期	成熟期
地方政府积极性发挥方向	创造和改善市场条件	提供地方公共服务	完善地方公共治理

图 13-1 地方政府积极性发挥方向

第一个阶段,发展起飞阶段。此阶段许多地区的市场机制还处于初步建立阶段,市场条件不足以吸引企业投资。如果地方政府积极为企业改善市场条件,例如完善当地市场基础设施、以税收返还制造税收洼地等,它会有效吸引企业投资,从而有助于激发当地经济活力,推动经济起飞。此时,需要发挥地方政府发展生产的积极性。

第二个阶段,发展中期。此阶段随着人民生活水平的不断提高,人民对高质量的公共服务需求增加,在教育、医疗卫生、环境保护、文化娱乐等公共服务领域有了更高的要求,需要发挥地方政府提供优质公共服务的积极性,例如改善当地教育和医疗条件、改善生态环境等。此时,需要发挥地方政府提供公共服务的积极性。

第三阶段,发展到较高阶段。此阶段社会成熟度较高,居民参加基层社会治理和政治治理的热情上升,社会组织发展迅速,社会组织期待与政府展开平等对话,过去通过自上而下、等级秩序来开展公共事业的手段逐渐变得低效,政府应与社会开展广泛合作,共同完成公共治理。此时,需要发挥地方政府进行公共治理的积极性,例如促进基层社会建设、与社会组织开展合作、优化利益协调机制等。

因此,基于经济和社会发展不同阶段,地方政府积极性发挥方向也要随之调整,由此地方政府的职能要求和工作重点也应当做出相应转变,见表 13-1。

表 13-1 发展阶段与央地关系的对应结构

发展阶段	特点	地方政府职能要求	工作重点	目标治理有效性	分权要求	合理分权层级
起步阶段（早期）	经济发展水平较低,市场基础设施不完善,市场发展条件欠缺	培育市场(强)	激发经济活力	高	财政分权	省级及以下
发展阶段（中期）	经济发展水平有所提高,市场机制相对成熟和完善,人们对社会公共服务的需求提升	培育市场(变弱)+提供公共服务(强)	由经济向社会转变	降低	向行政分权过渡	向下延伸
成熟阶段（成熟期）	经济发展水平高,市场基础设施高度完善,公共服务和公共治理的需求均显著提升	培育市场(弱)+提供公共服务(强)+完善公共治理(强)	建立开放秩序社会	低	行政分权+财政分权	县级

不同发展阶段,对央地关系的架构要求是不同的:

(1) 在起步阶段,中央政府可以通过经济分权来调动地方积极性,并通过目标考核来甄别地方政府业绩,典型目标如 GDP 增长率、投资率、就业率等,因为这些指标往往是短期且是显性的,中央与地方信息不对称性弱,目标考核能够产生较明显效果。

(2) 在发展阶段,中央政府要调动地方政府提供公共服务的积极性,而像教育、医疗等公共服务,其效果不易观察出来,中央与地方信息不对称程度强，此时目标考核的治理效果就打很大的折扣。

（3）在成熟阶段，地方政府要与辖区社会组织展开合作，共同推动公共治理水平提高，社会趋于扁平化，此时自上而下目标考核的效果就很有限，需要向基层政府实行行政分权，让当地社会而非上级政府来判断地方执政效果的好坏。

从中国发展进程看，中国改革开放以来，很长一段时间内走着"政治集权、经济分权"的道路。这种模式对经济发展的确起到了重要推动作用，并且也确有一定的理论支撑其合理性。这种政治集权很大程度上来自中国郡县制治理传统，它自有其重要的历史逻辑存在，而中国共产党在如火如荼的革命和建设过程中，也进一步完善了这种治理体系，国家的组织动员能力大幅度提升，但是，如果这种组织动员能力伤害到市场增进能力，那么它就会妨害经济发展，也不利于社会进步。

中国现代化发展之路，很多时候依赖于国家能力的两大构成因素——市场增进能力和组织动员能力——的协调，而这种协调会贯穿在央地关系的各个细节中。在计划经济时代，央地关系的高度集中特征有力地强化了中央政府的组织动员能力，它使得中央政府能够集中财力实行重工业优先发展战略目标，但是这种体制也极大地抑制了地方政府的积极性。在分灶吃饭时期，地方政府的积极性得到极大激发，但中央政府的控制力也下降不少，由此产生了严重的市场分割状况。而分税制改革，较好地协调了中央和地方关系，实现了市场增进能力与组织动员能力的并进：一方面国家财力、中央宏观调控能力、中央对地方的控制力在增强，另一方面，中央借助于组织动员能力推动了统一市场建设，而地方政府仍保持很强积极性推进当地市场建设。见表13-2。

表 13-2　央地关系与国家能力、发展的关系

发展阶段	国家发展战略目标	政府作用	国家能力展现	
			市场增进能力	组织动员能力
统收统支（1950—1979）	重工业发展	中央政府	无	以中央政府组织动员能力推动重工业优先发展战略
		地方政府	无	两次放权导致经济秩序紊乱
分灶吃饭（1980—1993）	经济增长	中央政府	中央政府宏观调控作用未充分发挥，市场分割严重	中央政府控制能力下降
		地方政府	地方政府积极培植当地市场，推动局部市场发展	地方政府组织动员辖区资源能力上升
分税制前期（1994—2011）	经济社会协调发展	中央政府	推动统一市场建设	两个比重上升，宏观调控能力增强
		地方政府	激发地方政府市场培植能力	事权下放增强地方政府辖区内组织动员能力
十八大之后（2012 年后）	建设社会主义现代化强国	中央政府	进一步推动统一市场建设	通过事权和转移支付改革，进一步提高组织动员能力
		地方政府	简政放权让位于市场	通过地方税和事权改革，推动辖区公共治理

注：对表 13-2 所展现的历史进程的分析参见吕冰洋、台航：《国家能力与政府间财政关系》，《政治学研究》，2019 年第 3 期。

不过，尽管中国以"政治上集权、经济上分权"为特征的央地关系，对改革开放以来的经济发展有着重大影响，还不能肯定地说，这种央地关系架构是一个稳定的政治经济制度架构，未来能够同时满足保持政治稳定、激发地方经济和社会活力的目标。不难想象，政治上集权势必

使得地方政府官员以上级政府的偏好为行为目标,而非辖区居民偏好为目标,这容易导致地方政府行为扭曲,由此对地方层面的经济和社会造成诸多不良影响。也就是说,郡县制下地方官员面临的"事上"与"安下"这一对千年矛盾,当前仍未得到有效解决。

可以说,对中国这样一个历史悠久的大国而言,无论是政治层面还是经济层面,无论是强调集权还是分权,均难避免偏颇之处,难以建立一个统一的处理央地关系的制度框架。对此,早在1991年,王沪宁(1991)就提出以"集分平衡"为处理央地关系的原则,他认为中国超大的地方和超大的社会是央地关系失衡的一个重要原因,面对失衡,一方面,"超大社会要走权力下放的道路",但另一方面"在权力下放中,要注意集分平衡,分权不能使中央的宏观调控无以进行,集中不能使地方的调控能量过多削减"。但是,如何在制度设计上,能够面向历史未来,设计一个有中国特色的"集分平衡"的央地关系制度,仍是困扰各个社会科学领域学者的一个重大难题。

全书的研究围绕着解决这一重大难题而展开。各章逐一研究了中国央地关系的历史沿革、形成逻辑、制度影响、存在问题与改革方向,全书的理论要点总结为:

其一,中国发展要同时兼顾活力与秩序两大目标。中国作为一个广土众民的大国,既要关注激发经济社会的活力,以实现经济发展和民生改善目标;也要关注秩序,以实现政治和社会稳定、控制各种潜在风险的目标。

其二,为实现活力与秩序的二重目标,中国不能不关注国家能力的建设,国家能力的建设主要体现为市场增进能力与组织动员能力的建设上。

其三,中国有强大郡县制传统,它由官员选用、考核与监察制度组成,由此实现了对官员的逐级控制,它极大地提升了国家的组织动员能力,其有利的一面是增强中央权威和宏观调控能力,降低地区分割或差距程度;不利的一面是会抑制地方积极性,进而降低经济和社会活力。

其四,郡县制传统下,各级官员存在着"事上"与"安下"的一对矛盾,这对矛盾会深刻地影响各级官员的行为模式和地区的公共治理水平,并扩大为上级与下级的矛盾、官与吏的矛盾、政府与市场的矛盾、国家与社会的矛盾。

其五,改革开放以来,中国央地关系从分灶吃饭制度到分税制,从财权、事权到人事权改革,无不是在寻求市场增进能力与组织动员能力的平衡、活力与秩序的平衡,笼统地说,是集权与分权的平衡。

其六,"财政激励制"是中国经济增长之谜的第一种解释。尽管分税制表面上采用的统一税收分配契约,但是整个契约仍然保留了足够的弹性来适应各省的经济发展水平,进而使得分税制实际成为税收"弹性分成契约",它有助于因地制宜、有效地激发地方政府的发展积极性。

其七,"目标动员制"是关于中国经济增长之谜的第二种解释。目标动员制体现的是资源配置的组织方式,它与资源配置的市场方式是一种协同关系,它们背后分别反映着组织动员能力与市场增进能力。央地关系的构建对国家组织动员能力有着重要影响,应用于经济发展上就产生了具有中国特色的"目标动员制",中国目标动员由远至近分为三个层次:长期战略、五年规划、年度计划。干部考核制度是保证目标动员制实现的关键。

其八,中国转移支付制度依托强大的国家组织动员能力,具有三方面理论与现实价值:干部派遣是一种独特的以人为主的转移支付,它同时实现公平与效率的增进;中央政府可以通过改变地方政府偏好,使得一般性转移支付在一定条件下实行公平与效率同时增进;专项转移支付是解决郡县制传统下政府偏好错位的重要制度安排。

其九,央地关系改革的大方向是"寓分权于集权"。放权于县,收权于省和中央,县以上保留传统郡县制的有效治理经验,县级治理吸取当代联邦制下有效治理经验,在激发县域经济社会活力的同时,保持县以上政治秩序。措施是强县、强中央、调整省权、废地市,形成哑铃型分权结构。

其十,政府间财政关系的改革方向是,事权按信息、激励、外部性、规模效应等因素配置,税权按受益性原则配置,可以考虑开征零售税或按消费地原则分配税收,转移支付以一般性转移支付为主,分类拨款为辅。

用一句话概括本书关于央地关系的研究,那就是:寓分权于集权!

参考文献

一、中文文献

安体富,2008:《公共服务均等化:理论、问题与对策》,《财贸经济》第 8 期。
安体富,2007:《中国转移支付制度:现状、问题与改革建议》,《财政研究》第 1 期。
蔡昉,2004:《人口转变、人口红利与经济增长可持续性——兼论充分就业如何促进经济增长》,《人口研究》第 3 期。
曹正汉,2017:《中国的集权与分权:"风险论"与历史证据》,《社会》第 3 期。
曹正汉,2014:《国家与市场关系的政治逻辑:当代中国国家与市场关系的演变(1949—2008)》,中国社会科学出版社。
曹阳、李宏琪,2012:《科学规划引领受援地跨越发展——江苏省对口支援新疆克州规划编制工作总结》,《中国经贸导刊》第 9 期。
陈共,1989:《当前双重体制运行下的宏观调控》,《财贸经济》第 12 期。
陈抗、Hillman A. L.、顾清扬,2002:《财政集权与地方政府行为变化——从援助之手到攫取之手》,《经济学(季刊)》第 1 期。
陈诗一、张军,2008:《中国地方政府财政支出效率研究:1978—2005》,《中国社会科学》第 4 期。
陈硕,2010:《分税制改革、地方财政自主权与公共品供给》,《经济学(季刊)》第 4 期。
陈硕、高琳,2012:《央地关系:财政分权度量及作用机制再评估》,《管理世界》第 6 期。
陈家喜,2018:《地方官员政绩激励的制度分析》,《政治学研究》第 3 期。
CCER"中国经济观察"研究组,2007:《我国资本回报率估测(1978—2006)——新一轮投资增长和经济景气微观基础》,《经济学(季刊)》第 6 卷第 3 期。
戴晓曙,2020:《中国特色干部考核评价制度变迁研究》,《社会治理》第 2 期。
邓小平,1993:《邓小平文选(第三卷)》,人民出版社。
邓云特,2011:《中国救荒史》,商务印书馆。
范子英、张军,2010:《财政分权、转移支付与国内市场整合》,《经济研究》第 3 期。
冯军旗,2010:《中县干部》,北京大学学位论文。
冯维江,2009:《侠以武犯禁——中国古代治理形态变迁背后的经济逻辑》,《经济学(季刊)》第 2 期。
傅勇,2010:《财政分权,政府治理与非经济性公共物品供给》,《经济研究》第 4 期。
傅勇、张晏,2007:《中国式分权与财政支出结构偏向:为增长而竞争的代价》,《管理世界》第 4 期。
高培勇,2016:《财税体制改革与国家治理现代化》,社会科学文献出版社。
高培勇,2006:《中国税收持续高速增长之谜》,《经济研究》第 12 期。
葛剑雄,2013:《统一与分裂:中国历史的启示》,商务印书馆。
顾炎武,2020:《顾炎武文》,中国文史出版社。
郭庆旺、吕冰洋、岳希明,2014:《税收对国民收入分配的调控作用研究》,经济科学出版社。
郭庆旺、吕冰洋等,2014:《中国分税制:问题与改革》,中国人民大学出版社。
郭庆旺、吕冰洋,2013:《地方税系建设论纲:兼论零售税的开征》,《税务研究》第 11 期。
韩连琪,1986:《春秋战国时代的郡县制及其演变》,《文史哲》第 5 期。
何振一,1987:《理论财政学》,中国财政经济出版社。
胡书东,2001:《经济发展中的中央与地方关系:中国财政制度变迁研究》,上海人民出版社。
黄仁宇,2015:《十六世纪明代中国之财政与税收》,生活·读书·新知三联书店。
黄六鸿,2018:《福慧全书·卷五》,周保明点校,广陵书社。
黄宗羲,2011:《明夷待访录》,中华书局。
计秋枫,2001:《论中世纪西欧封建主义的政治结构》,《史学月刊》第 4 期。
贾俊雪,2014:《中国财政分权、地方政府行为与经济增长》,中国人民大学出版社。
李萍,2010:《财政体制简明图解》,中国财政经济出版社。
李振、鲁宇,2015:《中国的选择性分(集)权模式——以部门垂直管理化和行政审批权限改革为案例的研究》,《公共管理学报》第 3 期。
李克军,2015:《县委书记们的主政谋略》,广东人民出版社。
林尚立,2016:《论以人民为本位的民主及其在中国的实践》,《政治学研究》第 3 期。
林毅夫、蔡昉、李周,1994:《中国的奇迹:发展战略与经济改革》,上海人民出版社。
刘海英,2006:《地方政府间财政关系研究》,中国财政经济出版社。
刘剑文、侯卓,2017:《事权划分法治化的中国路径》,《中国社会科学》第 2 期。
刘守刚,2015:《家财帝国及其现代转型》,高等教育出版社。
刘守刚,2015:《财政经典文献九讲》,复旦大学出版社。
刘尚希,2003:《财政风险:一个分析框架》,《经济研究》第 5 期。
刘尚希,2018:《公共风险论》,人民出版社。
刘晓路、郭庆旺,2016:《财政学 300 年:基于国家治理视角的分析》,《财贸经济》第

3期。

刘晓路,2011:《郡县制传统及其在政府间财政关系改革中的现实意义》,《财贸经济》第12期。

楼继伟,2013:《中国政府间财政关系再思考》,中国财政经济出版社。

吕炜、张妍彦、周佳音,2019:《财政在中国改革发展中的贡献——探寻中国财政改革的实践逻辑》,《经济研究》第9期。

吕冰洋,2018:《国家治理财政论:从公共物品到公共秩序》,《财贸经济》第6期。

吕冰洋、郭庆旺,2011:《中国税收高速增长的源泉:税收能力和税收努力框架下的解释》,《中国社会科学》第2期。

吕冰洋,2014:《从市场扭曲看政府扩张:基于财政的视角》,《中国社会科学》第12期。

吕冰洋、李钊、马光荣,2020:《激励与平衡:中国经济增长中的财政作用》,《世界经济》,待刊。

吕冰洋、毛捷、马光荣,2018:《分税与转移支付结构:专项转移支付为什么越来越多?》,《管理世界》第4期。

吕冰洋、台航,2019:《国家能力与政府间财政关系》,《政治学研究》第3期。

吕冰洋、台航,2018:《从财政包干到分税制:发挥两个积极性》,《财贸经济》第10期。

吕冰洋、胡深,2020:《国家能力与中国特色地区扶持政策:干部派遣》,工作论文。

吕冰洋、胡深、马光荣,2021:《蛋糕怎么分:政府间财政收入分配的规律》,《财贸经济》第8期。

吕冰洋,2013:《零售税的开征与分税制的改革》,《财贸经济》第10期。

吕冰洋、聂辉华,2014:《弹性分成:分税制的契约与影响》,《经济理论与经济管理》第7期。

吕冰洋,2014:《现代政府间财政关系的构建》,《中国人民大学学报》第5期。

吕冰洋、蔡红英、崔茂权,2015:《实现消费地原则的增值税改革:政府间财政关系的破解之策》,《中央财经大学学报》第6期。

吕冰洋、张兆强,2020:《地方政府的多目标治理:事实与规律》,工作论文。

吕冰洋,2017:《税制结构理论的重构:从国民收入循环出发》,《税务研究》第8期。

罗中枢、王卓,2011:《干部队伍建设的政治生态环境探析》,《四川大学学报(哲学社会科学版)》第6期。

马国川,2009:《共和国部长访谈录》,生活·读书·新知三联书店。

马珺,2015:《财政学研究的不同范式及其方法论基础》,《财贸经济》第7期。

毛捷、吕冰洋、陈佩霞,2018:《分税的事实:度量中国县级财政分权的数据基础》,《经济学(季刊)》第2期。

毛捷、吕冰洋、马光荣,2015:《转移支付与政府扩张:基于"价格效应"的研究》,

《管理世界》第 7 期。
毛泽东,1991:《毛泽东选集》,人民出版社。
莫纪宏,2014:《国家治理体系和治理能力现代化与法治化》,《法学杂志》第 4 期。
钱穆,2005:《中国历代政治得失》,生活·读书·新知三联书店。
乔宝云,2017:《中央和地方财政关系改革的关键问题》,《财经智库》第 1 期。
瞿同祖,2011:《清代地方政府》,法律出版社。
渠敬东、周飞舟、应星,2019:《从总体支配到技术治理——基于中国 30 年改革经验的社会学分析》,《中国社会科学》第 2 期。
渠敬东,2012:《项目制:一种新的国家治理体制》,《中国社会科学》第 5 期。
沙健孙,2007:《毛泽东与"四个现代化"目标和"两步走"战略的确定》,《中国近现代史研究》第 12 期。
萨克斯、胡永泰、杨小凯,2003:《经济改革和宪政转轨》,《经济学(季刊)》第 4 期。
孙中山,1923:《发扬民治说帖》,载黄彦编:《孙文选编》,广东人民出版社,2006 年。
唐德刚,1998:《晚清七十年》,岳麓书社。
陶然、苏福兵、陆曦、朱昱铭,2010:《经济增长能够带来晋升吗?——对晋升锦标竞赛理论的逻辑挑战与省级实证重估》,《管理世界》第 12 期。
王夫之,2013:《读通鉴论》,中华书局。
王国斌,2008:《转变的中国:历史变迁与欧洲经验的局限》,江苏人民出版社。
王汉生、王一鸣,2009:《目标管理责任制:农村基层政权的实践逻辑》,《社会学研究》第 2 期。
王沪宁,1991:《集分平衡:中央与地方的协同关系》,《复旦学报》(社会科学版)第 2 期。
王沪宁、林尚立、孙关宏,2016:《政治的逻辑:马克思主义政治学原理》,上海人民出版社。
王绍光,2014:《国家治理与基础性国家能力》,《华中科技大学学报》(社会科学版)第 3 期。
王绍光、胡鞍钢,1993:《中国国家能力报告》,辽宁人民出版社。
王亚南,2010:《中国官僚政治研究》,商务印书馆。
王永钦、张晏、章元、陈钊、陆铭,2007:《中国的大国发展道路——论分权式改革的得失》,《经济研究》第 1 期。
韦庆远、王德宝,1992:《中国政治制度史》,高等教育出版社。
文一,2016:《伟大的中国工业革命》,清华大学出版社。
吴稼祥,2013:《公天下——多中心治理与双主体法权》,广西师范大学出版社。
吴敬琏,2010:《当代中国经济改革教程(第二版)》,上海远东出版社。
吴敬琏、刘吉瑞,1991:《论竞争性市场体制》,广东经济出版社。
吴晗、费孝通等,2013:《皇权与绅权》,生活·读书·新知三联书店。

吴思,2011:《血酬定律》,复旦大学出版社。

吴翌琳、谷彬,2013:《中国基本公共服务均等化统计监测研究》,《管理现代化》第3期。

习近平,2017:《习近平谈治国理政》(第二卷),外文出版社。

谢旭人,2008:《中国财政改革三十年》,中国财政经济出版社。

徐永胜、乔宝云,2012:《财政分权度的衡量:理论及中国1985—2007年的经验分析》,《经济研究》第10期。

杨光斌,2014:《"国家治理体系和治理能力现代化"的世界政治意义》,《政治学研究》第2期。

杨其静、郑楠,2013:《地方领导晋升竞争是标尺赛、锦标赛还是资格赛》,《世界经济》第12期。

杨其静、聂辉华,2008:《保护市场的联邦主义及其批判》,《经济研究》第3期。

杨志勇,2015:《分税制改革中的中央和地方事权划分研究》,《经济社会体制比较》第2期。

杨伟民,2010:《发展规划的理论与实践》,清华大学出版社。

易宁,2007:《秦汉郡县制、罗马行省制与古代中西文明的特点》,《求是学刊》第3期。

尹恒、杨龙见,2014:《地方财政对本地居民偏好的回应性研究》,《中国社会科学》第5期。

尹恒、朱虹,2011:《县级财政生产性支出偏向研究》,《中国社会科学》第1期。

袁倩,2017:《过程产出型经济增长——"央-地"关系和地方干部激励视角下的再阐释》,《理论导刊》第11期。

岳希明、徐静、刘谦、丁胜、董莉娟,2012:《2011年个人所得税改革的收入再分配效应》,《经济研究》第2期。

张五常,2009:《中国的经济制度》,中信出版社。

张晏、龚六堂,2005:《分税制改革,财政分权与中国经济增长》,《经济学(季刊)》第4期。

赵震江,1988:《分权制度与分权理论》,四川人民出版社。

郑功成,2014:《中国社会保障演进的历史逻辑》,《中国人民大学学报》第1期。

郑永年、邱道隆,2013:《中国的"行为联邦制":中央-地方关系的变革与动力》,东方出版社。

周飞舟、谭明智,2014:《当代中国的中央地方关系》,中国社会科学出版社。

周振鹤,2014:《中国地方行政制度史》,上海人民出版社。

周振鹤,2018:《中国历史政治地理十六讲》,中华书局。

周黎安,2007:《中国地方官员的晋升锦标赛模式研究》,《经济研究》第7期。

周雪光,2005:《"逆向软预算约束":一个政府行为的组织分析》,《中国社会科学》

第 3 期。

周庆智,2014:《县政治理:权威、资源、秩序》,中国社会科学出版社。

朱旭峰、吴冠生,2018:《中国特色的央地关系:演变与特点》,《治理研究》第 2 期。

二、翻译文献

巴罗,萨拉伊马丁,1994:《经济增长》,中国社会科学出版社。

巴泽尔·Y.,2003:《产权的经济分析》,上海人民出版社。

巴泽尔·Y.,2006:《国家理论:经济权利、法律权利与国家范围》,上海财经大学出版社。

杜赞奇·P.,2010:《文化、权力与国家——1900—1942 年的华北农村》,江苏人民出版社。

恩格斯·F.,1972:《家庭、私有制和国家的起源》,人民出版社。

福山·F.,2015:《政治秩序与政治衰败:从工业革命到民主全球化》,广西师范大学出版社。

弗里德曼·M.,1986:《资本主义与自由》,商务印书馆。

埃里克·弗鲁博顿、鲁道夫·芮切特,2014:《新制度经济学:一个交易费用分析范式》,上海三联书店、上海人民出版社。

韩博天,2018:《红天鹅:中国独特的治理和制度创新》,中信出版集团。

海伍德·A.,2013:《政治学》,中国人民大学出版社。

霍布斯·T.,1951:《利维坦》,商务印书馆。

亨廷顿·S.P.,2015:《变化社会中的政治秩序》,上海人民出版社。

理查德·邦尼,2016:《欧洲财政国家的兴起》,上海财经大学出版社。

冀朝鼎,1981:《中国历史上的基本经济区与水利事业的发展》,中国社会科学出版社。

柯武刚、史漫飞,2000:《制度经济学:社会秩序与公共政策》,商务印书馆。

马克思、恩格斯,1956:《马克思恩格斯全集(第 1 卷)》,人民出版社。

米格代尔·S.J.,2013:《社会中的国家:国家与社会如何相互改变与相互构成》,江苏人民出版社。

米格代尔·S.J.,2009:《强社会与弱国家:第三世界的国家社会关系及国家能力》,江苏人民出版社。

诺思·D.、Wallis J.J.、Weingast B.R.,2013:《暴力与社会秩序》,上海人民出版社。

奥尔森·M.,1993:《国家兴衰探源:经济增长、滞胀与社会僵化》,商务印书馆。

奥尔森·M.,2014:《集体行动的逻辑》,格致出版社、上海人民出版社。

奥尔森·M.,2014:《权力与繁荣》,上海世纪出版集团。

奥斯特洛姆·E.L.,2012:《公共事物的治理之道》,上海译文出版社。

波兰尼·C.,2007:《大转型:我们时代的政治与经济起源》,浙江人民出版社。

卢梭·J. J.,2011:《社会契约论》,商务印书馆。
哈维·S. 罗森、特德·盖亚,2015:《财政学(第10版)》,中国人民大学出版社。
罗斯·A.,1989:《社会控制》,华夏出版社。
阿西莫格鲁、罗宾逊,2015:《国家为什么会失败?》,湖南科学技术出版社。
坦茨·V.,2011:《政府与市场:变革中的政府》,商务印书馆。
蒂利·C.,2009:《发动战争和缔造国家与有组织的犯罪之间的相似性》,生活·读书·新知三联书店。

三、外文文献

Acemoglu, D.,2005,"Politics and Economics in Weak and Strong States", *Journal of Monetary Economics*,52(7),1199-1226.

Acemoglu, D.,S. Johnson, and J. A. Robinson,2005,Institution as a Fundamental Cause of Long-run Growth, *Handbook of Economic Growth*.

Acemoglu, D.,J. A. Robinson, and T. Verdier,2004,"Alfred Marshall Lecture: Kleptocracy and Divide-and-Rule: A Model of Personal Rule", *Journal of the European Economic Association*,2(2/3),162-192.

Acemoglu, D.,J. Moscona, and J. A. Robinson,2016,"State Capacity and American Technology: Evidence from the Nineteenth Century", *American Economic Review*,106(5),61-67.

Albornoz, F.,A. Cabrales,2007,"Decentralization, Political Competition and Corruption", *Journal of Public Economics*,91,2261-2290.

Arzaghi, M., and J. V. Henderson,2005,"Why Countries are Fiscally Decentralizing", *Journal of Public Economics*,89(7),1157-1189.

Azam, J. P, R. Bates, and B. Biais,2009,"Political Predation and Economic Development", *Economics & Politics*,21(2),255-277.

Bardhan, P.,2002,"Decentralization of Governance and Development", *Journal of Economic Perspectives*,16(4),185-205.

Bardhan, P.,2016,"State and Development: The Need for a Reappraisal of the Current Literature", *Journal of Economic Literature*,54(3),862-892.

Barro, R. J.,1988,"Government Spending in a Simple Model of Endogeneous Growth", *Journal of Political Economy*,98(5),103-126.

Bell, S., and A. Hindmoor,2009, *Rethinking Governance: The Centrality of the State in Modern Society*, Cambridge: Cambridge University Press.

Besley, T., and T. Persson,2008,"Wars and State Capacity", *Journal of the European Economic Association*,6(2-3),522-530.

Besley, T., and T. Persson,2009,"The Origins of State Capacity: Property Rights, Taxation, and Politics", *American Economic Review*,99(4),1218-1244.

Boffa, F., A. Piolatto, and GAM. Ponzetto, 2016, "Political Centralization and Government Accountability", *Economics Working Papers*, 2(1), 381-422.

Besley, T., and T. Persson, 2010, *Pillars of Prosperity: The Political Economics of Development Clusters*. Princeton: Princeton University Press.

Bird, R. M., 1999, "Rethinking Subnational Taxes: A New Look at Tax Assignment", *Imf Working Papers*, 99(165).

Bird, R. M., and P. P. Gendron, 1999, "CVAT, VIVAT, and Dual VAT: Vertical "Sharing" and Interstate Trade", *International Tax & Public Finance*, 7(6), 753-761.

Buchanan, J. M., 1968, *The Demand and Supply of Public Goods*, Chicago: Rand McNally & Company.

Cai, H., and D. Treisman, 2004, "State Corroding federalism", *Journal of Public Economics*, 88, 819-843.

Cai, H., and D. Treisman, 2006, "Did Government Decentralization Cause China's Economic Miracle?", *World Politics*, 58, 505-535.

Caminada, K., and K. Goudswaard, and C. Wang, 2012, "Disentangling Income Inequality and the Redistributive Effect of Taxes and Transfers in 20 LIS Countries Over Time", *LIS working paper*, No. 581.

Dincecco, M., and M. Prado, 2012, "Warfare, Fiscal Capacity, and Performance", *Journal of Economic Growth*, 17(3), 171-203.

Dixit, A., 2006, "Predatory States and Failing States: An Agency Perspective", *CEPS Working Paper*, No. 131.

Dougan, W R, and D A. Kenyon, 1988, "Pressure Groups and Pubic Expenditures: The Flypaper Effect Reconsidered", *Economic Inquiry*, 26(1), 159-170.

Enikolopov, R., and E. Zhuravskaya, 2007, "Decentralization and Political Institutions", *Journal of Public Economics*, 91, 2261-2290.

Filimon, R, T. Romer, and H. Rosenthal, 1982, "Asymmetric Information and Agenda Control: The Bases of Monopoly Power in Public Spending", *Journal of Public Economics*, 17(1), 51-70.

Figuieres, C., J. Hindriks, and G. D. Myles, 2004, "Revenue Sharing versus Expenditure Sharing in a Federal System", *International Tax and Public Finance*, 11.

Galor, O., O. Moav, and D. Vollrath, 2009, "Inequality in Landownership, the Emergence of Human-Capital Promoting Institutions, and the Great Divergence", *Review of Economic Studies*, 76(1), 143-179.

Gramlich, E. M., 1977, Intergovernmental Grants: A Review of the Empirical

Literature, Lexington, MA: *The Political Economy of Federalism*, Lexington Books: 219-240.

Gramlich, E. M., H. Galper, S. Goldfeld, and M. Mcguire, 1973, "State and Local Fiscal Behavior and Federal Grant Policy", *Brookings Papers on Economic Activity*, 1973(1), 15-65.

Grossman, H. I., and M. Kim, 2000, "Swords or Plowshares? A Theory of the Security of Claims to Property", *Journal of Political Economy*, 103(6), 1275-1288.

Hayek, F. A., 1945, "The Use of Knowledge in Society", *The American Economic Review*, 35(4), 519-530.

Hayek, F. A., 1967, *Kinds of Rationalism*, London: Studies in Philosophy, Politics and Economics, Routledge & Kegan Paul.

Hyman, D. N., 1990, Public Finance: A Contemporary Application of Theory to Policy, Chicago: The Dryden Press.

Inman, R. P., 1987, "Federal Assistance and Local Services in the United States", *NBER Working Papers*.

Jia, R., M. Kudamatsu, and D. Seim, 2013, "Complementary Roles of Connections and Performance in Political Selection in China", *Journal of the European Economic Association*, 13(4), 631-668.

Jie, G., 2009, "Governing by Goals and Numbers: A Case Study in the Use of Performance Measurement to Build State Capacity in China", *Public Administration and Development*, 29(1), 21-31.

Jin, H., Y. Qian, and B. R. Weingast, 2006, "Regional Decentralization and Fiscal Incentives: Federalism, Chinese Style", *Journal of Public Economics*, 89(9), 1719-1742.

Johnson, N. D., 2006, "Banking on the King: The Evolution of the Royal Revenue Farms in Old Regime France", *Journal of Economic History*, 66(4), 963-991.

Johnson, N. D., and M. Koyama, 2014, "Taxes, Lawyers, and The Decline of Witchcraft Trials in France", *Journal of Law & Economics. Social Science Electronic Publishing*, 57(1), 77-112.

Johnson, N. D., and M. Koyama, 2016, "States, and Economic Growth: Capacity and Constraints", *Explorations in Economic History*, 64.

Keen, M., and S. Smith, 1996, "The Future of Value Added Tax in the European Union", *Economic Policy*, 11(23), 375-420.

Li, H., and L. A. Zhou, 2003, "Political Turnover and Economic Performance: the

Incentive Role of Personnel Control in China", *Journal of Public Economics*, 89(9), 1743-1762.

Lin, J. Y., and Z. Liu, 2000, "Fiscal Decentralization and Economic Growth in China", *Economic Development and Cultural Change*, 49(1), 1-22.

Liu, Y., and J. Martinez-Vazquez, A. M. Wu, 2015, "Fiscal Decentralization, Equalization, and Intra-Provincial Inequality in China", *International Tax & Public Finance*, 24(2), 1-34.

Maskin, E., Y. Qian, and C. Xu, 2000, "Incentives, Information, and Organizational Form", *Review of Economic Studies*, 67(2), 359-378.

Niskanen, W. A., 1971, *Bureaucracy and Representative Government*, Chicago: Aldine.

Niskanen, W. A., 1973, *Bureaucracy: Servant or Master?*, London: Institute of Economic Affairs.

North, D. C., and B. R. Weingast, 1989, "Constitutions and Commitment: The Evolution of Institutional Governing Public Choice in Seventeenth-Century England", *Journal of Economic History*, 49(4), 803-832.

North, D. C., 1990, *Institutions, Institutional Change and Economic Performance*, Cambridge: Cambridge University Press.

North, D. C., and R. P. Thomas, 1973, *The Rise of the Western World: A New Economic History*, New York: Cambridge University Press.

Oates, W. E., 1972, *Fiscal Federalism*, New York: Harcourt Brace Jovanovich.

Oates, W E., 1979, "Lump-Sum Intergovernmental Grants Have Price Effects", *Fiscal Federalism and Grants-in-aid*, 23(30).

Oates, W. E., 2005, "Toward a Second-Generation Theory of Fiscal Federalism", *International Tax and Public Finance*, 12(4), 349-373.

Opper, S., and S. Brehm, 2007, "Networks Versus Performance: Political Leadership Promotion in China", *Lund University working paper*.

Parikh, S., and B. R. Weingast, 1997, "A Comparative Theory of Federalism: India", *Virginia Law Review*, 83(7), 1593-1615.

Park, R. E., 1967, *On Social Control and Collective Behavior*, Chicago: The University of Chicago Press.

Peterson, G. E., 1997, *Decentralization in Latin America: Learning Through Experience*, World Bank Publications.

Prest, W., 1988, *Albion Ascendant*, Oxford: Oxford University Press.

Qian, Y., 1994, "Incentive and Loss of Control in an Optimal Hierarchy", *Review of Economic Studies*, 61(3), 527-554.

Qian, Y., 1994, "A Theory of Shortage in Socialist Economies based on the Soft Budget Constraint", *American Economic Review*, 84, 145-156.

Qian, Y., 2000, "The Process of China's Market Transition (1978-1998): The Evolutionary, Historical, and Comparative Perspectives", *Journal of Institutional and Theoretical Economics*, 156(1), 151-171.

Qian, Y., and B. R. Weingast, 1997, "Federalism as a Commitment to Preserving Market Incentives", *Journal of Economic Perspectives*, 11(4), 83-92.

Qian, Y., and G. Roland, 1998, "Federalism and the Soft Budget Constraint", *American Economic Review*, 88(5), 1143-1162.

Qian, Y., and C. Xu, 1993, "The M-form Hierarchy and China's Economic Reform", *European Economic Review*, 37, 541-548.

Qian, Y., G. Roland, and C. Xu, 1999, "Why is China Different from Eastern Europe? Perspectives from Organization Theory", *European Economic Review*, 43, 1085-1094.

Qiao, B., J. Martinez-Vazquez, and Y. Xu, 2008, "The Tradeoff Between Growth and Equity in Decentralization Policy: China's Experience", *Journal of Development Economics*, 86(1), 112-128.

Riker, W., 1964, *Federalism: Origins, Operation, Significance*, Boston, MA: Little, Brown and Co.

Rodden J., S. R. Ackerman, 1997, "Does Federalism Preserve Markets?", *Virginia Law Review*, 83(7), 1521-1572.

Rostow, W. W., 1971, Politics and the Stages of Growth, Cambridge: Cambridge University Press.

Salamon, L. M., 2010, Rethinking Corporate Social Engagement: Lessons from Latin America, Kumarian Press.

Salamon, L. M., 2002, *The New Governance and the Tools of Public Action: An Introduction*, Oxford University Press.

Schumpeter, J. A., 1991, *The Crisis of the Tax State*, Reproduced in: Swedberg R.

Chen, S. X., 2017, "The Effect of A Fiscal Squeeze on Tax Enforcement: Evidence from A Natural Experiment in China", *Journal of Public Economic*, 147, 62-76.

Seabright, P., 1996, "Accountability and Decentralisation in Government: An Incomplet Contracts Model", *European Economic Review*, 40(1), 61-89.

Stasavage, D., 2010, "When Distance Mattered: Geographic Scale and the Development of European Representative Assemblies", *American Political*

Science Review, 104(4), 625-643.

Svensson, J., 2005, "Eight Questions about Corruption", *Journal of Economic Perspectives*, 19(3), 19-42.

Tiebout, C. M., 1956, "A Pure Theory of Local Expenditures", *Journal of Political Economy*, 64(5), 416-424.

Tilly, C., 1975, *Reflections on the History of European State-Making*, Princeton, New Jersey: Princeton University Press.

Tilly, C., 1990, *Coercion, Capital, and European States*, AD 990-1990, Oxford: Blackwell.

Treisman, D., 2001, "The Causes of Corruption: A Cross-National Study", *Journal of Public Economics*, 76(3), 399-457.

Treisman, D., 2007, *The Architecture of Government: Rethinking Political Decentralization*, Cambridge: Cambridge University Press.

Tsai, K., 2004, "Off Balance: The Unintended Consequences of Fiscal Federalism in China", *Journal of Chinese Political Science*, 9, 1-26.

Walder, A. G., 1995, *The Waning of the Communist State-Economic Origins of Political Decline in China and Hungary*, University of California Press.

Weber, M., 2009, *From Max Weber: Essays in Sociology*, New York: Routledge.

Weingast, B. R., 1995, "The Economic Role of Political Institutions: Market-Preserving Federalism and Economic Development", *Journal of Law Economics & Organization*, 11(1), 1-31.

Xu, C., 2011, "The Fundamental Institutions of China's Reforms and Development", *Journal of Economic Literature*, 49(4), 1076-1151.

Huang, Z., Li L., G. Ma, and L. Xu, 2017, "Hayek, Local Information, and Commanding Heights: Decentralizing State-Owned Enterprises in China", *American Economic Review*, 107(8), 2455-2488.

Zhang, T., and H. F. Zou, 1998, "Fiscal Decentralization, Public Spending, and Economic Growth in China", *Journal of Public Economics*, 67(2), 221-240.

Zhuravskaya, E. V., 2000, "Incentives to Provide Local Public Goods: Fiscal Federalism, Russian Style", *Journal of Public Economics*, 76.

后　　记

"中国特色",一个让无数研究中国的学者感到迷惑的词。

如果说,世界的就是中国的,中国与世界并无异样,那么,为何有大量的中国制度设计、运行与世界大相径庭,并且不少时候还取得了良好的效果?如果说,中国的就是中国的,中国有独特的国情,中国要走的道路不能照搬世界经验,那么,这种不同的根源在哪里?前进的方向在哪里?

中国央地关系就是这样一个巨大的研究难题。它既是中国一个非常基本、非常重要的制度安排,也是众多社会科学领域关注的重要研究对象;它的运行规律,既有符合世界普遍性理论的一面,也有需要深入考虑中国特殊国情的一面。央地关系处理得当与否,对国家治理至关重要,处理不好,会引发上级与下级的矛盾、政府与市场的矛盾、国家与社会的矛盾等一系列矛盾,从大量的历史经验和新中国成立以来的实践,我们不难看到这一点。

社会科学研究的两大武器是理论研究与实证研究,理论研究的框架和命题,一般来自西方学者的研究,将它用于解释中国问题,大有梅花雪花混同看之慨;而在实证研究中,往往又因为研究问题过于具体,以及实证方法因人而异,又有盲人摸象相是非之感。不论是理论研究还是实证研究,在面对央地关系这一重要课题时,有时令人感觉无所措手。

作为一名从事财政研究的学者,我长期关注央地关系问题,在很长一段时间内,随着研究的深入,困惑愈来愈多。"财政"一词,一头挑着财,一头挑着政,它是政治与经济的结合体,离开针对中国政治制度的分析,只剖析经济问题,总是觉得不得要领。而要研究中国政治制度及与经济关系,又似乎走入万山圈子里,一山放过一山拦,迟迟打不开研究局面。

困惑之下,我希望从历史中寻找答案。年轻时我喜读历史,但也只是翻翻史料而已,没有深入到制度分析。直到十几年前,我翻开钱穆先生的《中国历代政治得失》,"郡县制"一词跳入眼帘,一下子打开了研究视野,我开始关注这个具有典型中国特色、贯穿数千年的重要制度问题,对这种制度的演变逻辑和真实效用逐渐有了清晰认识。然而,如何跳出央地关系的"集权"与"分权"之争,找到一个指向国家长治久安的央地关系架构,仍没有答案。

有一天,无意中翻出明末思想家顾炎武(字亭林)的《郡县论》,读至"寓封建之意于郡县之中,而天下治矣",我感到心中豁然开朗,旧时横亘胸中不可解之处,涣然冰释。一时脑中国家能力、官吏分途、财政分权、开放秩序等概念纷至沓来,而一一汇入央地关系炉中。在顾炎武思想的基础上,我利用制度经济学的分析方法,提出寓分权于集权(或称寓联邦于郡县、寓活力于秩序)的央地关系架构设计,在写作上我放弃所习惯的数理或计量分析,而选择用纯文字的方式来表达。

天下事,唯缘不可思议。昔年灵云禅师,久参行脚,踏破芒鞋,却一直不得开悟。一日,众山静无声,微风送香气,正是春暖花开时节,灵云禅师在户外经行间,猛抬头,看到桃花灼灼,平生疑难之处,一时消歇,当下做了一首偈子。禅师境界不可企及,但顾炎武对我的启发颇有相类之处,追慕先贤,将这个偈子略改数字,以向先贤致敬:"二十年来寻剑客,几回落叶又抽枝。自从一见亭林后,直到如今更不疑。"

寓分权于集权,是否合理？是否可行？留待诸方贤明指正。系以诗曰：

央地关系论

周旗万里起风烟,秦法遗规百代传。

唐汉失察生裂土,明清得术锁江山。

安民有法民为主,事上无疑上作难。

古树干枝孰强弱？亭林九策可详参。